公認会計士試験

論文式試験対策　新トレーニングシリーズ

財務会計論
計算編3　個別論点・基礎編

TAC公認会計士講座　簿記会計研究会

JN096384

TAC出版
TAC PUBLISHING Group

は し が き

　『新トレーニングシリーズ財務会計論・計算編』においては，総合問題の解き方を身に付けてもらうことを主眼として執筆・編集しています。そのため，初級・中級レベルの問題を中心に出題し，かつ，基本的な出題パターンを網羅することを心掛けました。本書を何度も繰り返し解くことによって，出題パターンに応じた解法を身に付けることができるでしょう。また，個々の論点は理解できるが，総合問題が思うように解くことができない，といった方のために，問題を効率良く解くための解法を示しています。各種資格試験は限られた試験時間内に効率よく解答しなければ，合格することは難しいので，本書を利用して効率的な解法をマスターして下さい。さらに，問題集として執筆・編集していますが，多くの受験生が間違い易い論点やまとめて覚えていた方が良い論点については詳細に解説しています。復習の際に，論点整理として利用して下さい。

　そして，本書を利用することによって，皆さんが財務会計論・計算編の総合問題を克服し，各種資格試験に合格されることを念願してやみません。

本 書 の 特 徴

　本書の主な特徴は，次の7点です。

(1) 基礎力を身に付け，総合問題対策に本格的に取り組もうという方々のために，論点複合型の総合問題を数多く取り入れています。

(2) 解答だけでなく，詳細な解説及び解法を付けています。

(3) 各問題の出題論点がわかるように，チェックポイントとして明記しています。

(4) 解説中の仕訳及び計算式には，その数値が何を意味するのかが分かるように，詳細な解説を付しています。

(5) 問題解答上，間違え易い点については解説を付しています。また，計算技術を高めるためだけでなく，その理論的背景も理解するのに必要な点，及び問題解答上必要ではないが，まとめて整理しておくことで今後の理解を促す点についても解説を付しています。

(6) 繰り返し何度も解き直してもらうために，答案用紙をコピーし易いように，別冊として付けています。なお，答案用紙は，ＴＡＣ出版書籍販売サイト・サイバーブックストアよりダウンロードサービスもご利用いただけます。下記サイトにアクセスして下さい。「解答用紙ダウンロード」のコーナーにございます。

https://bookstore.tac-school.co.jp/

(7) 各論点によって7分冊にし，この7冊により，財務会計論・計算編の基本的な問題が網羅できるように執筆・編集しています。

本 書 の 対 象 者

　本書は，主として公認会計士試験の受験対策用に編集された問題集ですが，総合問題への効率的なアプローチを主眼として執筆・編集しておりますので，税理士試験や日商簿記検定等の他の受験対策用としても是非，利用していただきたいです。

本 書 の 利 用 方 法

1. **問題は必ずペンをもって，実際に答案用紙に記入すること。**

 財務会計論・計算編の総合問題は解答数値のみならず，勘定科目等の記入も問われることがあります。特に，勘定記入や帳簿の記入・締切の問題は，答案用紙に記入するのに時間がかかるので，試験までに充分に慣れておく必要があります。

2. **解き始めた時間と終了時間を必ずチェックしておき，解答時間を計ること。**

 時間を意識しないトレーニングは資格受験の学習として意味がありません。制限時間の60分以内に解答できるか，各自意識して問題解答に取り組んで下さい。各問題に【解答時間及び得点】の欄を付けていますので，各自記入のうえ利用して下さい。

3. **採点基準に従い，実際に採点すること。**

 個々の論点を理解していても実際に点数に反映されなければ，資格受験として意味がありません。各自の実力を知るうえでも採点して下さい。なお，本書における合格点の目安は次のとおりです。各問題の【解答時間及び得点】における得点の欄を利用して記録して下さい。

 難易度A（易）：80点，難易度B（標準）：70点，難易度C（難）：60点

4. **間違えた論点については，メモを取っておくこと。**

 間違えた原因が論点の理解不足のためなのか，それとも単なるケアレス・ミスなのか，メモを取っておいて下さい。各自の理解していない論点やケアレス・ミスしやすい論点がわかります。【解答時間及び得点】及び【チェック・ポイント】を利用して，メモを取って下さい。

5. **60分の制限時間内に問題が解けるようになるまで，何度も繰り返し解くこと。**

 目安としては最低限，各問題を3回は解いてもらいたいです。答案用紙は1部しかないので，あらかじめコピーを取っておくか，ＴＡＣ出版書籍販売サイト・サイバーブックストアよりダウンロードすると良いでしょう。

6．ＴＡＣ公認会計士講座の財務会計論・計算編のカリキュラムとの対応。

　　本書の問題と TAC 公認会計士講座の講義内容との対応については，Ｔ
　ＡＣ出版書籍販売サイト・サイバーブックストアよりご確認いただけます。
　下記サイトにアクセスして下さい。「読者様限定　書籍連動ダウンロード
　サービス」のコーナーよりダウンロードしていただけます。

https://bookstore.tac-school.co.jp/

CONTENTS

問　題／
解答・解説

Financial Accounting

商品売買業を営むＴＡＣ株式会社の×10年度（自×10年4月1日 至×11年3月31日）における下記の〔資料〕を参照して，答案用紙に示されている損益計算書及び貸借対照表を完成させなさい。なお，資産の控除項目及び純資産の減少項目には金額の前に「△」を付すこと。

〔資料Ⅰ〕 決算整理前残高試算表

決算整理前残高試算表
×11年3月31日
（単位：千円）

現 金 預 金	223,090	支 払 手 形	120,000
受 取 手 形	127,000	買 掛 金	142,000
売 掛 金	157,000	貸 倒 引 当 金	3,900
有 価 証 券	（ ）	社 債	288,000
繰 越 商 品	42,000	長 期 借 入 金	200,000
仮 払 法 人 税 等	10,000	建物減価償却累計額	90,000
建 物	870,400	資 本 金	1,367,090
土 地	720,000	繰 越 利 益 剰 余 金	（ ）
投 資 有 価 証 券	（ ）	売 上	646,000
関 係 会 社 株 式	120,000	有 価 証 券 利 息	1,260
仕 入	394,000		
営 業 費	82,800		
支 払 利 息	9,500		
	（ ）		（ ）

〔資料Ⅱ〕 決算整理事項等

1．営業債権及び債務（期中未処理）

 (1) 売掛金 5,000千円を回収し，他社振出約束手形を受け取った。

 (2) 売掛金 4,000千円を回収し，当社宛為替手形を受け取った。

 (3) 売掛金 3,000千円が貸し倒れた。このうち 2,000千円は前期以前取得売掛金であった。

 (4) 買掛金 6,000千円を約束手形を振り出して決済した。

2．商 品

 期末商品実地棚卸高は47,000千円であった。

3．有形固定資産

(1) 建物及び土地

×10年10月1日に土地付建物 840,000千円を当座により取得し，同日より事業の用に供している。なお，取得日における土地の時価は 440,000千円，建物の時価は 560,000千円であり，時価に基づいて取得原価を按分している。また，建物については定額法（耐用年数40年，残存価額10％）により減価償却を行っている。

(2) 備 品

×10年12月1日にO社が所有する備品（O社の取得原価 210,000千円，時価 180,000千円）の現物出資を受け新株を交付したが，未処理である。なお，当該備品は同日より事業の用に供している。また，備品については定率法（耐用年数8年，残存価額10％，年償却率0.25）により減価償却を行っている。

4．有価証券

当期の有価証券に関する資料は，以下のとおりである。なお，売買目的有価証券の評価差額については切放方式，その他有価証券の評価差額については全部純資産直入法により処理している。

(単位：千円)

銘 柄	取得原価	前期末時価	当期末時価	保有目的	取得日
A社株式	12,000	13,500	—	売買目的	×10年3月22日
B社社債	39,600	40,000	41,000	満期保有	×9年1月1日
C社株式	120,000	89,000	55,000	子会社	×5年4月8日
D社株式	66,000	67,000	62,000	その他	×8年1月14日

(1) ×10年4月5日にA社株式のすべてを14,200千円で売却し，証券会社に対する手数料 200千円が差し引かれた残額を当座に預けているが，未処理である。

(2) B社社債は，額面42,000千円，償還期限×13年12月31日，利率年4％，利払日12月末日の約定のものである。なお，取得差額は金利の調整と認められるため，償却原価法（定額法）を適用している。

(3) C社株式の時価の回復可能性は不明である。

5．社 債

社債は，額面 300,000千円，償還期限×13年6月30日，利率年3％，利払日6月末日の約定のもので，×10年7月1日に発行したものである。なお，償却原価法（定額法）を適用している。

6．貸倒引当金

営業債権期末残高に対して2％の貸倒引当金を設定する（差額補充法）。

7．その他の取引

営業費の繰延が 2,800千円ある。

8．法人税，住民税及び事業税

法人税，住民税及び事業税として25,000千円を計上する。

【解 答】

損 益 計 算 書

×10年4月1日 ×11年3月31日 (単位：千円)

売 上 原 価	(★ 384,000)		売 上 高	646,000	
営 業 費	(★ 80,000)		有 価 証 券 利 息	(★ 2,160)	
棚 卸 減 耗 費	5,000		(有 価 証 券 売 却 益)	(★ 500)	
貸 倒 損 失	(★ 1,000)				
貸 倒 引 当 金 繰 入 額	(★ 3,640)				
建 物 減 価 償 却 費	(14,292)				
備 品 減 価 償 却 費	(★ 15,000)				
支 払 利 息	9,500				
社 債 利 息	(★ 9,750)				
(関 係 会 社 株 式 評 価 損)	(★ 65,000)				
法人税，住民税及び事業税	(25,000)				
当 期 純 利 益	(36,478)				
	(648,660)			(648,660)	

貸 借 対 照 表

×11年3月31日 (単位：千円)

現 金 及 び 預 金	(★ 237,090)		支 払 手 形	(★ 122,000)	
受 取 手 形	(132,000)		買 掛 金	(136,000)	
貸 倒 引 当 金	(★△ 2,640)		未 払 費 用	(6,750)	
売 掛 金	(145,000)		未 払 法 人 税 等	(★ 15,000)	
貸 倒 引 当 金	(△ 2,900)		社 債	(★ 291,000)	
商 品	47,000		長 期 借 入 金	200,000	
前 払 費 用	(2,800)		資 本 金	(★1,547,090)	
未 収 収 益	(★ 420)		繰 越 利 益 剰 余 金	(53,718)	
建 物	(870,400)		(その他有価証券評価差額金)	(★△ 4,000)	
減 価 償 却 累 計 額	(★△104,292)				
備 品	(★ 180,000)				
減 価 償 却 累 計 額	(△ 15,000)				
土 地	(720,000)				
投 資 有 価 証 券	(★ 102,680)				
関 係 会 社 株 式	(55,000)				
	(2,367,558)			(2,367,558)	

【採点基準】

★ 5 点×20箇所＝100点

【解答時間及び得点】

	日 付	解答時間	得 点	Ｍ Ｅ Ｍ Ｏ
1	／	分	点	
2	／	分	点	
3	／	分	点	
4	／	分	点	
5	／	分	点	

【チェック・ポイント】

出題分野	出題論点	日 付				
		／	／	／	／	／
個 別 論 点	手 形 処 理					
	有 形 固 定 資 産 の 取 得 原 価					
	有 価 証 券					
	社 債 (償 却 原 価 法 ・ 定 額 法)					
	法 人 税 等 (中 間 納 付)					
	貸 倒 引 当 金 (差 額 補 充 法)					

【解答への道】（単位：千円）

Ⅰ．〔資料Ⅰ〕の空欄推定

　　有 価 証 券： 13,500 ← Ａ社株式前期末時価

　　投 資 有 価 証 券： 106,200 ← Ｂ社社債前期末償却原価40,200(*1)＋Ｄ社株式取得原価66,000

　　繰越利益剰余金： 17,240 ← 貸借差額

　　(*1) 取得原価39,600＋（額面42,000－取得原価39,600）× $\dfrac{15 \text{ヶ月 (X9.1〜X10.3)}}{60 \text{ヶ月 (X9.1〜X13.12)}}$ ＝40,200

Ⅱ．決算整理仕訳等

　1．営業債権及び債務

(借)	受 取 手 形(*1)	5,000	(貸)	売 掛 金	5,000
(借)	支 払 手 形(*2)	4,000	(貸)	売 掛 金	4,000
(借)	貸 倒 引 当 金	2,000(*3)	(貸)	売 掛 金	3,000
	貸 倒 損 失	1,000(*4)			
(借)	買 掛 金	6,000	(貸)	支 払 手 形	6,000

　　(*1)　他社振出約束手形の受取

　　(*2)　当社宛為替手形の受取

　　(*3)　前期以前取得売掛金

　　(*4)　3,000－2,000(*3)＝当期取得売掛金1,000

　2．商 品

(借)	仕 入	42,000	(貸)	繰 越 商 品	42,000
(借)	繰 越 商 品	52,000(*1)	(貸)	仕 入	52,000
(借)	棚 卸 減 耗 費	5,000	(貸)	繰 越 商 品	5,000

　　(*1)　期末商品実地棚卸高47,000＋P/L 棚卸減耗費5,000＝52,000

商　　　　品

期　首	42,000	P/L 売上原価	
当期仕入（前T/B 仕入） 394,000		∴ 384,000	
		期　末	52,000(*1)

3．有形固定資産

(1) 建物及び土地

① 土地付建物の取得（処理済）

(借)	土 地	369,600(*1)	(貸)	現 金 預 金	840,000
	建 物	470,400(*2)			

(*1)　$840,000 \times \dfrac{土地の時価440,000}{土地の時価440,000＋建物の時価560,000} = 369,600$

(*2)　$840,000 \times \dfrac{建物の時価560,000}{土地の時価440,000＋建物の時価560,000} = 470,400$

② 建物の減価償却

(借)	建 物 減 価 償 却 費	14,292(*3)	(貸)	建 物 減 価 償 却 累 計 額	14,292

(*3)　過年度取得分9,000(*4)＋当期取得分5,292(*5)＝14,292

(*4)　（前T/B 870,400－470,400(*2)）×0.9÷40年＝9,000

(*5)　$470,400(*2) \times 0.9 \div 40年 \times \dfrac{6ヶ月（X10.10～X11.3）}{12ヶ月} = 5,292$

(2) 備 品

① 現物出資

(借)	備 品	180,000(*1)	(貸)	資 本 金	180,000

(*1)　現物出資された備品の時価

② 減価償却

(借)	備 品 減 価 償 却 費	15,000(*2)	(貸)	備 品 減 価 償 却 累 計 額	15,000

(*2)　$180,000(*1) \times 0.25 \times \dfrac{4ヶ月（X10.12～X11.3）}{12ヶ月} = 15,000$

4．有価証券

(1) A社株式（売買目的有価証券，切放法）

① 期首

仕　訳　な　し

(注)　切放方式の場合，期首において振戻処理は不要である。

② 売却時

(借)	現　金　預　金	14,000(*1)	(貸)	有　価　証　券	13,500(*2)
				有価証券売却損益	500

(*1)　売却価額14,200－売却手数料200＝手取額14,000

(*2)　前期末時価

(注)　売却手数料の処理には以下の2つの方法がある。

1．売却手数料を支払手数料勘定で処理する方法

2．売却手数料を有価証券売却損益に含める方法（本問）

本問においてはP/Lに支払手数料勘定がないことから，2．の方法を採用していると判断する。なお，仮に，1．の方法を採用している場合の売却に係る仕訳は以下のとおりである。

(借)	現　金　預　金	14,000(*1)	(貸)	有　価　証　券	13,500(*2)
	支　払　手　数　料	200		有価証券売却損益	700(*3)

(*3)　売却価額14,200－帳簿価額13,500(*2)＝700　又は，貸借差額

（参考1）売買目的有価証券の評価差額の処理

売買目的有価証券に係る評価差額の処理は切放方式又は洗替方式のいずれによることもできる。

1．切放方式

切放方式とは第1期期末において時価評価したならば，第2期は第1期期末の時価を帳簿価額として処理する方法である。したがって，切放方式の場合には，第2期期首において振戻処理は不要である。

2．洗替方式

洗替方式とは第1期期末において時価評価したとしても，第2期期首において帳簿価額を取得原価に戻して処理する方法である。したがって，洗替方式の場合には，第2期期首において振戻処理が必要となる。

	帳　簿　価　額	
	第1期期末	第2期期首
切放方式	第1期期末時価	第1期期末時価
洗替方式		取　得　原　価

(2) B社社債（満期保有目的の債券，償却原価法・定額法）

(借)	未収有価証券利息	420(*1)	(貸)	有　価　証　券　利　息	420
(借)	投　資　有　価　証　券	480(*2)	(貸)	有　価　証　券　利　息	480

(*1)　額面42,000×4%×$\dfrac{3ヶ月（X11.1～X11.3）}{12ヶ月}$＝420

(*2)　（額面42,000－取得原価39,600）×$\dfrac{12ヶ月（X10.4～X11.3）}{60ヶ月（X9.1～X13.12）}$＝480

(注)　償却原価法（定額法）の場合，決算時に償却額の計上を行う。

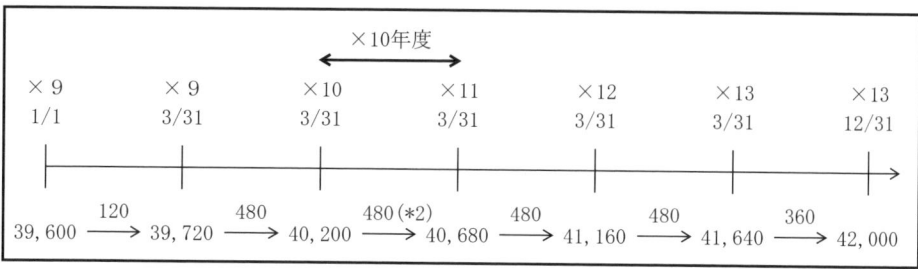

（参考２）満期保有目的の債券の処理

　満期保有目的の債券は，クーポン利息（利札）と満期償還額の獲得を目的として保有しているものであり，時価の変動を投資活動の成果としてとらえる必要はないので，取得原価で評価する。ただし，額面金額（債券金額）と取得原価の差額である取得差額が金利調整（券面利子率と市場金利等との調整）と認められる場合には，利息として期間配分すべきであるから，償却原価法を適用する。

　１．会計処理

		貸借対照表価額
取得原価 ＝ 額面金額		取得原価
取得原価 ≠ 額面金額	取得差額が金利調整差額でない	
	取得差額が金利調整差額である	償却原価

　(1) 取得原価 ＝ 額面金額

　　「**取得原価**」をもって貸借対照表価額とする。

　(2) 取得原価 ≠ 額面金額

　① 取得差額が金利調整と認められない債券

　　取得差額が金利調整と認められない債券については「**取得原価**」をもって貸借対照表価額とする。

　② 取得差額が金利調整と認められる債券

　　取得差額が金利調整と認められる債券については償却原価法に基づいて算定された価額である「**償却原価**」をもって貸借対照表価額とする。

　２．償却原価法

　(1) 意　義

　　償却原価法とは，**債券を額面金額より低い価額又は高い価額で取得した場合において，当該差額（取得差額）を償還期に至るまで毎期一定の方法で貸借対照表価額に加減する方法**をいう。なお，当該加減額は「**有価証券利息**」に含めて処理する。償却原価法は有価証券利息を取得日から償還日にわたって期間配分する方法であり，**利息法**と**定額法**の２つの方法がある。**原則は利息法**だが，継続適用を条件として，定額法を適用することができる。

(2) 会計処理（償却額の計上仕訳）

① 取得原価 ＜ 額面金額の場合

（借）	投 資 有 価 証 券	×××	（貸）	有 価 証 券 利 息 （営 業 外 収 益）	×××

② 取得原価 ＞ 額面金額の場合

（借）	有 価 証 券 利 息 （営 業 外 収 益）	×××	（貸）	投 資 有 価 証 券	×××

(3) 利息法の計算方法

　　利息法とは債券のクーポン受取総額と金利調整差額の合計額を債券の帳簿価額に対し，一定率（「**実効利子率**」という）となるように，複利をもって各期の損益に配分する方法をいい，当該配分額とクーポン計上額との差額を帳簿価額に加減する方法である。なお，償却額の算定は以下の式で行う。

> ⅰ　帳簿価額に実効利子率を乗じて，その期間に配分される利息配分額を算定する。
>
> **帳簿価額 × 実効利子率 ＝ 利息配分額**
>
> ⅱ　額面金額に券面利子率を乗じて，利札受取額を算定する。
>
> **額面金額 × 券面利子率 ＝ 利札受取額**
>
> ⅲ　利息配分額から利札受取額を控除して，償却原価法における償却額を算定する。
>
> **利息配分額 － 利札受取額 ＝ 償却額**

　　利息法の場合，償却額の計上は「有価証券利息の計上」と同時に行われる。したがって，利払日に期中仕訳として行われる場合もあれば，決算整理仕訳として「未収有価証券利息」の計上と同時に行われる場合もある。

(4) 定額法の計算方法

　　定額法とは，債券の金利調整差額を取得日から償還日までの期間で除して各期の損益に配分する方法をいい，当該配分額を帳簿価額に加減する。なお，償却額の算定は以下の式で行う。

$$償却額 ＝ （額面金額 － 取得原価） × \frac{当期保有期間}{取得日から償還日までの月数}$$

　　定額法の場合，償却額の計上は償還時を除き「決算整理仕訳」として行われる。

3．貸借対照表表示

　　満期保有目的の債券は**一年基準**により，貸借対照表上，流動・固定分類される。特に，償還日が決算日の翌日から起算して1年以内になった場合には，**「投資有価証券」から「有価証券」に振り替える**点に注意すること。

> 決算日の翌日から起算して，償還日が
>
> ① 1年以内のもの ⟶ 有 価 証 券（流動資産）
>
> ② 1年を超えるもの ⟶ 投 資 有 価 証 券（固定資産「投資その他の資産」）

(3) Ｃ社株式（子会社株式，減損処理）

(借) 関 係 会 社 株 式 評 価 損	65,000(*1)	(貸) 関 係 会 社 株 式	65,000

(*1) 取得原価120,000×50％＝60,000 ＞ 当期末時価55,000 → 減損処理を行う

∴ 取得原価120,000－当期末時価55,000＝65,000

（参考３）有価証券の減損処理

売買目的有価証券以外の有価証券（満期保有目的の債券，子会社株式及び関連会社株式，その他有価証券）のうち，時価が著しく下落したときは，回復する見込みがあると認められた場合を除き，「時価」をもって貸借対照表価額とし，評価差額を「特別損失」として処理しなければならない。

1．要　件

減損処理は(1) 時価の著しい下落，かつ，(2) 回復する見込みがある場合を除く，という２要件を満たした場合に適用されるが，その２要件の具体的内容は以下のとおりである。

(1) 時価の著しい下落

時価の著しい下落とは，概ね取得原価の50％程度以上の下落と考えれば良いであろう。

(2) 回復する見込みがある場合を除く

「回復する見込みがある場合を除く」とは，「回復不能の場合」と「回復不明の場合」がある。

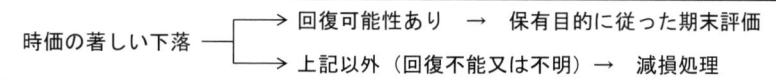

2．評価差額の会計処理

減損処理を行った場合，「切放方式」により会計処理を行うため減損処理の基礎となった時価により帳簿価額を付け替えて取得原価を修正する。また，その他有価証券に係る評価差額の処理は洗替方式のみであるが，減損処理における評価差額は切放方式となるので，翌期首に振戻処理をしない点に注意すること。

(4) D社株式（その他有価証券，全部純資産直入法）

（借）	その他有価証券評価差額金	4,000(*1)	（貸）	投 資 有 価 証 券	4,000

(*1)　取得原価66,000－当期末時価62,000＝4,000

（参考4）その他有価証券の処理

　　その他有価証券は長期的には売却することが想定されている有価証券であるため，財政状態を適切に表示するために時価評価を行う。ただし，短期的に売却を行うことが想定されておらず，評価差額を当期の損益として計上すると経営成績が適切に表示されないため，直接，純資産の部に計上する。

　1．会計処理

　　　「**時価**」をもって貸借対照表価額とし，**評価差額は原則として，「純資産の部」に計上する**。

　2．評価差額の処理

　　　評価差額は原則として，**全部純資産直入法**を適用するが，継続適用を条件として，**部分純資産直入法**を適用することもできる。また，株式，債券等の有価証券の種類ごとに両方法を区分して適用することもできる。なお，その他有価証券に係る評価差額の計上は「**洗替方式**」によるため，次期期首において必ず振戻処理を行う。

　(1)　全部純資産直入法（原則）

　　　全部純資産直入法とは，評価差額（評価差益及び評価差損）の合計額を純資産の部に計上する方法である。

　(2)　部分純資産直入法（容認）

　　　部分純資産直入法とは，時価が取得原価を上回る銘柄に係る評価差額（評価差益）は純資産の部に計上し，時価が取得原価を下回る銘柄に係る評価差額（評価差損）は当期の損失（営業外費用）として処理する方法である。

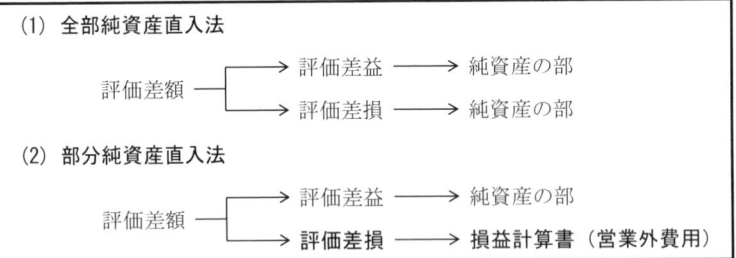

3．仕訳処理（評価差額の計上仕訳）

　　純資産の部に計上されるその他有価証券の評価差額は，貸借対照表上，評価・換算差額等の区分に「**その他有価証券評価差額金**」の科目をもって計上する。

　（1）取得原価 ＜ 時価の場合（全部純資産直入法・部分純資産直入法ともに同じ）

（借）投 資 有 価 証 券	×××(*1)	（貸）その他有価証券評価差額金 （純 資 産 の 部）	×××

（*1）時価－取得原価

　（2）取得原価 ＞ 時価の場合

　　　①　全部純資産直入法

（借）その他有価証券評価差額金 （純 資 産 の 部）	×××	（貸）投 資 有 価 証 券	×××(*2)

（*2）取得原価－時価

　　　②　部分純資産直入法

（借）投資有価証券評価損益 （営 業 外 費 用）	×××	（貸）投 資 有 価 証 券	×××(*2)

4．貸借対照表表示

　　その他有価証券に区分される株式は貸借対照表上，通常「**投資有価証券**」として「**固定資産（投資その他の資産）**」に計上する。また，その他有価証券に区分される債券は**一年基準**により，貸借対照表上，流動・固定分類される。特に，償還日が決算日の翌日から起算して1年以内になった場合には，「**投資有価証券**」から「**有価証券**」に振り替える点に注意すること。

> 債券につき，決算日の翌日から起算して，償還日が
> (1) 1年以内のもの ⟶ 有 価 証 券（流動資産）
> (2) 1年を超えるもの ⟶ 投 資 有 価 証 券（固定資産「投資その他の資産」）

5．社　債

（借）社 債 利 息	6,750(*1)	（貸）未 払 社 債 利 息	6,750
（借）社 債 利 息	3,000(*2)	（貸）社 債	3,000

（*1）額面$300,000 \times 3\% \times \dfrac{9 \text{ヶ月}(X10.7 \sim X11.3)}{12 \text{ヶ月}} = 6,750$

（*2）（額面$300,000 -$取得原価$288,000) \times \dfrac{9 \text{ヶ月}(X10.7 \sim X11.3)}{36 \text{ヶ月}(X10.7 \sim X13.6)} = 3,000$

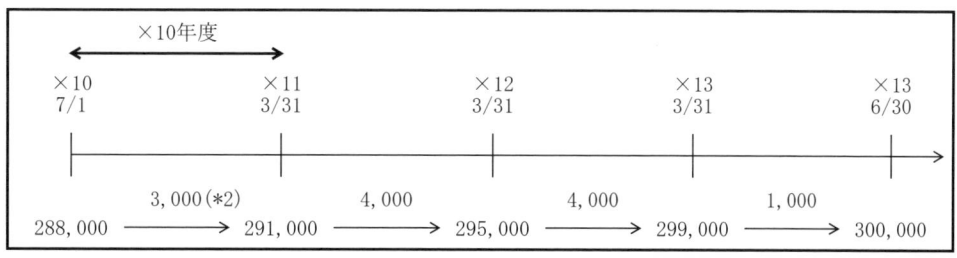

6．貸倒引当金

(借)	貸 倒 引 当 金 繰 入 額	3,640(*1)	(貸)	貸 倒 引 当 金	3,640

(*1) （受取手形132,000(*2)＋売掛金145,000(*3)）×2％－貸倒引当金1,900(*4)＝3,640

(*2) 前T/B 受取手形127,000＋未処理5,000＝132,000

(*3) 前T/B 売掛金157,000－未処理(5,000＋4,000＋3,000)＝145,000

(*4) 前T/B 貸倒引当金3,900－未処理2,000＝1,900

7．経過勘定（前述を除く）

(借)	前 払 営 業 費	2,800	(貸)	営 業 費	2,800

8．法人税，住民税及び事業税

(1) 法人税等中間納付（処理済）

(借)	仮 払 法 人 税 等	10,000(*1)	(貸)	現 金 預 金	10,000

(*1) 前T/B 仮払法人税等より

(2) 法人税等計上

(借)	法人税，住民税及び事業税	25,000	(貸)	仮 払 法 人 税 等	10,000(*1)
				未 払 法 人 税 等	15,000

Ⅲ．決算整理後残高試算表

決算整理後残高試算表
×11年3月31日

現 金 預 金	237,090	支 払 手 形		122,000
受 取 手 形	132,000	買 掛 金		136,000
売 掛 金	145,000	未 払 社 債 利 息		6,750
繰 越 商 品	47,000	未 払 法 人 税 等		15,000
前 払 営 業 費	2,800	貸 倒 引 当 金		5,540
未 収 有 価 証 券 利 息	420	社 債		291,000
建 物	870,400	長 期 借 入 金		200,000
備 品	180,000	建 物 減 価 償 却 累 計 額		104,292
土 地	720,000	備 品 減 価 償 却 累 計 額		15,000
投 資 有 価 証 券	102,680	資 本 金		1,547,090
関 係 会 社 株 式	55,000	繰 越 利 益 剰 余 金		17,240
その他有価証券評価差額金	4,000	売 上		646,000
仕 入	384,000	有 価 証 券 利 息		2,160
営 業 費	80,000	有 価 証 券 売 却 損 益		500
棚 卸 減 耗 費	5,000			
貸 倒 損 失	1,000			
貸 倒 引 当 金 繰 入 額	3,640			
建 物 減 価 償 却 費	14,292			
備 品 減 価 償 却 費	15,000			
支 払 利 息	9,500			
社 債 利 息	9,750			
関 係 会 社 株 式 評 価 損	65,000			
法人税，住民税及び事業税	25,000			
	3,108,572			3,108,572

商品売買業を営むＴＡＣ株式会社の当事業年度（自×10年４月１日　至×11年３月31日）における下記の〔資料〕を参照して，以下の各問に答えなさい。

問1 〔資料Ⅰ〕における空欄①〜④に該当する金額を答えなさい。

問2 答案用紙に示されている損益計算書及び貸借対照表を完成させなさい。

〔資料Ⅰ〕　決算整理前残高試算表

決算整理前残高試算表
×11年３月31日　　　　　　　　　　　（単位：千円）

現　　　　　　　金	101,800	支　払　手　形	656,000
当　座　預　金	386,639	買　　掛　　金	778,000
受　取　手　形	650,000	貸倒引当金（短期）	2,150
売　　掛　　金	750,000	社　　　　　　債	（　④　）
有　価　証　券	195,000	借　　入　　金	550,000
繰　越　商　品	365,000	建物減価償却累計額	（　　　　）
建　　　　　物	600,000	備品減価償却累計額	52,500
備　　　　　品	（　①　）	資　　本　　金	1,290,000
土　　　　　地	1,000,000	繰越利益剰余金	454,400
建　設　仮　勘　定	500,000	売　　　　　上	3,720,000
投　資　有　価　証　券	268,200	受　取　利　息	12,000
関　係　会　社　株　式	100,000	有価証券利息	7,500
長　期　貸　付　金	250,000		
仕　　　　　入	2,630,000		
販　　売　　費	395,561		
一　般　管　理　費	（　　　　）		
支　払　利　息	（　②　）		
社　債　利　息	（　③　）		
有価証券評価損益	（　　　　）		
（　？　）		（　？　）	

〔資料Ⅱ〕　決算整理事項等

1．現　金

　　決算日に金庫を実査したところ，現金の実際有高は99,800千円であった。なお，帳簿残高との差額のうち1,500千円は販売費の支払が未計上であることが判明したが，残額については原因が不明である。

2．有価証券

　　当社の有価証券の取得状況は以下のとおりである。

　(1)　×10年3月1日に売買目的でＬＬ社株式を 195,000千円で取得した。なお，前期末におけるＬＬ社株式の時価は 196,300千円である。×10年4月5日にＬＬ社株式すべてを 196,600千円で売却し当座に預け入れたが，未処理である。

　(2)　×7年4月1日に満期保有目的でMM社社債（額面 150,000千円，償還日×12年3月末日，年利率5％，利払日3月末日）を 145,500千円で取得した。なお，取得原価と額面金額との差額は金利の調整と認められるため，償却原価法（定額法）を適用する。

　(3)　×6年4月1日にＮＮ社の発行済株式の30％を 100,000千円で取得し，ＮＮ社を関連会社とした。ＮＮ社の直近の貸借対照表における純資産額は 150,000千円である。

　(4)　×8年10月1日に長期保有目的でＯＯ社株式を 120,000千円で取得した。なお，前期末及び当期末におけるＯＯ社株式の時価は 125,000千円及び 116,500千円であった。

　(5)　売買目的有価証券の評価差額については洗替方式，その他有価証券の評価差額については部分純資産直入法を採用している。

3．商　品

　(1)　期末商品帳簿数量は 6,000個（原価@65千円），期末商品実地数量は 5,850個である。

　(2)　期末商品実地数量の内訳は良品 5,800個及び品質低下品50個であり，良品の正味売却価額は@60千円，品質低下品の評価額は@35千円である。なお，損益計算書上，棚卸減耗費は販売費及び一般管理費として表示する。

4．固定資産

　(1)　減価償却を以下のとおり行う。

　　　　建　物：定額法，残存価額10％，耐用年数20年

　　　　備　品：定率法，残存価額10％，年償却率25％

　　なお，期首から保有する建物は×4年9月1日に一括して取得し，翌日より事業の用に供しており，備品は×8年4月3日に一括して取得し，翌日より事業の用に供している。

　(2)　〔資料Ⅰ〕の建設仮勘定はすべて建物の建設に係るものであり，そのうち 250,000千円は×10年12月12日に完成し，翌日より事業の用に供しているが，未処理である。なお，残額に係る建物は当期末現在，まだ完成していない。

5．社　債

　　社債（額面 1,500,000千円）は×8年1月1日に額面@ 100円につき@94円，年利率3％，利払日12月末日の条件で発行したものであり，1年据え置いた後，×9年12月末日より1年毎に額面 300,000千円ずつ抽選償還している。なお，当社では，当該社債について償却原価法（定額法）を適用しており，償却額は借入資金の利用高に応じて計算する。

6．借入金

　　〔資料Ⅰ〕の借入金のうち 250,000千円は×7年10月1日に，年利率4％，利払日9月末日及び3月末日，借入期間4年の条件で借り入れたものであり，300,000千円は×9年9月1日に，年利率3％，利払日8月末日，借入期間8年の条件で借り入れたものである。なお，〔資料Ⅰ〕の支払利息はすべて借入金に係るものである。

7．貸倒引当金

　(1) 売上債権

　　　すべて一般債権と認められるため，貸倒実績率法により貸倒引当金を設定（差額補充法）する。なお，売上債権の平均回収期間は6ヶ月であり，貸倒実績率は過去3算定年度における貸倒実績率の平均値とする。貸倒実績は以下のとおりである。

　　　×7年度売上債権期末残高 1,450,000千円（翌期において23,925千円貸倒）

　　　×8年度売上債権期末残高 1,600,000千円（翌期において39,200千円貸倒）

　　　×9年度売上債権期末残高 1,350,000千円（翌期において25,650千円貸倒）

　(2) 長期貸付金

　　①　〔資料Ⅰ〕の長期貸付金のうち 200,000千円は×8年4月1日にKK社に対して，年利率5％，利払日3月末日，返済日×13年3月31日の条件で貸し付けたものである。なお，当期の利払後にKK社より融資条件緩和の申し出があり，融資期間を1年延長するとともに年利率を2％に引き下げることに合意した。そこで，当該長期貸付金を貸倒懸念債権に区分し，キャッシュ・フロー見積法により貸倒引当金を設定する。

　　②　〔資料Ⅰ〕の長期貸付金のうち50,000千円はGG社に対して貸し付けたものである。当期においてGG社が経営破綻に陥ったため，GG社に対する貸付金を破産更生債権等に区分することとした。なお，当該貸付金は担保の処分により10,000千円の回収が見込まれている。

　(3) 〔資料Ⅰ〕の貸倒引当金（短期）は，すべて売上債権に係るものである。

8．経過勘定（他の〔資料〕から判明するものを除く）

　　見　越：販　売　費　55,200千円，一般管理費　45,800千円

　　繰　延：販　売　費　22,900千円

9．法人税，住民税及び事業税

　　税引前当期純利益の40％を法人税，住民税及び事業税として計上する。

〔資料Ⅲ〕　解答上の留意事項

1．計算過程で端数が生じた場合は，最終数値の千円未満を四捨五入すること。

2．利息の計算は月割で行うこと。

【MEMO】

【解答】

問1	① ★ 120,000	② ★ 13,750	③ ★ 30,375
	④ ★ 862,875		

問2

損 益 計 算 書 （単位：千円）

自×10年4月1日　至×11年3月31日

I	売　　上　　高	(3,720,000)		IV	営　業　外　収　益				
II	売　上　原　価			1	受　取　利　息	(12,000)			
1	期首商品棚卸高	(365,000)		2	有 価 証 券 利 息	(★ 8,400)			
2	当期商品仕入高	(2,630,000)		3	(有 価 証 券 売 却 益)	(★ 1,600)	(22,000)		
	合　　　　計	(2,995,000)		V	営　業　外　費　用				
3	期末商品棚卸高	(390,000)		1	支　払　利　息	(19,000)			
4	(商品低価評価損)	(★ 30,500) (2,635,500)		2	社　債　利　息	(★ 50,625)			
	売　上　総　利　益	(1,084,500)		3	貸倒引当金繰入額	(★ 56,339)			
III	販売費及び一般管理費			4	有 価 証 券 評 価 損	(1,300)			
1	販　　売　　費	(★ 429,361)		5	投資有価証券評価損	(★ 3,500)			
2	(棚 卸 減 耗 費)	(9,750)		6	(雑　　損　　失)	(★ 500) (131,264)			
3	貸倒引当金繰入額	(25,850)			経　常　利　益	(238,300)			
4	一 般 管 理 費	(★ 224,350)		VI	特　別　損　失				
5	建物減価償却費	(30,750)		1	(関係会社株式評価損)	(★ 55,000) (55,000)			
6	備品減価償却費	(★ 16,875) (736,936)			税引前当期純利益	(183,300)			
	営　業　利　益	(347,564)			法人税, 住民税及び事業税	(73,320)			
					当　期　純　利　益	(109,980)			

貸 借 対 照 表

×11年3月31日　　　　　　　　　　　（単位：千円）

資　産　の　部		負　債　の　部	
I 流　動　資　産		I 流　動　負　債	
現 金 及 び 預 金	（　　683,039　）	支 払 手 形	（　　656,000　）
受 取 手 形（　650,000　）		買 　掛　 金	（　　778,000　）
貸 倒 引 当 金（ △ 13,000 ）（★　637,000　）		（短 期 借 入 金）	（　　250,000　）
売 　掛　 金（　750,000　）		（一 年 内 償 還 社 債）	（★　296,625　）
貸 倒 引 当 金（ △ 15,000 ）（　735,000　）		未 払 費 用	（★　113,000　）
有 価 証 券	（★　149,100　）	未 払 法 人 税 等	（　　73,320　）
商 　　　品	（★　349,750　）	流 動 負 債 合 計	（　2,166,945　）
前 払 費 用	（　　22,900　）	II 固　定　負　債	
流 動 資 産 合 計	（　2,576,789　）	社 　　　債	（★　579,750　）
II 固　定　資　産		（長 期 借 入 金）	（★　300,000　）
1 有 形 固 定 資 産		固 定 負 債 合 計	（　　879,750　）
建 　　　物（　850,000　）		負 債 合 計	（　3,046,695　）
減価償却累計額（△181,500）（★　668,500　）		純　資　産　の　部	
備 　　　品（　120,000　）		I 株　主　資　本	
減価償却累計額（ △ 69,375 ）（　50,625　）		1 資 　本　 金	（　1,290,000　）
土 　　　地	（　1,000,000　）	2 利 益 剰 余 金	
（建 設 仮 勘 定）	（★　250,000　）	(1) 繰越利益剰余金（　564,380　）	
有 形 固 定 資 産 合 計	（　1,969,125　）	利 益 剰 余 金 合 計	（　　564,380　）
2 投 資 そ の 他 の 資 産		株 主 資 本 合 計	（　1,854,380　）
投 資 有 価 証 券	（　　116,500　）	純 資 産 合 計	（　1,854,380　）
関 係 会 社 株 式	（　　45,000　）		
長 期 貸 付 金（　200,000　）			
貸 倒 引 当 金（ △ 16,339 ）（　183,661　）			
破 産 更 生 債 権 等（　50,000　）			
貸 倒 引 当 金（ △ 40,000 ）（★　10,000　）			
投資その他の資産合計	（　　355,161　）		
固 定 資 産 合 計	（　2,324,286　）		
資 産 合 計	（　4,901,075　）	負 債 純 資 産 合 計	（　4,901,075　）

【採点基準】

★4点×25箇所＝100点

【解答時間及び得点】

	日　付	解答時間	得　点	Ｍ　Ｅ　Ｍ　Ｏ
1	／	分	点	
2	／	分	点	
3	／	分	点	
4	／	分	点	
5	／	分	点	

【チェック・ポイント】

出題分野	出題論点	日　付				
		／	／	／	／	／
個　別　論　点	現　　金　　過　　不　　足					
	有　　価　　証　　券					
	商　品　の　期　末　評　価					
	建　　設　　仮　　勘　　定					
	社　　債（抽　選　償　還　）					
	借　入　金　の　流　動　固　定　分　類					
	貸　倒　実　績　率　の　算　定					
	キ　ャ　ッ　シ　ュ　・　フ　ロ　ー　見　積　法					
	財　務　内　容　評　価　法					

【解答への道】（単位：千円）

Ⅰ．〔資料Ⅰ〕の空欄推定

①備　　　　　　品：120,000 ← 後述（Ⅱ．4．(2) 参照）

　一　般　管　理　費：178,550 ← 貸借差額

②支　払　利　息：13,750 ← $250,000 \times 4\% + 300,000 \times 3\% \times \dfrac{5 \text{ヶ月(X10.4～X10.8)}}{12 \text{ヶ月}}$

③社　債　利　息：30,375 ← 後述（Ⅱ．5．(3) 参照）

　有価証券評価損益：1,300 ← ＬＬ社株式(前期末時価196,300－取得原価195,000)

④社　　　　　　債：862,875 ← 後述（Ⅱ．5．(3) 参照）

　建物減価償却累計額：150,750 ← $600,000 \times 0.9 \div 20 \text{年} \times \dfrac{67 \text{ヶ月(X4.9～X10.3)}}{12 \text{ヶ月}}$

Ⅱ．決算整理仕訳等

　1．現　金

　(1) 未処理

(借)	販　　売　　費	1,500	(貸)	現　　　　　金	1,500

　(2) 現金過不足

(借)	雑　　損　　失	500(*1)	(貸)	現　　　　　金	500

　(*1)（前T/B 101,800－未処理1,500）－実際有高99,800＝500

2．有価証券

(1) ＬＬ社株式（売買目的有価証券，洗替方式）

① 前期決算整理

| (借) | 有 価 証 券 | 1,300 | (貸) | 有 価 証 券 評 価 損 益 | 1,300(*1) |

(*1) 前期末時価196,300－取得原価195,000＝1,300

② 期首洗替（処理済）

| (借) | 有 価 証 券 評 価 損 益 | 1,300(*1) | (貸) | 有 価 証 券 | 1,300 |

③ 売 却（未処理）

| (借) | 当 座 預 金 | 196,600 | (貸) | 有 価 証 券 | 195,000(*2) |
| | | | | 有 価 証 券 売 却 損 益 | 1,600 |

(*2) 取得原価

(2) ＭＭ社社債（満期保有目的の債券）

| (借) | 投 資 有 価 証 券 | 900 | (貸) | 有 価 証 券 利 息 | 900(*1) |
| (借) | 有 価 証 券 | 149,100 | (貸) | 投 資 有 価 証 券 | 149,100(*2) |

(*1) （額面150,000－取得原価145,500）× $\dfrac{12ヶ月（X10.4〜X11.3）}{60ヶ月（X7.4〜X12.3）}$ ＝900

(注) 定額法では，決算時に償却額の計上を行う。

(*2) 取得原価145,500＋（額面150,000－取得原価145,500）

$$× \dfrac{48ヶ月（X7.4〜X11.3）}{60ヶ月（X7.4〜X12.3）} ＝当期末償却原価149,100$$

(注) 償還日が決算日の翌日から起算して１年以内になった場合は「**投資有価証券**」から「**有価証券**」に振り替える。

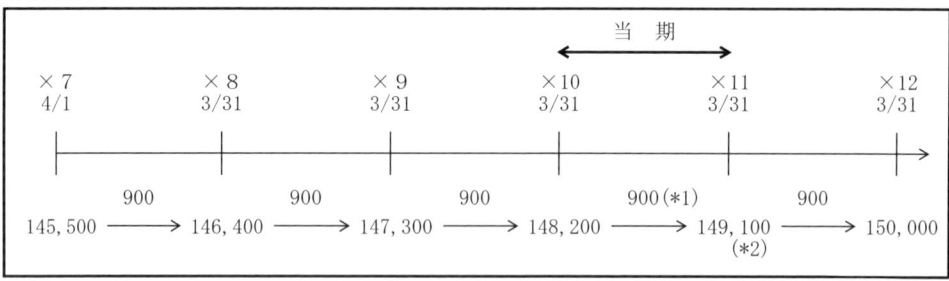

(3) ＮＮ社株式（関係会社株式，減損処理・実価法）

| (借) | 関 係 会 社 株 式 評 価 損 | 55,000 | (貸) | 関 係 会 社 株 式 | 55,000(*1) |

(*1) 取得原価100,000－純資産額150,000×持分比率30%＝55,000

(4) ○○社株式（その他有価証券，部分純資産直入法）

① 期首洗替（処理済）

| (借) | その他有価証券評価差額金 | 5,000(*1) | (貸) | 投 資 有 価 証 券 | 5,000 |

(*1) 前期末時価125,000－取得原価120,000＝5,000

(注) その他有価証券に係る評価差額の計上は洗替方式によるため，前期末に計上した評価差額を振り戻し，取得原価 120,000を当期首の帳簿価額とする。

② 決算整理

| (借) | 投 資 有 価 証 券 評 価 損 益 | 3,500(*2) | (貸) | 投 資 有 価 証 券 | 3,500 |

(*2) 取得原価120,000－当期末時価116,500＝3,500

3．商品売買

(借)	仕	入	365,000	(貸)	繰 越 商 品	365,000
(借)	繰 越 商 品	390,000	(貸)	仕	入	390,000(*1)
(借)	棚 卸 減 耗 費	9,750(*2)	(貸)	繰 越 商 品	40,250
	商 品 低 価 評 価 損	30,500(*3)			

(*1) 原価@65×帳簿数量6,000個＝390,000

(注) 損益計算書における期末商品棚卸高の金額は棚卸減耗費等が発生していても，必ず期末商品の帳簿原価（＝@原価×帳簿数量）である。したがって，棚卸減耗費等が発生している場合，損益計算書における期末商品棚卸高の金額（本問では 390,000(*1)）と貸借対照表の商品の金額（本問では 349,750）が異なる点に注意すること。

(*2) 原価@65×（帳簿数量6,000個－実地数量5,850個）＝9,750

(*3) 1,500(*4)＋29,000(*5)＝30,500

(*4) （原価@65－評価額@35）×品質低下品50個＝1,500

(*5) （原価@65－正味売却価額@60）×良品数量5,800個＝29,000

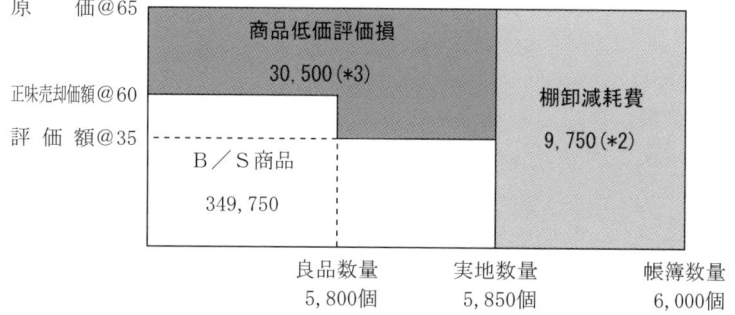

(注) 本問においては棚卸減耗費の損益計算書表示区分について指示があるが，指示がない場合には，各自が答案用紙から判断することになる。

4．固定資産

(1) 建 物

① 未処理

| (借) | 建 物 | 250,000 | (貸) | 建 設 仮 勘 定 | 250,000 |

② 減価償却

| (借) | 建 物 減 価 償 却 費 | 30,750(*1) | (貸) | 建 物 減 価 償 却 累 計 額 | 30,750 |

(*1) $600,000 \times 0.9 \div 20年 + 250,000 \times 0.9 \div 20年 \times \dfrac{4 ヶ月 (X10.12 〜 X11.3)}{12ヶ月} = 30,750$

(2) 備 品

| (借) | 備 品 減 価 償 却 費 | 16,875(*1) | (貸) | 備 品 減 価 償 却 累 計 額 | 16,875 |

(*1) $(120,000(*2) - 52,500) \times 0.25 = 16,875$

(*2) 備品の取得原価をAとおくと，以下の式が成り立つ。

取得原価A－期首簿価$\{A \times (1-0.25)^2\}$＝前T/B 備品減価償却累計額52,500

∴ $A = 120,000$

◎ 前T/B 備品：$120,000$(*2)

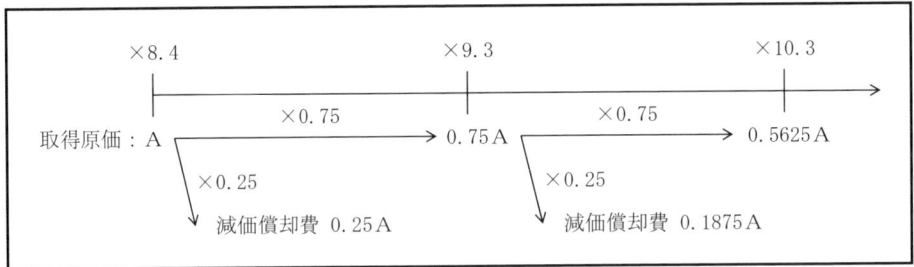

5. 社　債

(1) 図　示

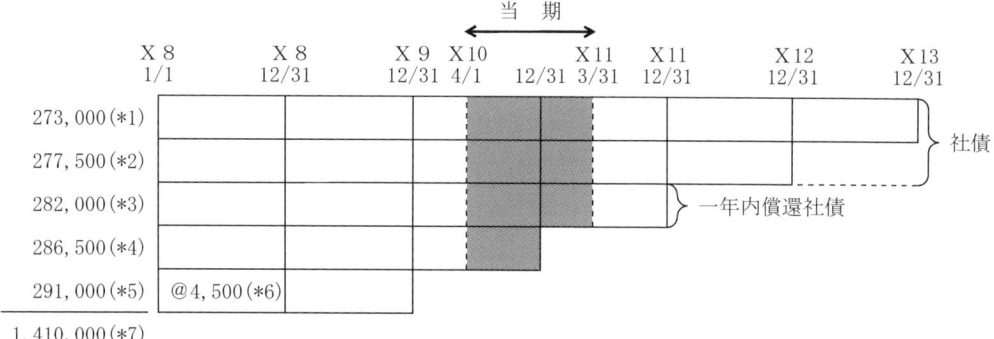

(*1)　額面300,000－@4,500(*6)×6コマ＝X13.12/31償還分273,000

(*2)　額面300,000－@4,500(*6)×5コマ＝X12.12/31償還分277,500

(*3)　額面300,000－@4,500(*6)×4コマ＝X11.12/31償還分282,000

(*4)　額面300,000－@4,500(*6)×3コマ＝X10.12/31償還分286,500

(*5)　額面300,000－@4,500(*6)×2コマ＝X9.12/31償還分291,000

(*6)　(額面総額1,500,000－払込金額1,410,000(*7))÷20コマ(*8)＝@4,500

(*7)　額面総額1,500,000×$\dfrac{@94円}{@100円}$＝1,410,000

(*8)　$\dfrac{5×(5＋1)}{2}＋5＝20$コマ

(2) 再振替仕訳（×10年4月1日，処理済）

| (借) | 未 払 社 債 利 息 | 9,000(*9) | (貸) | 社 債 利 息 | 9,000 |

(*9)　額面(1,500,000－X9.12/31償還分300,000)×3％×$\dfrac{3ヶ月(X10.1〜X10.3)}{12ヶ月}$＝9,000

(3) 償還時及び利払日（×10年12月31日，処理済）

(借)	社 債 利 息	3,375(*10)	(貸)	一 年 内 償 還 社 債	3,375
(借)	一 年 内 償 還 社 債	300,000(*11)	(貸)	当 座 預 金	300,000
(借)	社 債 利 息	36,000(*12)	(貸)	当 座 預 金	36,000

(*10)　@4,500(*6)×1コマ×$\dfrac{9ヶ月(X10.4〜X10.12)}{12ヶ月}$＝3,375

(*11)　X10.12/31償還分

(*12)　額面(1,500,000－X9.12/31償還分300,000)×3％＝36,000

　◎　前T/B 社債利息：3,375(*10)＋36,000(*12)－9,000(*9)＝30,375

　◎　前T/B 社債：273,000(*1)＋277,500(*2)＋282,000(*3)

$$＋@4,500(*6)×(6コマ＋3コマ×\dfrac{3ヶ月(X10.1〜X10.3)}{12ヶ月})＝862,875$$

(4) 決算整理

(借)	社 債 利 息	6,750	(貸)	未 払 社 債 利 息	6,750(*13)
(借)	社 債 利 息	13,500(*14)	(貸)	社 債	13,500
(借)	社 債	296,625	(貸)	一 年 内 償 還 社 債	296,625(*15)

(*13) 額面(1,500,000−X9.12/31償還分300,000−X10.12/31償還分300,000)

$$\times 3\% \times \frac{3\,\text{ヶ月}\,(\text{X11.1}\sim\text{X11.3})}{12\,\text{ヶ月}} = 6,750$$

(*14) @4,500(*6)×3コマ=13,500

(*15) $282,000(*3) + @4,500(*6) \times (3\,\text{コマ} + 1\,\text{コマ} \times \dfrac{3\,\text{ヶ月}\,(\text{X11.1}\sim\text{X11.3})}{12\,\text{ヶ月}}) = \text{X11.12/31償還分}\,296,625$

6．借入金

(借)	支 払 利 息	5,250(*1)	(貸)	未 払 利 息	5,250
(借)	借 入 金	550,000	(貸)	短 期 借 入 金	250,000
				長 期 借 入 金	300,000

(*1) $300,000 \times 3\% \times \dfrac{7\,\text{ヶ月}\,(\text{X10.9}\sim\text{X11.3})}{12\,\text{ヶ月}} = 5,250$

(注) 借入金は一年基準により，流動固定分類を行う。本問において 250,000の借入金は返済日が×11年9月30日であり，貸借対照表日の翌日（本問においては×11年4月1日）から起算して，1年以内に返済期日が到来するため，貸借対照表上，短期借入金として流動負債に表示する。また，300,000の借入金は返済日が×17年8月31日であり，貸借対照表日の翌日から起算して，1年を超えて支払期日が到来するため，貸借対照表上，長期借入金として固定負債に表示する。

（参考１）流動固定分類

　　資産・負債を流動項目と固定項目に分類する基準は次の２つがある。

１．正常営業循環基準

　　　正常営業循環基準とは，主たる営業活動の循環過程にあるものを流動項目とし，それ以外のものを固定項目とする基準である。

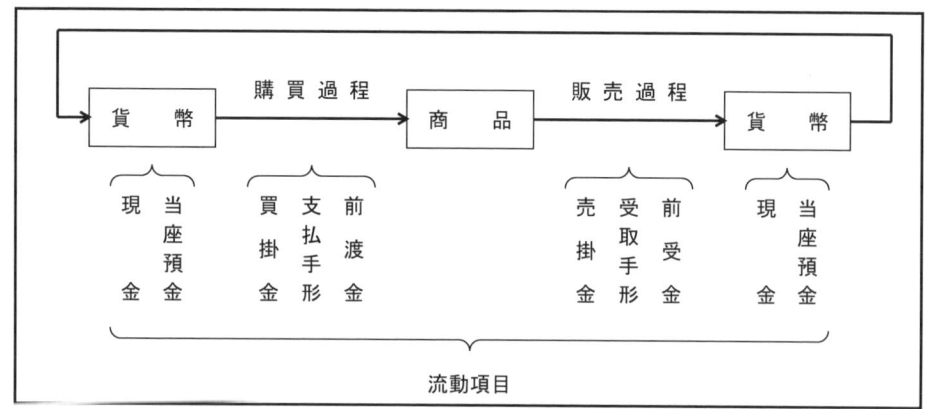

２．一年基準（one year rule）

　　　一年基準とは，決算日の翌日から起算して，１年以内に履行期の到来する債権及び債務，１年以内に費用・収益となる資産及び負債を流動項目とし，１年を超えるものを固定項目とする基準である。

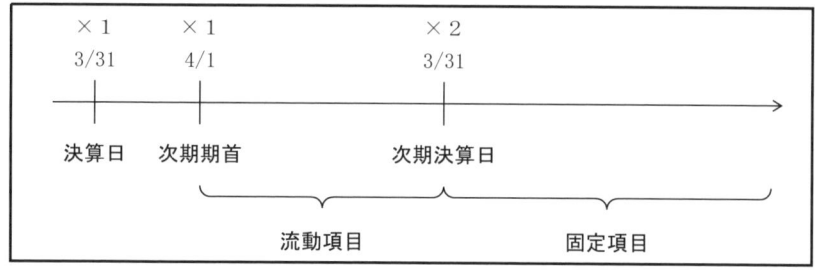

３．まとめ

　　　現行制度上，原則として，**正常営業循環基準を主たる基準とし，一年基準を従たる基準**として流動固定分類を行っている。つまり，まず，正常営業循環基準を適用して企業の正常な循環過程内にあるものは流動項目とし，それ以外のものについては，次に，一年基準を適用して１年内のものは流動項目とし，１年超のものは固定項目とする。

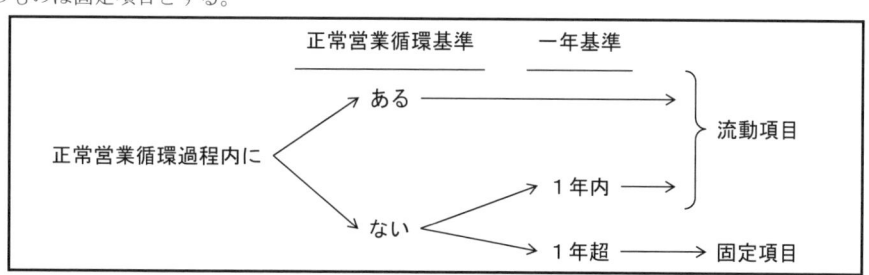

7．貸倒引当金

(1) 一般債権（売上債権，貸倒実績率法）

(借)	貸倒引当金繰入額（販管費）	25,850(*1)	(貸)	貸 倒 引 当 金 （ 短 期 ）	25,850

(*1)　(前T/B 受取手形650,000＋前T/B 売掛金750,000)×2％(*2)－前T/B 貸倒引当金(短期)2,150＝25,850

(*2)　(1.65％(*3)＋2.45％(*4)＋1.9％(*5))÷3＝2％

(*3)　23,925÷×7年度売上債権期末残高1,450,000＝1.65％

(*4)　39,200÷×8年度売上債権期末残高1,600,000＝2.45％

(*5)　25,650÷×9年度売上債権期末残高1,350,000＝1.9％

(2) 貸倒懸念債権（対ＫＫ社貸付金，キャッシュ・フロー見積法）

(借)	貸倒引当金繰入額（営業外費用）	16,339(*1)	(貸)	貸 倒 引 当 金 （ 長 期 ）	16,339

(*1)　200,000－183,661(*2)＝16,339

(*2)　4,000(*3)÷1.05＋4,000(*3)÷(1.05)^2＋204,000(*4)÷(1.05)^3＝183,660.511…

　　　　　　　　　　　　　　　　　　　　　　　　　　　　　　→ 183,661（四捨五入）

(*3)　200,000×2％＝4,000

(*4)　200,000＋4,000(*3)＝204,000

◎　条件緩和後の将来キャッシュ・フロー及び当初の年利率５％で割り引いた現在価値

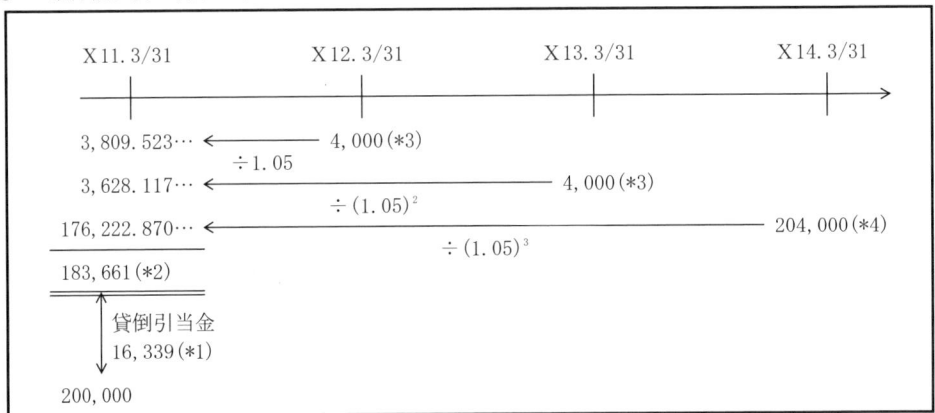

(3) 破産更生債権等（対ＧＧ社貸付金，財務内容評価法）

(借)	破 産 更 生 債 権 等	50,000	(貸)	長 期 貸 付 金	50,000
(借)	貸倒引当金繰入額（営業外費用）	40,000	(貸)	貸 倒 引 当 金 （ 長 期 ）	40,000(*1)

(*1)　50,000－担保の処分見込額10,000＝40,000

（参考２）債権の区分

　貸倒見積高の算定にあたっては，債務者の財政状態及び経営成績等に応じて，一般債権，貸倒懸念債権，破産更生債権等の３つに区分する。

債権の区分	意　　義
一　般　債　権	経営状態に重大な問題が生じていない債務者に対する債権
貸倒懸念債権	経営破綻の状態には至っていないが，債務の弁済に重大な問題が生じているか，又は，生じる可能性の高い債務者に対する債権
破産更生債権等	経営破綻，又は，実質的に経営破綻に陥っている債務者に対する債権

１．一般債権

　　一般債権とは，経営状態に重大な問題が生じていない債務者に対する債権である。なお，貸倒懸念債権及び破産更生債権等に該当しない債権が一般債権となる。

２．貸倒懸念債権

　　貸倒懸念債権とは，経営破綻の状態には至っていないが「債務の弁済に重大な問題が生じている(*1)」か又は「生じる可能性の高い(*2)」債務者に対する債権である。

(*1)　債務の弁済に重大な問題が生じている場合とは，①債務の弁済が１年以上延滞している場合や，②弁済条件を大幅に緩和している場合（弁済期間の延長，弁済の一時棚上げ，元金又は利息の一部免除等）が該当する。

(*2)　債務の弁済に重大な問題が生じる可能性の高い場合とは，業況が低調ないし不安定であり，又は財務内容に問題があり，過去の経営成績又は経営改善計画の実現可能性を考慮した結果，債務の一部を弁済できない可能性が高い場合である。

３．破産更生債権等

　　破産更生債権等とは，経営破綻(*3)又は実質的に経営破綻(*4)に陥っている債務者に対する債権である。

(*3)　経営破綻に陥っている債務者とは，破産，清算，会社整理，会社更生等，法的・形式的な経営破綻の事実が発生している債務者をいう。

(*4)　実質的に経営破綻に陥っている債務者とは，法的・形式的な経営破綻の事実は発生していないものの，深刻な経営難の状態にあり，再建の見通しがない状態にあると認められる債務者をいう。

（参考3）貸倒見積高の算定方法

債権の貸倒見積高の算定は，区分に応じてそれぞれ次の方法による。

債権の区分	算出単位	貸倒見積高の算定方法
一　般　債　権	総括引当法	貸　倒　実　績　率　法
貸倒懸念債権	個別引当法	財　務　内　容　評　価　法
		キャッシュ・フロー見積法
破産更生債権等	個別引当法	財　務　内　容　評　価　法

1．一般債権

　　一般債権は，債権全体又は同種・同類の債権ごとにグルーピングをした上で，債権の状況に応じて求めた過去の貸倒実績率等，合理的な基準により貸倒見積高を算定する（**貸倒実績率法**）。

(1) 一般債権のグルーピングの一般的な方法

　　債権を同種・同類の債権ごとにグルーピングする場合，以下の方法がある。

勘定科目別	受取手形，売掛金，貸付金，未収入金等の区分
発生原因別	営業債権（受取手形，売掛金），営業外債権（貸付金，未収入金）の区分
期　　間　　別	短期債権（期日が1年以内），長期債権（期日が1年超）の区分

(2) 貸倒実績率の算定期間

　　貸倒実績率を算定する算定期間は，債権の平均回収期間が妥当である。しかし，債権の回収期間が1年を下回る場合には1年とする。

　　当期末に保有する債権について適用する貸倒実績率を算定する場合，当期を最終年度とする算定期間を含むそれ以前の2～3算定期間に係る貸倒実績率の平均値による。

(3) 貸倒実績率の算定方法

　　貸倒実績率は以下の式で算定する。

$$\text{貸倒実績率} = \frac{\text{算定期間における実際貸倒額}}{\text{ある期における債権金額}}$$

　　なお，上記計算式における分母の「**ある期における債権金額**」は「**債権の期末残高**」を用いる場合と，「**債権の当初元本**」を用いる場合がある。

(4) 貸倒見積高の算定方法

① 「債権の期末残高」を用いる場合

　　債権の期末残高に貸倒実績率を乗じて，貸倒見積高を算定する。

$$\text{貸倒見積高} = \text{債権の期末残高} \times \text{貸倒実績率}$$

② 「債権の当初元本」を用いる場合

　　当期末に残高のある債権の当初元本に貸倒実績率を乗じて貸倒損失総発生額を見積り，当該金額から貸倒損失実際発生額を控除して，貸倒見積高を算定する。

$$\text{貸倒見積高} = \text{債権の当初元本} \times \text{貸倒実績率} - \text{貸倒損失実際発生額}$$

2．貸倒懸念債権

　　貸倒懸念債権については，債権の状況に応じて，財務内容評価法又はキャッシュ・フロー見積法のいずれかにより貸倒見積高を算定する。ただし，同一の債権については，債務者の財政状態及び経営成績の状況等が変化しない限り，同一の方法を継続して適用する。

(1) 財務内容評価法

　　債権額から担保の処分見込額及び保証による回収見込額を減額し，その残額について債務者の財政状態及び経営成績を考慮して貸倒見積高を算定する。

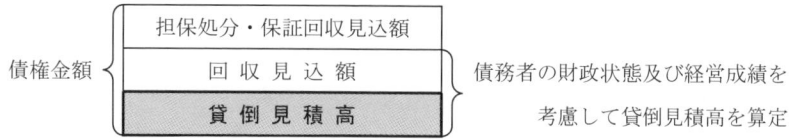

　　　貸倒見積高 ＝ （債権金額 － 担保処分・保証回収見込額）に対する貸倒見積額

債権金額	担保処分・保証回収見込額	
	回 収 見 込 額	債務者の財政状態及び経営成績を
	貸 倒 見 積 高	考慮して貸倒見積高を算定

(2) キャッシュ・フロー見積法

① 貸倒見積高の算定

　　債権元本の回収及び利息受取に係るキャッシュ・フローを合理的に見積もることができる債権については，債権元本及び利息について元本の回収及び利息の受取が見込まれる時点から，当期末までの期間にわたり「**当初の約定利子率**」で割り引いた金額の総額と債権の帳簿価額との差額を貸倒見積高とする。

　　　貸倒見積高 ＝ 債権金額 － 債権に係る将来キャッシュ・フローの割引現在価値

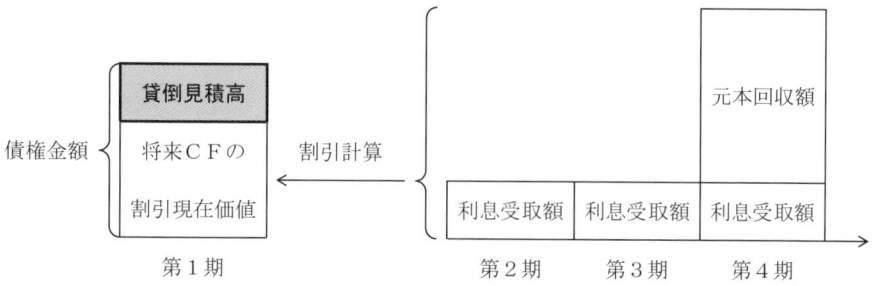

② 貸倒見積高の減額分の処理

　　将来キャッシュ・フローの見積りは，少なくとも各期末に更新し，貸倒見積高を洗い替える。割引効果の時間の経過による実現分のうち貸倒見積高の減額分は「**受取利息**」勘定で処理する。

3．破産更生債権等

(1) 貸倒見積高の算定

破産更生債権等については，財務内容評価法により債権額から担保の処分見込額及び保証による回収見込額を減額し，その**残額をすべて**貸倒見積高とする。

> 貸倒見積高 ＝ 債権金額 － 担保処分・保証回収見込額

(2) 貸倒見積高の処理

破産更生債権等の貸倒見積高は，原則として，**貸倒引当金**として処理する。ただし，債権金額又は取得価額から直接減額することもできる。

(3) 貸借対照表表示

破産更生債権等に分類される債権については貸借対照表上「**破産更生債権等**」として通常「**固定資産（投資その他の資産）**」に計上する。

8．経過勘定（前述を除く）

(借)	販 売 費	55,200	(貸)	未 払 販 売 費	55,200
(借)	一 般 管 理 費	45,800	(貸)	未 払 一 般 管 理 費	45,800
(借)	前 払 販 売 費	22,900	(貸)	販 売 費	22,900

9．法人税，住民税及び事業税

(借)	法人税，住民税及び事業税	73,320(*1)	(貸)	未 払 法 人 税 等	73,320

(*1) 税引前当期純利益183,300×40％＝73,320

Ⅲ. 決算整理後残高試算表

決算整理後残高試算表

×11年3月31日

現　　　　　金	99,800	支　払　手　形	656,000
当　座　預　金	583,239	買　　掛　　金	778,000
受　取　手　形	650,000	短　期　借　入　金	250,000
売　　掛　　金	750,000	一　年　内　償　還　社　債	296,625
有　価　証　券	149,100	未　払　販　売　費	55,200
繰　越　商　品	349,750	未　払　一　般　管　理　費	45,800
前　払　販　売　費	22,900	未　払　利　息	5,250
建　　　　　物	850,000	未　払　社　債　利　息	6,750
備　　　　　品	120,000	未　払　法　人　税　等	73,320
土　　　　　地	1,000,000	貸　倒　引　当　金（短期）	28,000
建　設　仮　勘　定	250,000	社　　　　　債	579,750
投　資　有　価　証　券	116,500	長　期　借　入　金	300,000
関　係　会　社　株　式	45,000	建　物　減　価　償　却　累　計　額	181,500
長　期　貸　付　金	200,000	備　品　減　価　償　却　累　計　額	69,375
破　産　更　生　債　権　等	50,000	貸　倒　引　当　金（長期）	56,339
仕　　　　　入	2,605,000	資　　本　　金	1,290,000
商　品　低　価　評　価　損	30,500	繰　越　利　益　剰　余　金	454,400
販　　売　　費	429,361	売　　　　　上	3,720,000
棚　卸　減　耗　費	9,750	受　取　利　息	12,000
貸倒引当金繰入額（販管費）	25,850	有　価　証　券　利　息	8,400
一　般　管　理　費	224,350	有　価　証　券　売　却　損　益	1,600
建　物　減　価　償　却　費	30,750		
備　品　減　価　償　却　費	16,875		
支　払　利　息	19,000		
社　債　利　息	50,625		
貸倒引当金繰入額（営業外費用）	56,339		
有　価　証　券　評　価　損　益	1,300		
投　資　有　価　証　券　評　価　損　益	3,500		
雑　　損　　失	500		
関　係　会　社　株　式　評　価　損	55,000		
法人税，住民税及び事業税	73,320		
	8,868,309		8,868,309

商品売買業を営むTAC株式会社の当期（×10年4月1日から×11年3月31日まで）における下記の〔資料〕を参照して，答案用紙に示されている損益計算書及び貸借対照表を完成させなさい。

〔資料Ⅰ〕 決算整理前残高試算表

決算整理前残高試算表

×11年3月31日 （単位：千円）

現　　　　　金	2,960	支　払　手　形	109,000
当　座　預　金	19,449	買　　掛　　金	38,500
受　取　手　形	32,000	リース債務（流動）	（　　　　）
売　　掛　　金	52,800	貸　倒　引　当　金	1,500
有　価　証　券	40,000	社　　　　　債	（　　　　）
繰　越　商　品	9,000	長　期　借　入　金	20,000
仮　　払　　金	6,612	リース債務（固定）	（　　　　）
火　災　未　決　算	（　　　　）	備品減価償却累計額	17,500
車　　　　　両	96,000	リース資産減価償却累計額	（　　　　）
備　　　　　品	40,000	資　　本　　金	270,000
土　　　　　地	189,625	利　益　準　備　金	62,500
リ　ー　ス　資　産	（　　　　）	繰　越　利　益　剰　余　金	（　　　　）
建　設　仮　勘　定	40,000	売　　　　　上	917,000
仕　　　　　入	658,800	受　取　利　息　配　当　金	923
販　　売　　費	72,460	有　価　証　券　利　息	50
給　　　　　与	107,342		
一　般　管　理　費	41,250		
通　　信　　費	570		
租　税　公　課	650		
建物減価償却費	（　　　　）		
支　払　利　息	2,544		
社　債　利　息	1,260		
	（　　　　）		（　　　　）

〔資料Ⅱ〕 決算整理事項等

1．現金等

決算日において当社の金庫を実査した結果，次のものが保管されていた。なお，現金の帳簿残高と実際有高との差額については雑損失として処理する。また，未渡小切手は販売費を支払うために作成したものであり，株主配当金領収証及び期限到来後社債利札については未処理である。

硬 貨 ・ 紙 幣： 1,056千円 未 渡 小 切 手： 1,200千円 他人振出小切手： 1,900千円

郵 便 切 手： 70千円 収 入 印 紙： 90千円 株主配当金領収証： 300千円

期限到来後社債利札： 270千円

2．有価証券

決算日において保有する売買目的有価証券の内訳は，以下のとおりである。

(1) ＬＬ社社債

額面 6,500千円で，当期に 6,000千円で取得したものである。なお，期末時価は 6,300千円である。

(2) ＲＲ社株式

当期中に34,000千円で取得したものである。なお，期末時価は33,500千円である。

3．商品売買等

(1) 期末商品の算定方法として，売価還元法を採用している。

(2) 商品の売価データは以下のとおりである。

期 首 商 品 棚 卸 高： 12,000千円 当 期 仕 入： 920,000千円

期 中 値 上 額： 26,000千円 期 中 値 下 額： 28,000千円

期 中 値 上 取 消 額： 4,000千円 期 中 値 下 取 消 額： 1,500千円

期 末 商 品 帳 簿 棚 卸 高： ？ 千円 期 末 商 品 実 地 棚 卸 高： 10,000千円

(3) 期末商品の正味売却価額は 9,100千円である。

4．有形固定資産

(1) 減価償却

種 類	償却方法	耐用年数	年償却率	残存価額
建 物	定 額 法	？年	0.02	10％
車 両	定 額 法	？年	0.20	10％
備 品	定 率 法	8年	0.25	10％

(2) ×10年9月30日に建物（取得原価 200,000千円，期首減価償却累計額 108,000千円）が火災により焼失したため，保険会社に保険金を請求している。なお，当期末において保険会社から88,000千円を支払う旨の通知があったが，これについては未処理である。

(3) ×10年11月16日に建設中の建物60,000千円が完成し，引渡を受け，代金未納分については掛としたが，未処理である。なお，建物は引渡日から使用しており，これ以外に建設中の固定資産はなかった。

(4) 決算整理前残高試算表に計上されている車両は，×10年11月1日に取得したものであり，代金については額面96,000千円の約束手形（支払期日×11年10月31日）を振り出している。なお，この際，支払手形勘定で処理しているので，決算において修正する。

5．リース取引

(1) 当社が保有するリース物件は以下のとおりである。

  ① リース物件ＡＡ

    ⅰ ファイナンス・リース取引に該当する。

    ⅱ リース取引開始日は×９年４月１日である。

    ⅲ リース期間は４年であり，毎年３月末にリース料 6,612千円を支払う契約である。

    ⅳ 見積現金購入価額は24,228千円である。

    ⅴ 支払リース料総額の割引現在価値が見積現金購入価額に一致する割引率は年 3.6％である。

    ⅵ 借手の追加借入利子率は年４％である。

    ⅶ 当該リース契約には，所有権移転条項及び割安購入選択権はない。

    ⅷ 当該リース資産の経済的耐用年数は６年である。

  ② リース物件ＢＢ

    ⅰ オペレーティング・リース取引に該当する。

    ⅱ リース取引開始日は×10年７月１日である。

    ⅲ リース期間は３年であり，毎年６月末にリース料 8,980千円を支払う契約である。

    ⅳ 見積現金購入価額は45,400千円である。

    ⅴ 支払リース料総額の割引現在価値が見積現金購入価額に一致する割引率は年 3.0％である。

    ⅵ 借手の追加借入利子率は年４％である。

    ⅶ 当該リース資産の経済的耐用年数は７年である。

(2) 期中においては，リース料の支払額を仮払金として処理を行っているのみである。

(3) リース資産については定額法により減価償却を行っている。

(4) 千円未満の端数が生じる場合は，最終数値の千円未満を切り捨てること。

6．社　債

(1) ×９年４月１日に額面@ 100円につき@95.5円で社債（額面総額60,000千円，償還期限５年，年利率３％，利払日毎年３月31日）を発行した。×10年３月31日から毎年３月末に額面12,000千円ずつ抽選償還している。このうち×13年３月31日償還予定の社債について，×10年11月30日に11,614千円（裸相場）で繰上償還を行い，端数利息を含めて当座により支払ったが，未処理である。

(2) 償却原価法（定額法）を採用しており，償却額は借入資金の利用高に応じて計算する。

(3) 利息の計算はすべて月割で行う。

7．貸倒引当金

売上債権期末残高に対して２％の貸倒引当金を差額補充法により設定する。

8．損益の見越・繰延

販売費の繰延 8,430千円，一般管理費の見越 2,560千円がある。

9．法人税，住民税及び事業税

法人税，住民税及び事業税として 2,400千円を計上する。

【MEMO】

【解　答】

損　益　計　算　書

自　×10年4月1日　至　×11年3月31日　　　　　（単位：千円）

売　上　原　価	(★　660,240)	売　　上　　高	(　917,000)
棚　卸　減　耗　費	(★　360)	受　取　利　息　配　当　金	(★　1,223)
販　　売　　費	(★　64,030)	有　価　証　券　利　息	(★　320)
貸　倒　引　当　金　繰　入　額	(★　196)		
給　　　　与	(　107,342)		
一　般　管　理　費	(　43,810)		
通　　信　　費	(　500)		
租　税　公　課	(　560)		
建　物　減　価　償　却　費	(★　2,250)		
車　両　減　価　償　却　費	(　7,200)		
備　品　減　価　償　却　費	(　5,625)		
リ　ー　ス　資　産　減　価　償　却　費	(★　6,000)		
（支　払　リ　ー　ス　料）	(★　6,735)		
支　払　利　息	(★　3,277)		
社　債　利　息	(★　1,980)		
有　価　証　券　評　価　損	(★　200)		
雑　　損　　失	(★　4)		
火　災　損　失	(★　2,200)		
社　債　償　還　損	(★　34)		
法人税，住民税及び事業税	(　2,400)		
当　期　純　利　益	(　3,600)		
	(　918,543)		(　918,543)

貸 借 対 照 表

×11年3月31日　　　　　　　　　　　　　　（単位：千円）

現 金 及 び 預 金	（★　12,321）	支 払 手 形	（　13,000）
受 取 手 形	（　32,000）	買 掛 金	（　38,500）
売 掛 金	（　52,800）	一 年 内 償 還 社 債	（★　11,820）
有 価 証 券	（　39,800）	リ ー ス 債 務 （ 流 動 ）	（　6,114）
商 品	（　7,200）	未 払 金	（★　21,200）
（貯 蔵 品）	（★　160）	未 払 費 用	（　9,295）
前 払 費 用	（　8,430）	未 払 法 人 税 等	（　2,400）
未 収 入 金	（★　88,000）	（営 業 外 支 払 手 形）	（★　96,000）
建 物	（　60,000）	貸 倒 引 当 金	（★　1,696）
車 両	（　96,000）	社 債	（　11,460）
備 品	（　40,000）	長 期 借 入 金	（　20,000）
土 地	（　189,625）	リ ー ス 債 務 （ 固 定 ）	（★　6,355）
リ ー ス 資 産	（　24,000）	建 物 減 価 償 却 累 計 額	（　450）
		車 両 減 価 償 却 累 計 額	（★　7,200）
		備 品 減 価 償 却 累 計 額	（★　23,125）
		リース資産減価償却累計額	（　12,000）
		資 本 金	（　270,000）
		利 益 準 備 金	（　62,500）
		繰 越 利 益 剰 余 金	（　37,221）
	（　650,336）		（　650,336）

【採点基準】

★ 4 点×25箇所＝100点

【解答時間及び得点】

	日 付	解答時間	得 点	Ｍ Ｅ Ｍ Ｏ
1	／	分	点	
2	／	分	点	
3	／	分	点	
4	／	分	点	
5	／	分	点	

【チェック・ポイント】

出題分野	出題論点	日 付				
		／	／	／	／	／
個 別 論 点	現 金 預 金					
	有 価 証 券					
	売 価 還 元 法					
	火 災 損 失					
	建 設 仮 勘 定					
	営 業 外 支 払 手 形					
	リ ー ス 取 引					
	社 債 （ 繰 上 償 還 ）					

【解答への道】（単位：千円）

Ⅰ．〔資料Ⅰ〕の空欄推定

火 災 未 決 算： 90,200 ← 後述（Ⅱ．4．(1) ①参照）

リ ー ス 資 産： 24,000 ← 後述（Ⅱ．5．(1) ①参照）

建 物 減 価 償 却 費： 1,800 ← 後述（Ⅱ．4．(1) ①参照）

リース債務（流動）： 5,879 ← 後述（Ⅱ．5．(1) ③参照）

社 　 　 　 　 　債： 34,380 ← 後述（Ⅱ．6．参照）

リース債務（固定）： 12,469 ← 後述（Ⅱ．5．(1) ③参照）

リース資産減価償却累計額： 6,000 ← $24,000 \times \dfrac{経過年数1年（X9.4〜X10.3）}{リース期間4年}$

繰 越 利 益 剰 余 金： 33,621 ← 貸借差額

Ⅱ．決算整理仕訳等

1．現金等

(借)	当 座 預 金	1,200	(貸)	未 　 払 　 金(*1)	1,200
(借)	貯 蔵 品(*2)	160	(貸)	通 信 費	70(*3)
				租 税 公 課	90(*4)
(借)	現 金	570	(貸)	受 取 利 息 配 当 金	300(*5)
				有 価 証 券 利 息	270(*6)
(借)	雑 損 失	4(*7)	(貸)	現 金	4

(*1) 未渡小切手で仕入先以外に対するものは「未払金」勘定で処理する。

(*2) 本問では前T/Bにおいて「通信費」勘定及び「租税公課」勘定があり，かつ，「貯蔵品」勘定がないため，費用主義を採用していると判断できる。したがって，決算において未使用の郵便切手及び収入印紙を「貯蔵品」勘定に振り替える。

(*3) 郵便切手

(*4) 収入印紙

(*5) 株主配当金領収証

(*6) 期限到来後社債利札

(*7) 帳簿残高{前T/B 現金2,960＋未処理（300(*5)＋270(*6)）}

　　　　－実際有高（硬貨・紙幣1,056＋他人振出小切手1,900＋300(*5)＋270(*6)）＝4

2．有価証券

(1) ＬＬ社社債

| (借) | 有 価 証 券 | 300 | (貸) | 有 価 証 券 評 価 損 益 | 300 (*1) |

(*1) 　期末時価6,300－6,000＝300

(2) ＲＲ社株式

| (借) | 有 価 証 券 評 価 損 益 | 500 (*1) | (貸) | 有 価 証 券 | 500 |

(*1) 　34,000－期末時価33,500＝500

3．商品売買等

(借)	仕　　　　　入	9,000	(貸)	繰 越 商 品	9,000
(借)	繰 越 商 品	7,560 (*1)	(貸)	仕　　　　　入	7,560
(借)	棚 卸 減 耗 費	360 (*2)	(貸)	繰 越 商 品	360

(*1) 　期末帳簿棚卸売価10,500 (*3)×原価率0.72 (*4)＝7,560

(*2) 　(期末帳簿棚卸売価10,500 (*3)－期末実地棚卸売価10,000)×原価率0.72 (*4)＝360

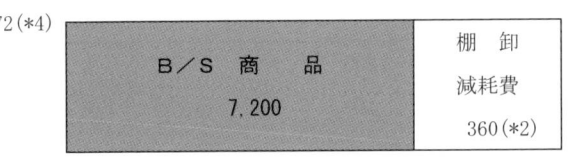

(*3) 　12,000＋{920,000＋純値上額(26,000－4,000)－純値下額(28,000－1,500)}

　　　　　　　　　　　　　　　　　　　－前T/B 売上917,000＝10,500

(*4) 　$\dfrac{期首9,000＋当期仕入658,800}{期首12,000＋当期仕入920,000＋純値上額(26,000－4,000)－純値下額(28,000－1,500)}$

　　　　　　　　　　　　＝$\dfrac{原価合計667,800}{売価合計927,500}$＝売価還元法による原価率0.72

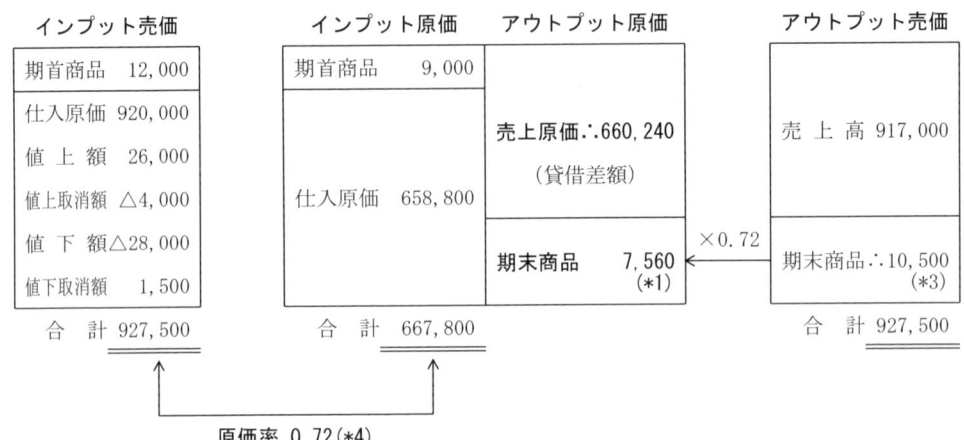

（参考1）売価還元法について

1．意　義

　　売価還元法とは，異なる品目の商品を値入率の類似性に従って適当なグループにまとめ，1グループに属する期末商品の売価合計額に原価率を乗じて期末商品の原価を算定する方法である。この方法は，取扱商品が極めて多い小売業や卸売業において適用される。

　　個別法，先入先出法，平均法等の方法は，商品の種類別にその受払を商品有高帳に記録するため，百貨店やスーパーマーケット等の取扱商品が多い業種では，その適用が煩雑又は困難な場合が多い。

　　そこで，売価還元法では商品の受払記録を簡略化し，取扱商品を種類別ではなく，値入率の類似性等に従って適当なグループにまとめ，期末に売価による棚卸を行い，グループ別の期末売価合計にグループごとの原価率を乗じて期末商品の原価を算定する。

2．原価率の算定方法

　　期首商品原価と当期純仕入原価の合計である「インプット原価合計額」を期首商品売価と当期純仕入売価の合計である「インプット売価合計額」で除して原価率を算定する。

$$原価率 = \frac{期首商品原価 \ + \ 当期純仕入原価}{期首商品売価 \ + \ 当期純仕入売価(*1) \ + \ 純値上額(*2) \ - \ 純値下額(*3)}$$

（*1）当期純仕入売価 ＝ 当期純仕入原価 ＋ 原始値入額

（*2）純値上額 ＝ 値上額 － 値上取消額

（*3）純値下額 ＝ 値下額 － 値下取消額

（注）原始値入額とは，商品の純仕入額に最初に付加した利益額をいい，売価を設定する際に最初に予定した利益である。また，値上額及び値下額とは，市場の変化等による売価の変更額である。なお，値上額・値下額は販売前の売価の変更であり，売価設定時の売価の修正である。

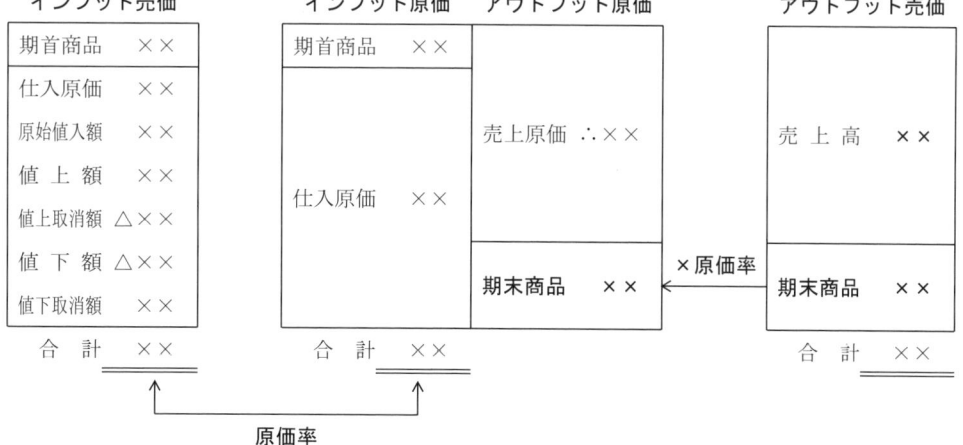

3．棚卸減耗費の計算

　売価還元法を適用している商品は，商品有高帳による払出記録は行わないので，本来，帳簿棚卸高は存在しない。ただし，期首商品売価と当期仕入商品売価，さらには当期売上高は把握しているので，期末商品の帳簿売価に相当する金額は計算上求められる。したがって，期末商品実地売価との差額を棚卸減耗売価として把握することができる。そこで，棚卸減耗売価に原価率を乗じて，棚卸減耗費（原価）を算定する。

期末商品帳簿売価 ＝ 期首商品売価 ＋ 当期仕入商品売価 － 当期売上高
棚 卸 減 耗 費 ＝（期末商品帳簿売価 － 期末商品実地売価）× 原価率

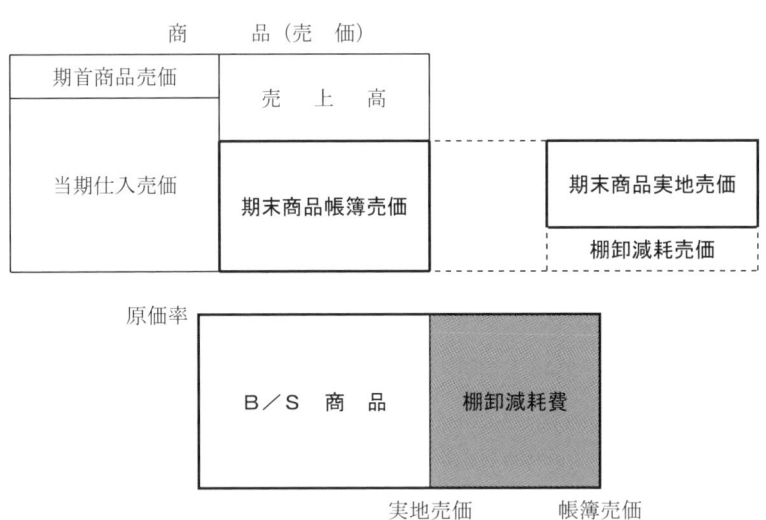

4．有形固定資産

(1) 建物

① 焼失時（処理済）

(借)	建物減価償却累計額	108,000	(貸)	建	物	200,000
	建物減価償却費	1,800(*1)				
	火災未決算	90,200(*2)				

(*1)　$200,000 \times 0.9 \times 0.02 \times \dfrac{6 \text{ヶ月（X10.4～9）}}{12 \text{ヶ月}} = 1,800$

(注)　1÷0.02＝50年であるから，定額法における年償却率0.02の場合，耐用年数は50年である。なお，定額法における年償却率を用いて，減価償却費を計算する際には残存価額を考慮する（0.9 を取得原価に乗ずる）場合があることに注意する。

(*2)　貸借差額

◎ 前T/B 火災未決算：90,200(*2)

◎ 前T/B 建物減価償却費：1,800(*1)

② 保険金支払確定時（未処理）

(借)	未 収 入 金(*1)	88,000	(貸)	火 災 未 決 算	90,200
	火 災 損 失	2,200			

(*1)　保険会社から保険金を支払う旨の通知を受けただけで，未だ当該保険金は当社に支払われていないので「未収入金」勘定で処理する。

③ 建設仮勘定（未処理）

(借)	建	物	60,000	(貸)	建 設 仮 勘 定	40,000(*1)
					未 払 金	20,000

(*1)　前T/B 建設仮勘定

④ 減価償却

(借)	建 物 減 価 償 却 費	450(*1)	(貸)	建物減価償却累計額	450

(*1)　$60,000 \times 0.9 \times 0.02 \times \dfrac{5 \text{ヶ月（X10.11～X11.3）}}{12 \text{ヶ月}} = 450$

(2) 車　両

①　購入時の仕訳（誤処理）

(借)	車 両	96,000	(貸)	支 払 手 形	96,000

②　あるべき仕訳

(借)	車 両	96,000	(貸)	営 業 外 支 払 手 形	96,000

③　修正仕訳（②－①）

(借)	支 払 手 形	96,000	(貸)	営 業 外 支 払 手 形	96,000

（注）　営業外の支払手形は「営業外支払手形」勘定で処理する。但し，「車両（固定資産）購入支払手形」勘定で処理しても良い。

④　減価償却

(借)	車 両 減 価 償 却 費	7,200(*1)	(貸)	車 両 減 価 償 却 累 計 額	7,200

$(*1)\quad 96,000 \times 0.9 \times 0.2 \times \dfrac{5 ヶ月（X10.11～X11.3）}{12ヶ月} = 7,200$

(3) 備　品

(借)	備 品 減 価 償 却 費	5,625(*1)	(貸)	備 品 減 価 償 却 累 計 額	5,625

$(*1)\quad (40,000 - 17,500) \times 0.25 = 5,625$

（参考２）　手形に関する勘定科目

1．主たる営業取引（商品売買取引）から生ずるもの（正常営業循環基準により必ず流動資産・流動負債）

→　受取手形・支払手形勘定

2．主たる営業取引以外（商品売買取引以外）から生ずるもの（一年基準により流動固定分類される）

(1) 通常の取引（固定資産の売買等）

→　営業外受取手形・営業外支払手形勘定

(2) 金銭の消費貸借（借用証書の代用）

→　手形貸付金・手形借入金勘定

5．リース取引

　(1) リース物件ＡＡ（ファイナンス・リース取引）

　　① リース開始時（×9年4月1日，処理済）

(借) リ ー ス 資 産	24,000(*1)	(貸) リ ー ス 債 務	24,000

　(*1) 見積現金購入価額24,228 ＞ リース料の割引現在価値合計24,000(*2)

　　　　　　　　　　　　　　　　　　　　　→ 資産計上額24,000（いずれか小）

　◎ 前T/B リース資産：24,000(*1)

　(*2) $\dfrac{6,612}{1+0.04}+\dfrac{6,612}{(1+0.04)^2}+\dfrac{6,612}{(1+0.04)^3}+\dfrac{6,612}{(1+0.04)^4}=24,000.867\cdots$

　　　　　　　　　　　　　　　　　　　　→ 24,000（千円未満切捨）

　　② リース料支払い

　　　ⅰ 実際に行った仕訳（当座により支払っているものとする）

(借) 仮 払 金	6,612(*3)	(貸) 当 座 預 金	6,612

　(*3) リース料支払額

　　　ⅱ あるべき仕訳（当座により支払っているものとする）

(借) 支 払 利 息	733(*4)	(貸) 当 座 預 金	6,612
リ ー ス 債 務（流 動）	5,879(*5)		

　(*4) 18,348(*6)×4％＝733.92 → 733（千円未満切捨）

　(*5) リース料6,612(*3)－733(*4)＝5,879

　(*6) 24,000(*1)－5,652(*7)＝18,348

　(*7) リース料6,612(*3)－960(*8)＝5,652

　(*8) 24,000(*1)×4％＝960

　　　ⅲ 修正仕訳（ⅱ－ⅰ）

(借) 支 払 利 息	733(*4)	(貸) 仮 払 金	6,612(*3)
リ ー ス 債 務（流 動）	5,879(*5)		

　　③ 減価償却及びリース債務(流動)への振替

(借) リ ー ス 資 産 減 価 償 却 費	6,000(*9)	(貸) リース資産減価償却累計額	6,000
(借) リ ー ス 債 務（固 定）	6,114	(貸) リ ー ス 債 務（流 動）	6,114(*10)

　(*9) リース資産24,000(*1)÷リース期間4年＝6,000

　(注) 本問は所有権移転条項及び割安購入選択権がないため，所有権移転外ファイナンス・リース取引であ

　　　ると判断し，残存価額ゼロ，リース期間4年で減価償却費を計算する。

　(*10) リース料6,612(*3)－498(*11)＝6,114

　(*11) 12,469(*12)×4％＝498.76 → 498（千円未満切捨）

　(*12) 18,348(*6)－5,879(*5)＝12,469

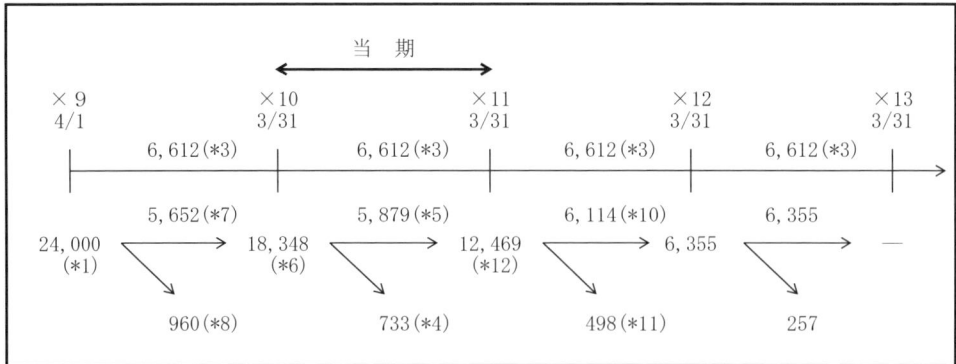

(注)　計算方法

　　　返済前元本×４％＝利息分　←　千円未満切り捨て

　　　リース料－利息分＝元本分

　　　返済前元本－元本分＝返済後元本＝翌期の返済前元本

　　　なお，最終年度の計算においては返済前元本をすべて返済し，残りを利息分として調整している。

◎　前T/B リース債務(流動)：　5,879(*5)

◎　前T/B リース債務(固定)：12,469(*12)

(2) リース物件ＢＢ（オペレーティング・リース取引，決算整理）

(借) 支 払 リ ー ス 料	6,735(*1)	(貸) 未 払 リ ー ス 料	6,735

(*1)　リース料8,980× $\dfrac{9 \text{ヶ月 (X10.7〜X11.3)}}{12 \text{ヶ月}}$ ＝6,735

（参考３）リース取引

1．リース取引の分類

(1) ファイナンス・リース取引

　　　ファイナンス・リース取引とは，ⅰリース契約に基づくリース期間の中途において当該契約を解除することができないリース取引又はこれに準ずるリース取引で，ⅱ借手が当該契約に基づき使用する物件（リース物件）からもたらされる経済的利益を実質的に享受することができ，かつ，当該リース物件の使用に伴って生じるコストを実質的に負担することとなるリース取引をいう。

① 要 件

　ⅰ　ノンキャンセラブル（解約不能）

　　　リース契約が解約不能であること，及び，法的形式上は解約可能であるとしても解約に際し，相当の違約金を支払わなければならない等の理由から事実上約不能と認められることをいう。

　ⅱ　フルペイアウト

　　　当該リース物件を自己所有するならば得られると期待されるほとんどすべての経済的利益を享受すること，及び，当該リース物件の取得価額相当額，維持管理等の費用，陳腐化によるリスク等のほとんどすべてのコストを負担することをいう。

② 所有権移転の有無

　　ファイナンス・リース取引は，リース契約上の諸条件に照らしてリース物件の所有権が借手に移転するか否かにより，次の2つに分類される。

　i　所有権移転ファイナンス・リース取引

　　　リース物件の所有権が借手に移転すると認められるリース取引

　ii　所有権移転外ファイナンス・リース取引

　　　リース物件の所有権が借手に移転すると認められるもの以外のリース取引

(2) オペレーティング・リース取引

　　オペレーティング・リース取引とは，ファイナンス・リース取引以外のリース取引をいう。

2．会計処理

(1) ファイナンス・リース取引の借手側の処理

　　ファイナンス・リース取引は，通常の「**売買取引**」に準じて会計処理を行う。

　　ファイナンス・リース取引は，形式的には賃貸借取引だが，実質的にはリース会社から資金を借り入れ，自己でリース物件を購入する取引と同様に考えられる。そこで，ファイナンス・リース取引については経済的実質を重視し，通常の売買取引に準じて会計処理を行う。

　　通常の売買取引に準じた会計処理は，固定資産を購入したことと同じであるから，資産を計上し，減価償却を行う必要がある。また，解約不能なリース取引なので，リース料総額はリース契約を締結した時点で確定債務となり，負債として計上する。

(2) オペレーティング・リース取引の借手側の処理

　　オペレーティング・リース取引については，通常の「**賃貸借取引**」に準じて会計処理を行う。

　　通常の賃貸借取引に準じた会計処理とは，リース料支払時に当該支出額を**費用計上**することである。したがって，リース物件は，固定資産として貸借対照表に計上されず，貸手に対する負債も計上されない。また，当該資産に係る減価償却も行わない。

3．ファイナンス・リース取引（売買処理）

(1) リース開始時の処理

　　リース取引開始日に，リース物件とリース債務を「**リース資産**」及び「**リース債務**」として計上する。なお，リース取引開始日とは，借手がリース物件を使用収益する権利を行使することができることとなった日をいう。

（借）リ ー ス 資 産 ×××　（貸）リ ー ス 債 務 ×××

(2) リース料支払時の処理

　　支払ったリース料のうち，**一部はリース債務の元本返済に充てられ，一部は利息**として処理される。その場合，まず，①利息相当額の金額が先に算定され，次に，②支払リース料から利息相当額を差し引く形で元本返済分が算定される。

（借）支 払 利 息 ×××(*2)　（貸）現 金 預 金 ×××(*1) 　　　リ ー ス 債 務 ×××(*3)

(*1) 支払リース料

(*2) 支払リース料に含まれる利息相当額

(*3) 支払リース料に含まれる元本返済額

(3) リース資産及びリース債務の算定

	当該リース物件の貸手の購入価額等が	
	明らかな場合	明らかでない場合
所有権移転 ファイナンス ・リース取引	貸手の購入価額等	・見積現金購入価額 ・リース料総額の割引現在価値 　→ いずれか低い価額
所有権移転外 ファイナンス ・リース取引	・貸手の購入価額等 ・リース料総額の割引現在価値 　→ いずれか低い価額	

　（注）リース料総額の割引現在価値の算定においては端数が生じるが，端数の処理に関しては問題文の指示に従うこと。

(4) 割引現在価値の算定に用いる割引率

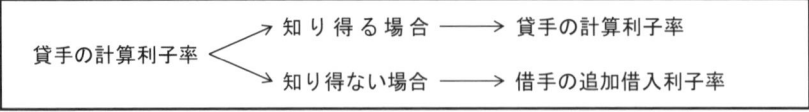

(5) 減価償却方法

	耐 用 年 数	残 存 価 額	償 却 方 法
所有権移転 ファイナンス・リース	経済的使用可能予測期間 （通常の耐用年数）	自己資産と同一	自己資産と同一
所有権移転外 ファイナンス・リース	リ ー ス 期 間	ゼ ロ	定額法，級数法 生産高比例法等

(6) リース資産の貸借対照表表示

リース資産は原則として，有形固定資産，無形固定資産の別に，一括して「**リース資産**」として表示する。ただし，有形固定資産又は無形固定資産に属する各科目に含めることもできる。

なお，例えば，所有権移転ファイナンス・リース取引は有形固定資産又は無形固定資産に属する各科目に含める方法を適用し，所有権移転外ファイナンス・リース取引は有形固定資産，無形固定資産の別に，一括して「リース資産」として表示する方法を適用することも認められる。

(7) リース債務の貸借対照表表示

リース債務は**一年基準**により，貸借対照表上，流動・固定分類される。

> 決算日の翌日から起算して返済日が，
> ① 一年以内に到来するもの ⟶ リース債務（流動負債）
> ② 一年超に到来するもの ⟶ リース債務（固定負債）

４．オペレーティング・リース取引（賃貸借処理）

リース料支払時に当該支出額を「**支払リース料**」勘定で処理し，損益計算書上，「**販売費及び一般管理費**」に計上する。

（借）支 払 リ ー ス 料	×××	（貸）現 金 預 金	×××

６．社 債

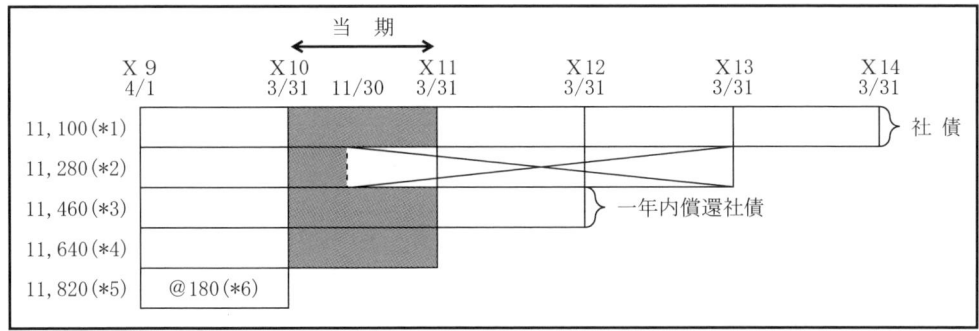

(*1) 額面12,000－@180(*6)×5コマ＝×14年3月31日償還分11,100

(*2) 額面12,000－@180(*6)×4コマ＝×13年3月31日償還分11,280

(*3) 額面12,000－@180(*6)×3コマ＝×12年3月31日償還分11,460

(*4) 額面12,000－@180(*6)×2コマ＝×11年3月31日償還分11,640

(*5) 額面12,000－@180(*6)×1コマ＝×10年3月31日償還分11,820

(*6) （額面総額60,000－払込金額57,300(*7)）÷15コマ(*8)＝@180

(*7) 額面総額60,000×$\dfrac{@95.5円}{@\ 100円}$＝57,300

(*8) $\dfrac{5×(5＋1)}{2}$＝15コマ

◎ 前T/B 社債：11,100(*1)＋11,280(*2)＋11,460(*3)＋@180(*6)×3コマ＝34,380

(1) 繰上償還（未処理）

（借）	社　債　利　息	120(*9)	（貸）	社　　　　　債	120	
（借）	社　　　　　債	11,580(*10)	（貸）	当　座　預　金	11,854(*12)	
	社　債　利　息	240(*11)				
	社　債　償　還　損	34				

(*9)　$@180(*6) \times 1 コマ \times \dfrac{8 ヶ月（X10.4〜X10.11）}{12ヶ月} = 120$

(注)　社債を償還する場合は，期首から償還時までの償却額を計上し，償還時の償却原価を算定する。償却原価法(定額法)の場合，償却額の計上は原則として決算時に行うが，償還が生じる期においては償還時に行う。

(*10)　$11,280(*2) + @180(*6) \times 1 コマ + 120(*9) = 11,580$

(*11)　$額面12,000 \times 3 ％ \times \dfrac{8 ヶ月（X10.4〜X10.11）}{12ヶ月} = 端数利息240$

(*12)　裸相場11,614＋240(*11)＝利付相場11,854

(2) 決算整理

（借）	社　債　利　息	360(*13)	（貸）	社　　　　　債	360	
（借）	社　　　　　債	11,820	（貸）	一年内償還社債	11,820(*14)	

(*13)　$@180(*6) \times 2 コマ = 360$

(*14)　×12年3月31日償還分11,460(*3)＋@180(*6)×2コマ＝11,820

7．貸倒引当金

（借）	貸倒引当金繰入額	196(*1)	（貸）	貸　倒　引　当　金	196

(*1)　(受取手形32,000＋売掛金52,800)×2％－前T/B 貸倒引当金1,500＝196

8．損益の見越・繰延

（借）	前　払　販　売　費	8,430	（貸）	販　　　売　　　費	8,430
（借）	一　般　管　理　費	2,560	（貸）	未払一般管理費	2,560

9．法人税，住民税及び事業税

（借）	法人税，住民税及び事業税	2,400	（貸）	未　払　法　人　税　等	2,400

Ⅲ. 決算整理後残高試算表

決算整理後残高試算表

×11年3月31日

現 金	3,526	支 払 手 形	13,000
当 座 預 金	8,795	買 掛 金	38,500
受 取 手 形	32,000	一 年 内 償 還 社 債	11,820
売 掛 金	52,800	リ ー ス 債 務 (流 動)	6,114
有 価 証 券	39,800	未 払 金	21,200
繰 越 商 品	7,200	未 払 リ ー ス 料	6,735
貯 蔵 品	160	未 払 一 般 管 理 費	2,560
前 払 販 売 費	8,430	未 払 法 人 税 等	2,400
未 収 入 金	88,000	営 業 外 支 払 手 形	96,000
建 物	60,000	貸 倒 引 当 金	1,696
車 両	96,000	社 債	11,460
備 品	40,000	長 期 借 入 金	20,000
土 地	189,625	リ ー ス 債 務 (固 定)	6,355
リ ー ス 資 産	24,000	建 物 減 価 償 却 累 計 額	450
仕 入	660,240	車 両 減 価 償 却 累 計 額	7,200
棚 卸 減 耗 費	360	備 品 減 価 償 却 累 計 額	23,125
販 売 費	64,030	リース資産減価償却累計額	12,000
貸 倒 引 当 金 繰 入 額	196	資 本 金	270,000
給 与	107,342	利 益 準 備 金	62,500
一 般 管 理 費	43,810	繰 越 利 益 剰 余 金	33,621
通 信 費	500	売 上	917,000
租 税 公 課	560	受 取 利 息 配 当 金	1,223
建 物 減 価 償 却 費	2,250	有 価 証 券 利 息	320
車 両 減 価 償 却 費	7,200		
備 品 減 価 償 却 費	5,625		
リ ー ス 資 産 減 価 償 却 費	6,000		
支 払 リ ー ス 料	6,735		
支 払 利 息	3,277		
社 債 利 息	1,980		
有 価 証 券 評 価 損 益	200		
雑 損 失	4		
火 災 損 失	2,200		
社 債 償 還 損	34		
法人税, 住民税及び事業税	2,400		
	1,565,279		1,565,279

　　ＴＡＣ株式会社の当期（×10年4月1日から×11年3月31日まで）に関する下記の〔資料〕を参照して，以下の各問に答えなさい。なお，千円未満の端数が生じる場合は，最終数値の千円未満を四捨五入すること。

問1　〔資料Ⅰ〕における空欄①及び②に該当する金額を答えなさい。

問2　答案用紙に示されている損益計算書及び貸借対照表を完成させなさい。

問3　仮に，〔資料Ⅱ〕2．における商品について，評価損を計上しない方法により処理した場合における損益計算書の期末商品棚卸高の金額を答えなさい。

〔資料Ⅰ〕　決算整理前残高試算表

決算整理前残高試算表

×11年3月31日　　　　　　　　　　　（単位：千円）

借方	金額	貸方	金額
現　金　預　金	80,950	支　払　手　形	（　　　　）
受　取　手　形	44,000	買　　掛　　金	58,620
売　　掛　　金	46,700	貸　倒　引　当　金	840
有　価　証　券	41,560	社　　　　債	（　②　）
繰　越　商　品	10,400	長　期　借　入　金	20,000
仮　　払　　金	32,516	建物減価償却累計額	57,600
建　　　　物	240,000	車両減価償却累計額	48,600
車　　　　両	90,000	備品減価償却累計額	5,000
備　　　　品	20,000	資　　本　　金	504,256
土　　　　地	330,000	資　本　準　備　金	50,000
長　期　貸　付　金	110,000	利　益　準　備　金	27,900
仕　　　　入	169,600	任　意　積　立　金	65,700
営　　業　　費	12,056	繰　越　利　益　剰　余　金	33,856
支　払　利　息	1,240	売　　　　上	270,250
社　債　利　息	（　①　）	受　取　利　息　配　当　金	4,400
		有　価　証　券　利　息	200
	（　　　　）		（　　　　）

〔資料Ⅱ〕　決算整理事項等

1．有価証券

(1)　〔資料Ⅰ〕における有価証券の内訳は次のとおりである。

銘　　柄	取得原価	前期末時価	当期末時価	備　考
ＬＬ社株式	28,000千円	26,500千円	27,000千円	(2)
ＲＲ社株式	1,200千円	－	1,100千円	(3)
ＭＭ社株式	2,800千円	－	2,330千円	(4)
ＥＥ社社債	9,560千円	－	9,700千円	(5)

(2)　ＬＬ社株式は×7年3月31日にＬＬ社の発行済株式の70%を取得したものである。

(3)　ＲＲ社株式は×11年3月1日に売買目的で取得したものである。

(4)　ＭＭ社株式は×10年5月8日に売買目的で取得したものである。ＭＭ社は期中に配当を行い，当社は5
50千円を当座により受け取ったが，未処理である。

(5)　ＥＥ社社債（額面金額10,000千円，年利率2%，利払日3月末，償還日×14年3月31日）は当期首に満
期保有目的で取得したものである。なお，満期保有目的の社債については償却原価法（定額法）により，
期末評価を行っている。

2．商　品

(1)　連続意見書第四に定める売価還元低価法により期末商品を評価している。なお，評価損を計上する方法
を採用している。

(2)　商品に係るデータは次のとおりである。なお，期中において値引・割戻は一切なかった。また，棚卸減
耗等は生じていなかった。

	原　　価	売　　価
期首商品棚卸高	10,400千円	16,000千円
当期商品仕入高	169,600千円	266,550千円
純　値　上　額	－	17,450千円
純　値　下　額	－	18,750千円
当　期　売　上　高	－	270,250千円

3．固定資産

(1) 建物については定額法（残存価額10%，耐用年数30年）により，減価償却を行っている。

(2) 車両については生産高比例法（残存価額10%）により，減価償却を行っている。なお，見積総走行可能距離 150万km，前期末までの総走行距離90万km，当期末までの総走行距離 120万kmである。

(3) 備品については定率法（残存価額10%，年償却率0.25）により，減価償却を行っている。

(4) 当社が保有するリース物件は以下のとおりである。当該リース取引はファイナンス・リース取引に該当する。なお，期中においては，リース料の支払額を仮払金として処理したのみである。また，当該リース資産の経済的使用可能予測期間は８年であり，残存価額はリース資産計上額の10%である。

リース期間	×10年４月１日より６年間
所有権移転条項	あり
リース料	毎年３月31日に 22,966千円を後払い
貸手の購入価額	120,000千円（当社はこれを知り得る。）
利子率	貸手の購入価額とリース料総額の割引現在価値が等しくなる利子率：年 4.1%
	当社の追加借入利子率：年 4.2%
減価償却方法	定額法

4．減損会計

(1) 当期末において，A及びB資産グループに減損の兆候がある。なお，各資産グループはそれぞれキャッシュ・フローを生み出す最小の単位と判断される。

(2) 各資産グループの当期末における状況（単位：千円）

	A 資 産グループ	B 資 産グループ	C 資 産グループ
帳簿価額合計	75,000	53,000	21,000
(内 訳) 建 物	70,000	50,000	20,000
備 品	5,000	3,000	1,000
割引前将来キャッシュ・フロー	72,800	55,200	不 明
使用価値	62,100	47,000	不 明
正味売却価額	63,000	46,200	不 明

(注) 1. 表中の帳簿価額は当期の減価償却計算を考慮した後の金額である。

2. 減損損失の配分は各資産の帳簿価額の比率により行う。

5．社 債

(1) ×9年4月1日に社債（額面総額40,000千円，償還期限×14年３月31日，年利率３%，利払日３月末）を額面@ 100円につき@95円で発行した。

(2) 当期首に額面10,000千円について額面@ 100円につき@95.5円で臨時買入償還を行ったが，支払額を仮払金として処理したのみである。なお，端数利息は発生しなかったものとする。

(3) 償却原価法（定額法）を採用している。

6．貸倒引当金

(1) 売上債権は一般債権に分類される。期末残高に対して2％の貸倒引当金を差額補充法により設定する。

(2) 〔**資料Ⅰ**〕の長期貸付金はＹＹ社に対するものである。ＹＹ社の業況はここ数年低調であるため，当社は貸付金の回収に重大な問題が生じる可能性が高いと判断し，当期決算においてＹＹ社に対する貸付金を貸倒懸念債権に分類することとした。そこで，財務内容評価法により貸倒引当金を設定する。なお，保証により45,000千円の回収が見込まれており，貸倒見積高は債権金額から保証による回収見込額を控除した残額の40％である。

7．営業費の見越が 1,550千円ある。

8．法人税，住民税及び事業税として 500千円を計上する。

【解 答】

問1 ① ★ 900 ② ★ 38,400

問2 （単位：千円）

損 益 計 算 書

自×10年4月1日 至×11年3月31日

Ⅰ	売 上 高	(270,250)		Ⅳ	営 業 外 収 益		
Ⅱ	売 上 原 価			1	受取利息配当金 (★ 4,950)		
1	期首商品棚卸高 (10,400)			2	有価証券利息 (★ 310)	(5,260)	
2	当期商品仕入高 (169,600)			Ⅴ	営 業 外 費 用		
	合 計 (180,000)			1	支 払 利 息 (★ 6,160)		
3	期末商品棚卸高 (★ 7,040)			2	社 債 利 息 (★ 1,200)		
	差 引 (172,960)			3	貸倒引当金繰入額 (★ 26,000)		
4	商品低価評価損 (★ 440) (173,400)			4	(有価証券評価損)(★ 570)	(33,930)	
	売 上 総 利 益 (96,850)				経 常 利 益	(12,950)	
Ⅲ	販売費及び一般管理費			Ⅵ	特 別 利 益		
1	営 業 費 (13,606)			1	(社 債 償 還 益)(★ 50)	(50)	
2	貸倒引当金繰入額 (★ 974)			Ⅶ	特 別 損 失		
3	建物減価償却費 (7,200)			1	減 損 損 失 (★ 12,000)	(12,000)	
4	車両減価償却費 (★ 16,200)				税引前当期純利益	(1,000)	
5	備品減価償却費 (★ 3,750)				法人税, 住民税及び事業税	(500)	
6	リース資産減価償却費 (★ 13,500) (55,230)				当 期 純 利 益	(500)	
	営 業 利 益 (41,620)						

貸 借 対 照 表

×11年3月31日

資 産 の 部			負 債 の 部		
I 流 動 資 産			I 流 動 負 債		
現 金 及 び 預 金	(★	81,500)	支 払 手 形	(★	44,300)
受 取 手 形 (44,000)			買 掛 金	(	58,620)
貸 倒 引 当 金 (△ 880)	(	43,120)	リ ー ス 債 務	(	18,786)
売 掛 金 (46,700)			未 払 費 用	(★	1,550)
貸 倒 引 当 金 (△ 934)	(	45,766)	未 払 法 人 税 等	(	500)
有 価 証 券	(	3,430)	流 動 負 債 合 計	(	123,756)
商 品	(	6,600)	II 固 定 負 債		
流 動 資 産 合 計	(	180,416)	社 債	(★	29,100)
II 固 定 資 産			長 期 借 入 金	(	20,000)
1 有 形 固 定 資 産			リ ー ス 債 務	(★	83,168)
建 物 (228,800)			固 定 負 債 合 計	(	132,268)
減価償却累計額 (△ 64,800)	(★	164,000)	負 債 合 計	(	256,024)
車 両 (90,000)			純 資 産 の 部		
減価償却累計額 (△ 64,800)	(	25,200)	I 株 主 資 本		
備 品 (19,200)			1 資 本 金	(	504,256)
減価償却累計額 (△ 8,750)	(	10,450)	2 資 本 剰 余 金		
土 地	(	330,000)	(1) 資 本 準 備 金 (50,000)		
リ ー ス 資 産 (120,000)			資 本 剰 余 金 合 計	(	50,000)
減価償却累計額 (△ 13,500)	(	106,500)	3 利 益 剰 余 金		
有 形 固 定 資 産 合 計	(	636,150)	(1) 利 益 準 備 金 (27,900)		
2 投資その他の資産			(2) その他利益剰余金		
投 資 有 価 証 券	(★	9,670)	任 意 積 立 金 (65,700)		
子 会 社 株 式	(★	28,000)	繰 越 利 益 剰 余 金 (34,356)		
長 期 貸 付 金 (110,000)			利 益 剰 余 金 合 計	(	127,956)
貸 倒 引 当 金 (△ 26,000)	(	84,000)	株 主 資 本 合 計	(	682,212)
投資その他の資産合計	(	121,670)	純 資 産 合 計	(	682,212)
固 定 資 産 合 計	(	757,820)			
資 産 合 計	(	938,236)	負 債 純 資 産 合 計	(	938,236)

問3 ★ 6,600 千円

【採点基準】

★ 4点×25箇所＝100点

【解答時間及び得点】

	日　付	解答時間	得　点	Ｍ　Ｅ　Ｍ　Ｏ
1	／	分	点	
2	／	分	点	
3	／	分	点	
4	／	分	点	
5	／	分	点	

【チェック・ポイント】

出題分野	出題論点	日　付				
		／	／	／	／	／
個　別　論　点	有　　価　　証　　券					
	売　価　還　元　低　価　法					
	リ　　　ー　　　ス　　　取　　　引					
	減　　　損　　　会　　　計					
	社　債　（　臨　時　買　入　償　還　）					
	貸　倒　見　積　高　の　算　定					
	一　般　債　権　（　貸　倒　実　績　率　法　）					
	貸　倒　懸　念　債　権　（　財　務　内　容　評　価　法　）					

【解答への道】（単位：千円）

I．〔資料 I 〕の空欄推定

①社　債　利　息：　　900 ←（額面40,000－償還分10,000）× 3 ％

　支　払　手　形：44,300 ← 貸借差額

②社　　　　　　　　　債：38,400 ← 38,000(*1)＋(40,000－38,000(*1))× $\dfrac{12ヶ月(X9.4〜X10.3)}{60ヶ月(X9.4〜X14.3)}$

　(*1)　40,000× $\dfrac{@\ 95円}{@100円}$ ＝38,000

Ⅱ．決算整理仕訳等

1．有価証券

(1) ＬＬ社株式（子会社株式）

(借)	子 会 社 株 式	28,000	(貸)	有 価 証 券	28,000

(注) 受験上は，支配している旨の指示がない場合には，持分比率（＝持株数÷発行済株式数）が50％超であれば，子会社と判断して良いであろう。なお，子会社株式は原則として，取得原価をもってB/S 価額とする。

(注) 子会社株式及び関連会社株式の表示科目について

企業会計原則（企業会計の基本原則を定めたもの）では投資その他の資産に属する有価証券は，子会社株式及び流動資産に属しない有価証券，と規定しているので，子会社株式は「子会社株式」，関連会社株式は「投資有価証券」として表示される。他方，財務諸表等規則（財務諸表等の用語，様式及び作成方法に関する規則）では投資その他の資産に属する有価証券は，関係会社株式（親会社株式は除く）及びその他流動資産に属しない有価証券，と規定しているので，子会社株式及び関連会社株式は「関係会社株式」として表示される。なお，受験上は，問題に応じて対応すること。

(2) ＲＲ社株式

(借)	有 価 証 券 評 価 損 益	100(*1)	(貸)	有 価 証 券	100

(*1) 取得原価1,200－当期末時価1,100＝100

(注) 売買目的有価証券については，貸借対照表日における時価により評価を行い，評価差額を「有価証券評価損益」として，損益計算書上，営業外損益の区分に計上する。

(3) MM社株式

① 配当の受取（未処理）

(借)	現 金 預 金	550	(貸)	受 取 利 息 配 当 金	550

② 期末評価

(借)	有 価 証 券 評 価 損 益	470(*1)	(貸)	有 価 証 券	470

(*1) 取得原価2,800－当期末時価2,330＝470

(4) ＥＥ社社債

| (借) | 投　資　有　価　証　券 | 9,560 | (貸) | 有　　価　　証　　券 | 9,560 |
| (借) | 投　資　有　価　証　券 | 110 | (貸) | 有　価　証　券　利　息 | 110(*1) |

(*1) （額面10,000－取得原価9,560）$\times \dfrac{12ヶ月（X10.4～X11.3）}{48ヶ月（X10.4～X14.3）} = 110$

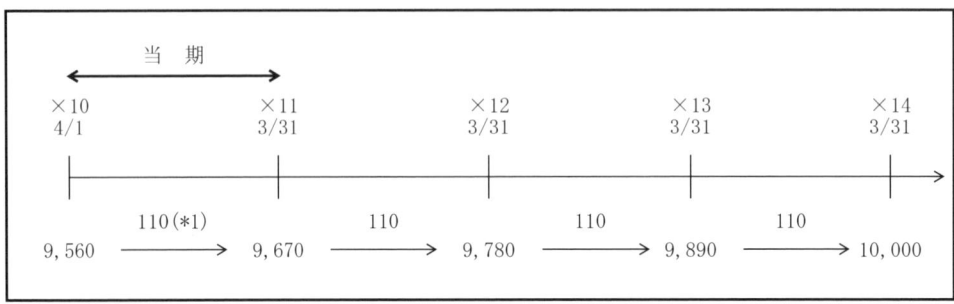

2．商 品

(借)	仕	入	10,400	(貸)	繰 越 商 品	10,400
(借)	繰 越 商 品		7,040(*1)	(貸)	仕 入	7,040
(借)	商 品 低 価 評 価 損		440(*2)	(貸)	繰 越 商 品	440

(*1) 期末商品売価11,000(*3)×売価還元原価法原価率0.64(*4)＝7,040

(*2) 期末商品売価11,000(*3)×(売価還元原価法原価率0.64(*4)－売価還元低価法原価率0.6(*5))＝440

(*3) (期首商品売価16,000＋仕入売価266,550＋純値上額17,450－純値下額18,750)

$$－当期売上高270,250＝11,000$$

(*4) $$\frac{期首商品原価10,400＋仕入原価169,600}{期首商品売価16,000＋仕入売価266,550＋純値上額17,450－純値下額18,750}＝0.64$$

(*5) $$\frac{期首商品原価10,400＋仕入原価169,600}{期首商品売価16,000＋仕入売価266,550＋純値上額17,450}＝0.6$$

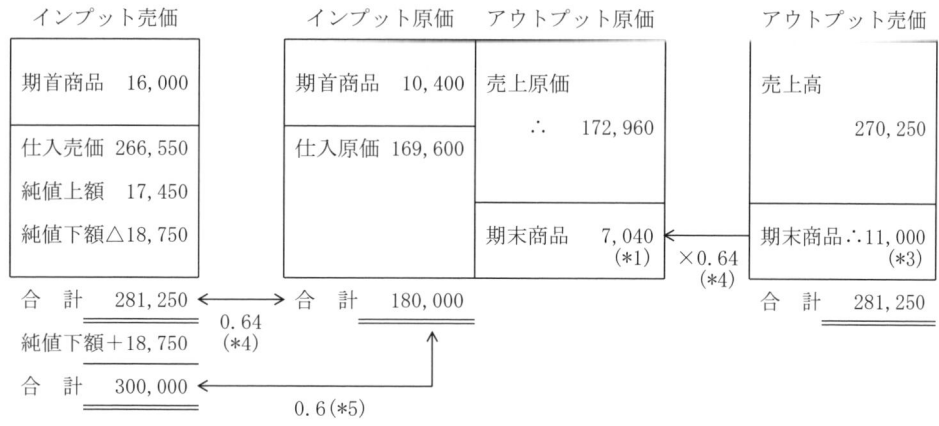

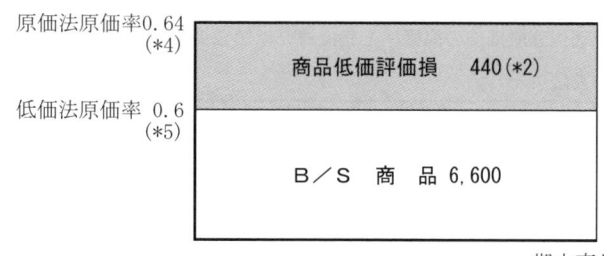

（参考１）売価還元法における期末評価

1．原　則

売価還元法を採用している場合においても，期末における正味売却価額が帳簿価額よりも下落している場合には，当該**正味売却価額**をもって貸借対照表価額とする。

> (1) 帳簿価額 ＜ 正味売却価額 → 帳簿価額で評価する。
>
> (2) 帳簿価額 ＞ 正味売却価額 → 正味売却価額で評価し，商品低価評価損を計上する。

（借）商　品　低　価　評　価　損　　××× (*1)	（貸）繰　越　商　品　　×××

(*1)　簿価－正味売却価額

2．容　認

下記に示す売価還元低価法の原価率により求められた期末棚卸資産の帳簿価額は，収益性の低下に基づく簿価切下額を反映したものとみなすことができる。

(1) 売価還元低価法の意義

売価還元低価法とは，原価率を算定する際に純値下額を考慮外とすることによって，売価還元法の原則的処理（以下，売価還元原価法とする）より原価率を低くし，期末商品の原価を低くする方法である。なお，実際には純値下を行っているが，原価率算定上は考慮外とする点に注意すること。

$$原価率 ＝ \frac{期首商品原価 ＋ 当期純仕入原価}{期首商品売価 ＋ 当期純仕入売価(*1) ＋ 純値上額(*2)}$$

(*1)　当期純仕入売価＝当期純仕入原価＋原始値入額

(*2)　純値上額＝値上額－値上取消額

(2) 期末商品原価の算定

売価還元低価法を採用している場合の期末商品原価の算定方法には，①商品低価評価損を計上する方法と，②商品低価評価損を計上しない方法がある。なお，受験上は，問題文や答案用紙に「商品低価評価損」がある場合には，商品低価評価損を計上する方法によって処理する。

① 商品低価評価損を計上する方法（２つの原価率を用いる方法）

この方法は，売価還元原価法の原価率と売価還元低価法の原価率を併用して，差額を商品低価評価損として計上する方法である。

> P/L 期末商品棚卸高 ＝ 期末商品帳簿売価 × 原価法原価率
>
> 　棚 卸 減 耗 費 ＝（期末商品帳簿売価 － 期末商品実地売価）× 原価法原価率
>
> 　商品低価評価損 ＝ 期末商品実地売価 ×（原価法原価率 － 低価法原価率）
>
> B/S 商　　　　　品 ＝ 期末商品実地売価 × 低価法原価率

(4) リース資産

①　リース資産及びリース債務の計上

| (借) | リ　ー　ス　資　産 | 120,000(*1) | (貸) | リ　ー　ス　債　務 | 120,000 |

(*1)　貸手の購入価額

(注)　本問は所有権移転ファイナンス・リース取引であり，かつ，貸手の購入価額が明らかであるため，貸手の購入価額がリース資産計上額となる。

②　×11年3月31日（リース料の支払）

| (借) | 支　払　利　息 | 4,920(*2) | (貸) | 仮　払　金 | 22,966 |
| | リ　ー　ス　債　務 | 18,046(*3) | | | |

(*2)　120,000(*1)×4.1%＝4,920

(*3)　リース料22,966－利息相当額4,920(*2)＝18,046

③　決算整理

(借)	リ　ー　ス　債　務	101,954(*4)	(貸)	リース債務（流動）	18,786(*5)
				リース債務（固定）	83,168(*6)
(借)	リース資産減価償却費	13,500(*7)	(貸)	リース資産減価償却累計額	13,500

(*4)　120,000(*1)－18,046(*3)＝101,954

(*5)　リース料22,966－利息相当額4,180(*8)＝18,786

(*6)　101,954(*4)－18,786(*5)＝83,168

(*7)　120,000(*1)×0.9÷経済的使用可能予測期間8年＝13,500

(注)　所有権移転ファイナンス・リース取引の場合，リース期間終了後にリース資産の所有権が借手に移転するので，自己所有の資産と同様に減価償却を行う。

(*8)　101,954(*4)×4.1%＝4,180.114　→　4,180（四捨五入）

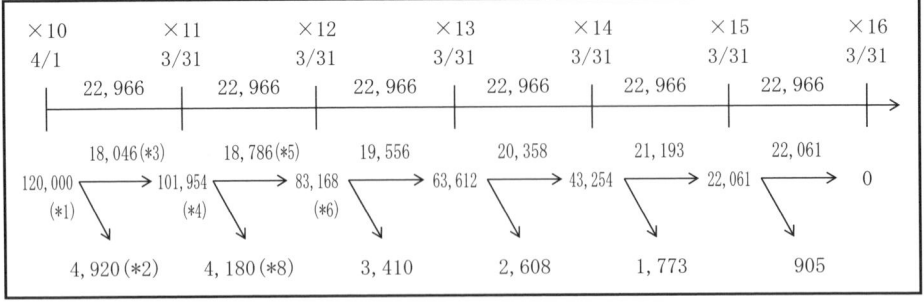

4．減損会計

(1) 減損損失の認識の判定及び測定

	A 資産グループ	B 資産グループ	C 資産グループ
減 損 の 兆 候	あ り	あ り	な し
帳 簿 価 額 合 計	75,000	53,000	21,000
割引前将来キャッシュ・フロー	72,800	55,200	
減 損 損 失 の 認 識	する(注)	しない(注)	
回 収 可 能 価 額	63,000 (*1)		
減 損 損 失	12,000 (*2)		
各資産グループごとの減損処理後帳簿価額	63,000	53,000	21,000

(注) A資産グループ：割引前将来ＣＦ72,800 ＜ 帳簿価額75,000 → 減損損失を認識する

B資産グループ：割引前将来ＣＦ55,200 ＞ 帳簿価額53,000 → 減損損失を認識しない

(*1) 使用価値62,100 ＜ 正味売却価額63,000 → 回収可能価額63,000

(*2) 帳簿価額合計75,000－回収可能価額63,000(*1)＝12,000

(2) 減損損失の各資産への配分

(借)	減 損 損 失	12,000(*2)	(貸)	建 物	11,200(*3)
				備 品	800(*4)

(*3) $12,000(*2) \times \dfrac{70,000}{70,000+5,000} = 11,200$

(*4) $12,000(*2) \times \dfrac{5,000}{70,000+5,000} = 800$

（参考２）減損会計について

1．意 義

(1) 固定資産の減損

固定資産の減損とは，資産の収益性の低下により投資額の回収が見込めなくなった状態をいう。

(2) 減損処理

減損処理とは，固定資産に減損が生じている場合に，一定の条件の下で回収可能性を反映させるように帳簿価額を減額する会計処理である。

2．減損処理の手続

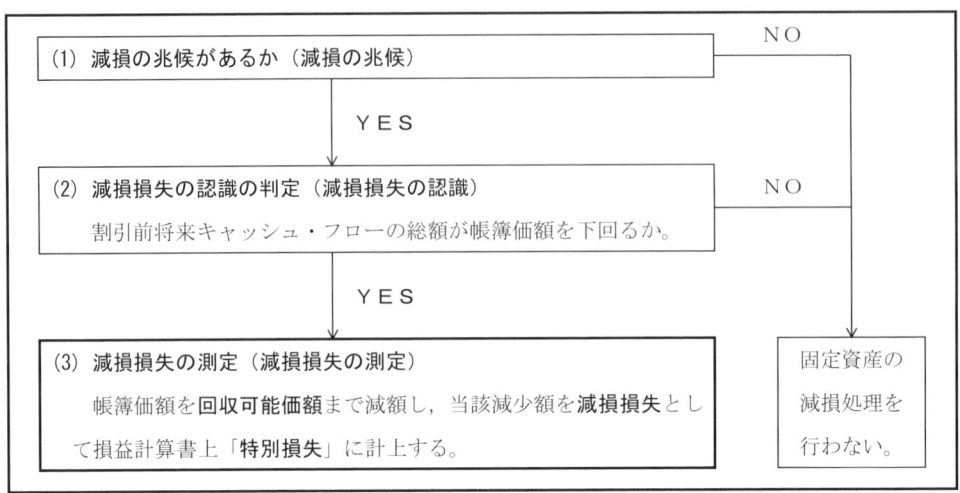

3．回収可能価額の算定

　　企業は，資産又は資産グループに対する投資を①売却と②使用のいずれかの手段によって回収するため，売却による回収額である①「正味売却価額」と，使用による回収額である②「使用価値」のいずれか高い方の金額が固定資産の回収可能価額になる。

> 正味売却価額　or　使用価値 → いずれか高い方が回収可能価額

(1)　正味売却価額

　　正味売却価額とは，資産又は資産グループの時価から処分費用見込額を控除して算定される金額である。なお，正味売却価額が外貨建てで見積られる場合には，減損損失の認識の判定及び測定時の為替相場により円換算する。

> 正味売却価額 ＝ 時価 － 処分費用見込額

(2)　使用価値

　　使用価値とは，資産又は資産グループの継続的使用と使用後の処分によって生ずると見込まれる将来キャッシュ・フローの現在価値をいう。

> 使用価値 ＝ 将来キャッシュ・フローの現在価値

4．会計処理

　　減損損失を認識すべきであると判定された資産又は資産グループについては，帳簿価額を「回収可能価額」まで減額し，当該減少額を「減損損失」として特別損失に計上する。

> 減損損失 ＝ 帳簿価額 － 回収可能価額

(借)　減　損　損　失　(特　別　損　失)	×××	(貸)　固　定　資　産	×××

5．社　債

(1) 臨時買入償還（未処理）

| (借) 社　　　　　債 | 9,600(*1) | (貸) 仮　　払　　金 | 9,550(*2) |
| | | 社 債 償 還 益 | 50(*3) |

(*1)　$9,500(*4)+(10,000-9,500(*4))\times\dfrac{12ヶ月（X9.4〜X10.3）}{60ヶ月（X9.4〜X14.3）}=9,600$

(*2)　額面$10,000\times\dfrac{@95.5円}{@100円}=9,550$

(*3)　貸借差額

(*4)　額面$10,000\times\dfrac{@95円}{@100円}=9,500$

(2) 決算整理仕訳

| (借) 社 債 利 息 | 300(*5) | (貸) 社　　　　　債 | 300 |

(*5)　$(30,000(*6)-28,500(*7))\times\dfrac{12ヶ月（X10.4〜X11.3）}{60ヶ月（X9.4〜X14.3）}=300$

(*6)　$40,000-償還分10,000=30,000$

(*7)　額面$30,000(*6)\times\dfrac{@95円}{@100円}=28,500$

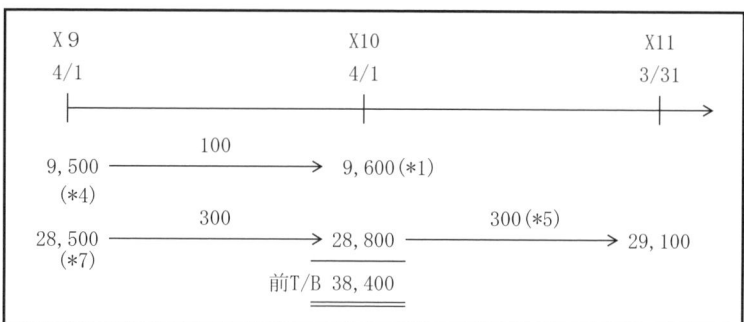

6．貸倒引当金

(1) 一般債権（貸倒実績率法）

| (借) 貸 倒 引 当 金 繰 入 額
（販 売 費 及 び 一 般 管 理 費） | 974(*1) | (貸) 貸 倒 引 当 金 | 974 |

(*1)　（前T/B 受取手形44,000＋前T/B 売掛金46,700）×2％－前T/B 貸倒引当金840＝974

(2) 貸倒懸念債権（財務内容評価法）

| (借) 貸 倒 引 当 金 繰 入 額
（営 業 外 費 用） | 26,000 | (貸) 貸 倒 引 当 金 | 26,000(*1) |

(*1)　（前T/B 長期貸付金110,000－保証による回収見込額45,000）×40％＝26,000

7．経過勘定

| (借) 営 業 費 | 1,550 | (貸) 未 払 営 業 費 | 1,550 |

8．法人税，住民税及び事業税

（借）	法人税，住民税及び事業税	500	（貸）	未　払　法　人　税　等	500

Ⅲ．決算整理後残高試算表

決算整理後残高試算表

×11年３月31日

現　金　預　金	81,500	支　払　手　形	44,300
受　取　手　形	44,000	買　掛　金	58,620
売　掛　金	46,700	リ ー ス 債 務（流 動）	18,786
有　価　証　券	3,430	未　払　営　業　費	1,550
繰　越　商　品	6,600	未　払　法　人　税　等	500
建　物	228,800	貸　倒　引　当　金	1,814
車　両	90,000	社　債	29,100
備　品	19,200	長　期　借　入　金	20,000
土　地	330,000	リ ー ス 債 務（固 定）	83,168
リ ー ス 資 産	120,000	建 物 減 価 償 却 累 計 額	64,800
投　資　有　価　証　券	9,670	車 両 減 価 償 却 累 計 額	64,800
子　会　社　株　式	28,000	備 品 減 価 償 却 累 計 額	8,750
長　期　貸　付　金	110,000	リース資産減価償却累計額	13,500
仕　入	172,960	貸　倒　引　当　金	26,000
商　品　低　価　評　価　損	440	資　本　金	504,256
営　業　費	13,606	資　本　準　備　金	50,000
貸 倒 引 当 金 繰 入 額	974	利　益　準　備　金	27,900
建 物 減 価 償 却 費	7,200	任　意　積　立　金	65,700
車 両 減 価 償 却 費	16,200	繰 越 利 益 剰 余 金	33,856
備 品 減 価 償 却 費	3,750	売　上	270,250
リ ー ス 資 産 減 価 償 却 費	13,500	受 取 利 息 配 当 金	4,950
支　払　利　息	6,160	有　価　証　券　利　息	310
社　債　利　息	1,200	社　債　償　還　益	50
貸 倒 引 当 金 繰 入 額	26,000		
有 価 証 券 評 価 損 益	570		
減　損　損　失	12,000		
法人税，住民税及び事業税	500		
	1,392,960		1,392,960

Ⅳ. 問3 について

1．商 品（評価損を計上しない方法）

（借）	仕	入	10,400	（貸）	繰 越 商 品	10,400
（借）	繰 越 商 品		6,600(*1)	（貸）	仕 入	6,600

（*1）　期末商品売価11,000(*2)×売価還元低価法原価率0.6(*3)＝6,600

（*2）　（期首商品売価16,000＋仕入売価266,550＋純値上額17,450－純値下額18,750）

ー当期売上高270,250＝11,000

（*3）　$\dfrac{期首商品原価10,400＋仕入原価169,600}{期首商品売価16,000＋仕入売価266,550＋純値上額17,450}＝0.6$

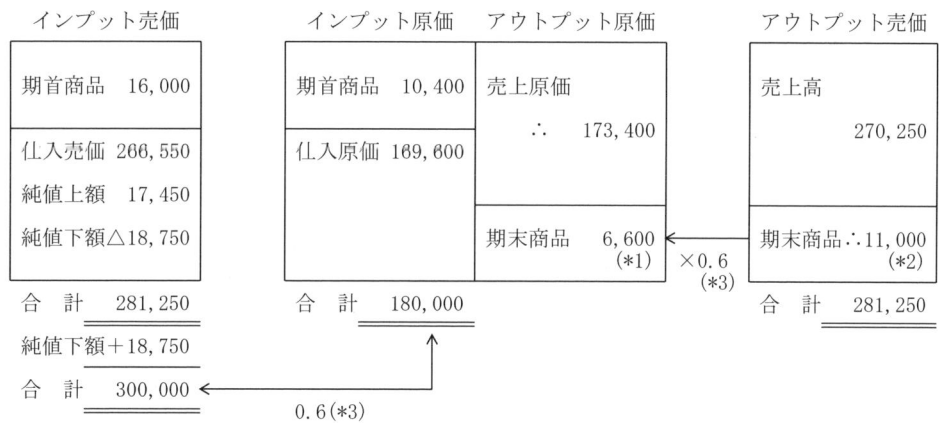

2．解答数値の算定

損益計算書の期末商品棚卸高：6,600(*1)

商品売買業を営むＴＡＣ株式会社の当事業年度（自×10年4月1日　至×11年3月31日）における下記の〔**資料**〕を参照して，損益計算書及び貸借対照表に計上される以下の①から⑳の金額（単位：千円）を答案用紙の所定の欄に記入しなさい。なお，計算過程で端数が生じた場合は，千円未満の最終数値を四捨五入すること。

① 売上原価

② 棚卸減耗費

③ 営業費（支払家賃を含む）

④ 貸倒引当金繰入額

⑤ 賞与

⑥ 賞与引当金繰入額

⑦ 機械装置減価償却費

⑧ 備品減価償却費

⑨ リース資産減価償却費

⑩ 支払利息

⑪ 社債利息

⑫ 支払手数料

⑬ 土地

⑭ 一年内償還社債

⑮ 社債

⑯ リース債務（固定負債）

⑰ 資本準備金

⑱ その他資本剰余金

⑲ 繰越利益剰余金

⑳ 自己株式

〔資料Ⅰ〕 決算整理前残高試算表

決算整理前残高試算表

×11年3月31日 （単位：千円）

現 金 預 金	328,800	支 払 手 形	224,565
受 取 手 形	215,000	買 掛 金	221,000
売 掛 金	235,000	貸 倒 引 当 金	7,300
繰 越 商 品	61,200	社 債	（ ）
建 物	600,000	長 期 借 入 金	300,000
機 械 装 置	90,000	建物減価償却累計額	72,000
備 品	200,000	機械装置減価償却累計額	39,375
土 地	（ ）	備品減価償却累計額	54,000
自 己 株 式	90,000	資 本 金	817,200
仕 入	495,720	資 本 準 備 金	100,000
営 業 費	198,000	その他資本剰余金	55,000
賞 与	（ ）	利 益 準 備 金	（ ）
支 払 利 息	6,200	任 意 積 立 金	40,000
社 債 利 息	（ ）	繰 越 利 益 剰 余 金	（ ）
支 払 手 数 料	1,600	売 上	960,000
		受 取 利 息 配 当 金	6,900
	（ ）		（ ）

〔資料Ⅱ〕 決算整理事項等

1．商品

期末商品は次のとおりである。なお，仕入諸掛費が購入代価に対して毎期2％発生している。また，棚卸減耗費は損益計算書上，販売費及び一般管理費に計上する。

期末商品帳簿棚卸高：数量 380個，購入代価＠ 150千円

期末商品実地棚卸高：数量 360個，購入代価＠ 150千円

2．有形固定資産

減価償却を以下のとおり行う。

種 類	償却方法	耐用年数	残存価額	償却率	備 考
建 物	定額法	30年	10％	—	—
機械装置	定率法	8年	10％	25％	—
備 品	定額法	10年	10％	—	（注）

（注）陳腐化が著しいため，当期首より耐用年数を当初の10年から6年に変更した。なお，当該備品は×7年4月2日に一括して取得し，同月より使用している。

3．リース取引

当期より下記のリース取引を開始したが，すべて未処理である。

リース期間	×10年4月1日～×15年3月31日（5年間）
リース料の支払	当座により×11年3月31日から毎年3月31日に26,105千円を支払う
所有権移転条項	あり
中途解約	不可能
貸手の購入価額	不明
見積現金購入価額	114,600千円
利子率等	当社の追加借入利子率　年4.0% 支払リース料総額を見積現金購入価額に一致させる割引率　年4.5%
経済的耐用年数	6年
残存価額	12,000千円

（注）リース資産については定額法により減価償却を行う。

4．賞　与

賞与の支給状況等は以下のとおりである。なお，見積と実績はここ数年一致しており，×11年6月10日における支給予定額は前回支給額の2%増しである。

支　給　日	支　給　額	支　給　対　象　期　間
×10年6月10日	36,720千円（実績）	×9年12月1日～×10年5月31日
×10年12月10日	37,800千円（実績）	×10年6月1日～×10年11月30日
×11年6月10日	？　千円（見積）	×10年12月1日～×11年5月31日

5．社　債

×8年4月1日に社債（額面 200,000千円，額面@ 100千円当たり@96千円の払込，年利率3%，利払日3月末）を発行した。なお，×10年3月31日から毎年3月末に額面の5分の1ずつを抽選償還している。また，償却原価法（定額法）を採用している。

6．剰余金の配当

×10年6月25日の株主総会において，配当金40,000千円及びそれに伴う利益準備金 4,000千円の積立の決議がされている。なお，期首における利益準備金勘定は23,500千円及び繰越利益剰余金勘定は79,520千円であった。また，配当金は後日，適正に支払われている。

7．自己株式等

　　〔**資料Ⅰ**〕における自己株式は，前期において 1,500株を@60千円で取得したものである。期中において，自己株式に係る以下の一連の取引が未処理であった。なお，自己株式の払出単価は移動平均法を採用している。

　(1) ×10年5月16日に自己株式 1,200株を@62千円で処分し，代金は当座により払い込まれた。

　(2) ×10年6月23日に自己株式 500株を@64千円で取得し，購入手数料 400千円とともに代金を当座により支払っている。

　(3) ×10年10月12日に募集株式 1,500株を@61千円で交付し，代金は当座により払い込まれた。交付株式の内訳は，新株式 900株及び自己株式 600株である。なお，資本金組入額は，会社法規定の最低限度額である。

　(4) ×10年12月9日に自己株式50株を無償取得した。なお，同日における時価は@63千円である。

　(5) ×11年2月23日に自己株式 100株を消却した。

8．貸倒引当金

　　売上債権期末残高に対して2％の貸倒引当金を差額補充法により設定する。

9．経過勘定

　(1) 〔**資料Ⅰ**〕における営業費のうち21,840千円は支払家賃であり，毎期9月1日に向こう1年分を前払いしている。なお，当期支払分は前期支払分に比べ10％値上げされている。

　(2) 営業費 8,226千円を見越計上する。

　(3) 支払利息 2,300千円を見越計上する。

10．法人税等

　　税引前当期純利益に対して31,000千円の法人税等を計上する。

11．当期純利益

　　当期純利益は45,177千円である。

【解 答】

(注) 解答に当たって「△」等の記号は付さないこと。

①	498,780	②	3,060	③	199,626	④	1,700
⑤	50,040	⑥	25,704	⑦	12,656	⑧	42,000
⑨	17,100	⑩	13,657	⑪	6,400	⑫	2,000
⑬	500,000	⑭	39,600	⑮	78,000	⑯	71,761
⑰	127,000	⑱	52,400	⑲	80,697	⑳	7,500

【採点基準】

5点×20箇所＝100点

【解答時間及び得点】

	日　付	解答時間	得　点	ＭＥＭＯ
1	／	分	点	
2	／	分	点	
3	／	分	点	
4	／	分	点	
5	／	分	点	

【チェック・ポイント】

出題分野	出題論点	日　付				
		／	／	／	／	／
個　別　論　点	耐　用　年　数　の　変　更					
	リ　ー　ス　取　引					
	賞　　　　　　　与					
	社　債　（　抽　選　償　還　）					
	自　己　株　式					
	経　過　勘　定					

【解答への道】（単位：千円）

I．〔資料 I 〕の空欄推定

土　　　　　地：　500,000　←　貸借差額

賞　　　　　与：　50,040　←　X10.6 支給分36,720× $\dfrac{2 \text{ヶ月（X10.4～X10.5）}}{6 \text{ヶ月（X9.12～X10.5）}}$ ＋X10.12 支給分37,800

社 債 利 息：　5,200　←　社債額面総額200,000× $\dfrac{4}{5}$ ×3％＋@400（*1）×1コマ

社　　　　　債：　116,400　←　後述（II．5．参照）

利 益 準 備 金：　27,500　←　期首23,500＋剰余金配当による積立4,000

繰越利益剰余金：　35,520　←　期首79,520－（利益準備金4,000＋配当金40,000）

（*1）　社債額面総額200,000× $\dfrac{@100－@96}{@100}$ ÷20コマ（*2）＝@400

（*2）　$5＋\dfrac{5×(5＋1)}{2}＝20$ コマ

II．決算整理仕訳等

1．商　品

（借）	仕	入	61,200	（貸）	繰 越 商 品	61,200
（借）	繰 越 商 品		58,140	（貸）	仕 入	58,140（*1）
（借）	棚 卸 減 耗 費		3,060（*2）	（貸）	繰 越 商 品	3,060

（*1）　購入代価57,000（*3）＋仕入諸掛1,140（*4）＝取得原価58,140

（*2）　購入代価3,000（*5）＋仕入諸掛60（*6）＝取得原価3,060

（*3）　購入代価@150×帳簿数量380個＝57,000

（*4）　57,000（*3）×2％＝1,140

（*5）　購入代価@150×（帳簿数量380個－実地数量360個）＝3,000

（*6）　3,000（*5）×2％＝60

2．有形固定資産

（1）建　物

（借）	建 物 減 価 償 却 費	18,000（*1）	（貸）	建 物 減 価 償 却 累 計 額	18,000

（*1）　600,000×0.9÷30年＝18,000

（2）機械装置

（借）	機 械 装 置 減 価 償 却 費	12,656（*1）	（貸）	機 械 装 置 減 価 償 却 累 計 額	12,656

（*1）　（90,000－39,375）×0.25＝12,656.25　→　12,656（四捨五入）

（3）備　品

（借）	備 品 減 価 償 却 費	42,000（*1）	（貸）	備 品 減 価 償 却 累 計 額	42,000

（*1）　（200,000×0.9－期首減価償却累計額54,000）÷残存耐用年数3年（*2）＝42,000

（*2）　新耐用年数6年－経過年数3年（X7.4～X10.3）＝3年

（参考１）耐用年数の変更

１．意　義

　　減価償却計画の設定に際して予見することのできなかった新技術の発明等の外的事情により，固定資産が機能的に著しく減価した場合に，この事実に対応して耐用年数を変更する場合がある。

２．耐用年数変更時の会計処理（定額法を前提とする）

（1）当期首に変更した場合

　　当期首に耐用年数を変更した場合，当期の減価償却費は**変更後の耐用年数（新耐用年数）による残存耐用年数**に基づいて計算する。

> 当期の減価償却費　＝　（取得原価　－　残存価額　－　減価償却累計額）
>
> ÷　新耐用年数に基づく残存耐用年数
>
> ＝　（取得原価　×　0.9　－　減価償却累計額）
>
> ÷　新耐用年数に基づく残存耐用年数

（2）当期末に変更した場合

　　当期末に耐用年数を変更した場合，当期の減価償却費は**変更前の耐用年数（旧耐用年数）**に基づいて計算し，次期の減価償却費は**変更後の耐用年数（新耐用年数）による残存耐用年数**に基づいて計算する。

> 当期の減価償却費　＝　（取得原価　－　残存価額）÷　旧耐用年数に基づく耐用年数
>
> ＝　取得原価　×　0.9　÷　旧耐用年数に基づく耐用年数
>
> 次期の減価償却費　＝　（取得原価　－　残存価額　－　減価償却累計額）
>
> ÷　新耐用年数に基づく残存耐用年数
>
> ＝　（取得原価　×　0.9　－　減価償却累計額）
>
> ÷　新耐用年数に基づく残存耐用年数

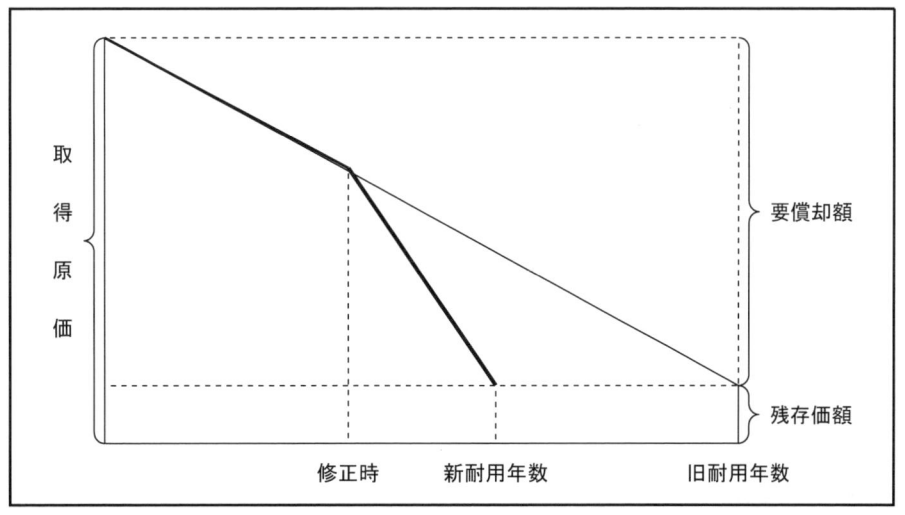

3．リース取引（所有権移転ファイナンス・リース取引)

(1) リース開始時（×10年4月1日，未処理）

(借)	リ ー ス 資 産	114,600(*1)	(貸)	リ ー ス 債 務	114,600

(*1)　見積現金購入価額114,600 ＜ リース料の割引現在価値合計116,215(*2)

→ 資産計上額114,600(いずれか小)

(*2)　$\dfrac{26,105}{1+0.04}+\dfrac{26,105}{(1+0.04)^2}+\dfrac{26,105}{(1+0.04)^3}+\dfrac{26,105}{(1+0.04)^4}+\dfrac{26,105}{(1+0.04)^5}$

＝116,214.821… → 116,215（四捨五入）

(2) リース料支払い（×11年3月31日，未処理）

(借)	支 払 利 息	5,157(*4)	(貸)	現 金 預 金	26,105(*3)
	リ ー ス 債 務	20,948(*5)			

(*3)　リース料支払額

(*4)　114,600(*1)×4.5％＝5,157

(*5)　26,105(*3)－5,157(*4)＝20,948

(3) 減価償却及びリース債務の流動及び固定分類

(借)	リース資産減価償却費	17,100(*6)	(貸)	リース資産減価償却累計額	17,100
(借)	リ ー ス 債 務	93,652(*7)	(貸)	リ ー ス 債 務 （ 流 動 ）	21,891(*8)
				リ ー ス 債 務 （ 固 定 ）	71,761(*9)

(*6)　（リース資産114,600(*1)－残存価額12,000）÷経済的耐用年数6年＝17,100

(注)　本問におけるリース取引は所有権移転ファイナンス・リース取引であるため，自己所有の場合と同様
に減価償却を行う。したがって，残存価額12,000を見積り，経済的耐用年数6年を使用して減価償却費
を計算する。

(*7)　114,600(*1)－20,948(*5)＝93,652

(*8)　26,105(*3)－4,214(*10)＝21,891

(*9)　93,652(*7)－21,891(*8)＝71,761

(*10)　93,652(*7)×4.5％＝4,214.34 → 4,214（四捨五入）

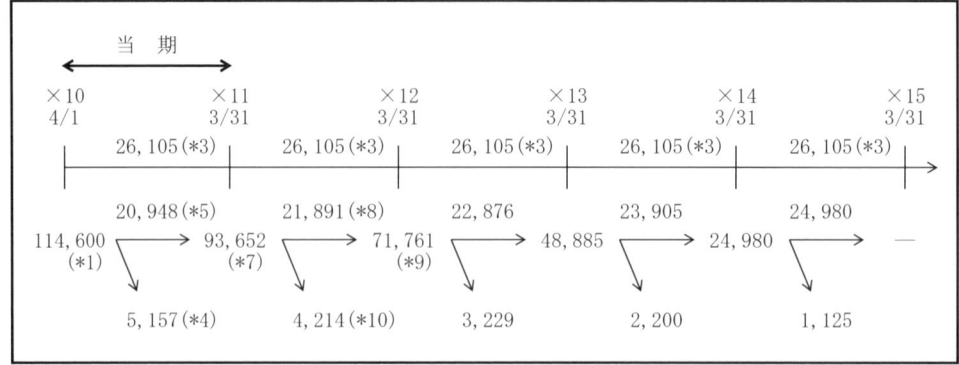

(注)　なお，最終年度の計算においては返済前元本をすべて返済し，残りを利息分として調整している。

4．賞　与

| (借) | 賞 与 引 当 金 繰 入 額 | 25,704(*1) | (貸) | 賞　与　引　当　金 | 25,704 |

(*1)　X11.6支給予定分38,556(*2)× $\dfrac{4 \text{ヶ月 (X10.12〜X11.3)}}{6 \text{ヶ月 (X10.12〜X11.5)}}$ ＝25,704

(*2)　X10.12支給分37,800×1.02＝38,556

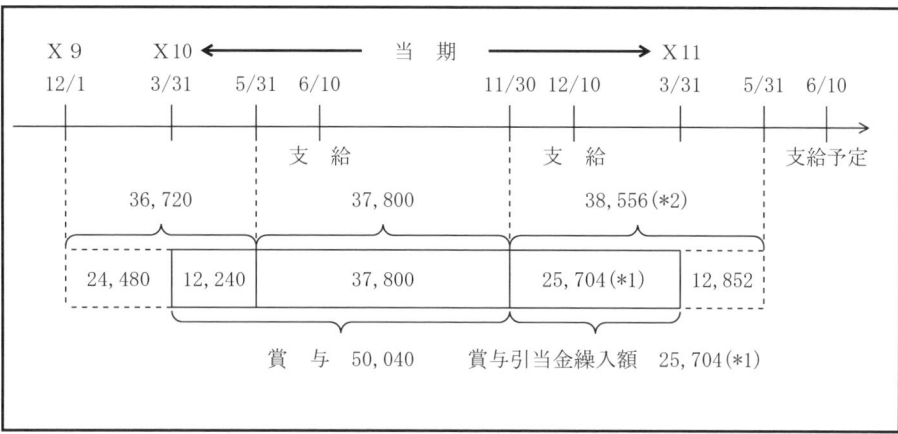

5．社　債

| (借) | 社　債　利　息 | 1,200(*1) | (貸) | 社　　　　債 | 1,200 |
| (借) | 社　　　　債 | 39,600 | (貸) | 一 年 内 償 還 社 債 | 39,600(*2) |

(*1)　@400(*3)×3コマ(*4)＝1,200

(*2)　38,400(*5)＋@400(*3)×3コマ＝39,600

(*3)　社債額面総額200,000× $\dfrac{@100-@96}{@100}$ ÷20コマ(*6)＝@400

(*4)

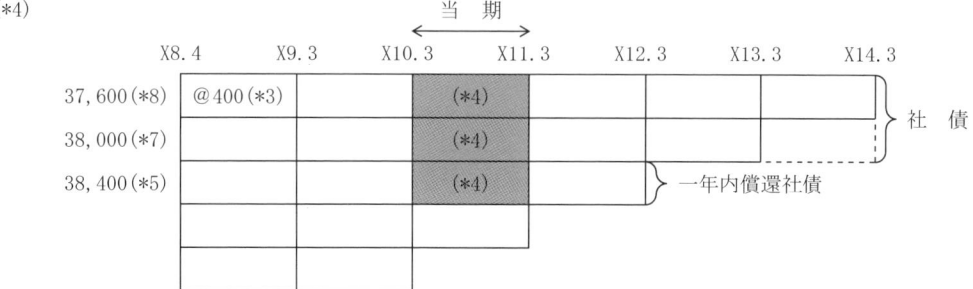

(*5)　額面40,000(*9)－@400(*3)×4コマ＝×12年3月31日償還分38,400

(*6)　5＋ $\dfrac{5×(5＋1)}{2}$ ＝20コマ

(*7)　額面40,000(*9)－@400(*3)×5コマ＝13年3月31日償還分38,000

(*8)　額面40,000(*9)－@400(*3)×6コマ＝×14年3月31日償還分37,600

(*9)　額面総額200,000÷5＝40,000

◎　前T/B 社債：38,400(*5)＋38,000(*7)＋37,600(*8)＋@400(*3)×6コマ＝116,400

6．剰余金の配当（処理済）

(借)	繰越利益剰余金	44,000	(貸)	利 益 準 備 金	4,000
				未 払 配 当 金	40,000
(借)	未 払 配 当 金	40,000	(貸)	現 金 預 金	40,000

7．自己株式（未処理）

(1) ×10年5月16日（自己株式の処分）

(借)	現 金 預 金	74,400(*1)	(貸)	自 己 株 式	72,000(*2)
				その他資本剰余金	2,400

(*1) @62×1,200株＝74,400

(*2) @60×1,200株＝72,000

(2) ×10年6月23日（自己株式の有償取得）

(借)	自 己 株 式	32,000(*1)	(貸)	現 金 預 金	32,400
	支 払 手 数 料	400			

(*1) @64×500株＝32,000

(注) 自己株式の取得に係る付随費用は，取得原価に含めない点に注意すること。

（参考2）自己株式に係る付随費用

1．取 得

自己株式の取得に係る手数料等の**付随費用は自己株式の取得原価に含めず**，財務費用として損益計算書上「**営業外費用**」に計上する。

2．処 分

自己株式の処分時に生じた付随費用（株式交付費）は，原則として支出時に費用として処理し，損益計算書上「**営業外費用**」に計上する。また，財務活動に係る株式交付費は**繰延資産**に計上することができる。

3．消 却

自己株式の消却に係る手数料等の付随費用は，財務費用として損益計算書上「**営業外費用**」に計上する。

4．まとめ

取得及び消却に係る付随費用 … 「支払手数料」
処 分 に 係 る 付 随 費 用 … 「株式交付費」 ← 繰延資産に計上できる。

(3) ×10年10月12日（新株の発行と自己株式の処分の併用）

（借）現　金　預　金	91,500（*1）	（貸）資　　　本　　　金	27,000（*2）
		資　本　準　備　金	27,000（*2）
		自　己　株　式	37,500（*3）

（*1）　@61×1,500株＝91,500

（*2）　資本金等増加限度額54,000（*4）×$\dfrac{1}{2}$＝27,000

（*3）　@62.5（*5）×600株＝37,500

（*4）　新株に対する払込金額54,900（*6）－自己株式処分差損相当額900（*7）＝資本金等増加限度額54,000

　　　　又は，91,500（*1）－37,500（*3）＝54,000

（*5）　（期首90,000－処分72,000＋有償取得32,000）÷（期首1,500株－処分1,200株＋有償取得500株）＝@62.5

（*6）　@61×900株＝54,900

（*7）　帳簿価額37,500（*3）－処分の対価@61×600株＝自己株式処分差損相当額900

（注）　自己株式処分差損相当額が発生する場合，資本金等増加限度額は**新株に対する払込金額から自己株式処分差損相当額を控除した金額**となる。

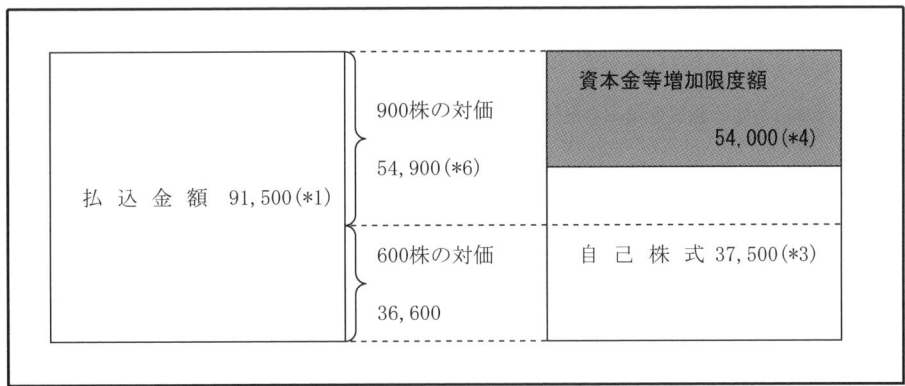

(4) ×10年12月9日（自己株式の無償取得）

仕　　訳　　な　　し

（注）　自己株式を無償で取得した場合，**自己株式の数のみの増加**として処理し，「仕訳なし」となる。なお，帳簿価額は変わらないが保有自己株式数が増加するので，**保有自己株式の単価が@50（*1）に下落する**。

（*1）　12,500（*2）÷（期首1,500株－処分1,200株＋有償取得500株－処分600株＋無償取得50株）＝@50

（*2）　@62.5×（期首1,500株－処分1,200株＋有償取得500株－処分600株）＝12,500

(5) ×11年2月23日（自己株式の消却）

（借）そ の 他 資 本 剰 余 金	5,000	（貸）自　己　株　式	5,000（*1）

（*1）　@50×100株＝5,000

（注）　自己株式を消却した場合には，消却手続が完了した時に，消却の対象となった自己株式の帳簿価額を「**その他資本剰余金**」から減額する。

（参考３）自己株式の処分

1．処分時の処理

　　(1) 自己株式の処分の対価 ＞ 自己株式の帳簿価額 → **自己株式処分差益**が生じる場合

（借）現　金　預　金	×××(*1)	（貸）自　　己　　株　　式	×××(*2)
		その他資本剰余金	×××

(*1)　処分の対価

(*2)　帳簿価額

(注)　自己株式の処分時の帳簿価額は，会社が定めた計算方法（移動平均法等）に従って算定する。

　　(2) 自己株式の処分の対価 ＜ 自己株式の帳簿価額 → **自己株式処分差損**が生じる場合

（借）現　金　預　金	×××(*1)	（貸）自　　己　　株　　式	×××(*2)
その他資本剰余金	×××		

2．自己株式の処分と新株の発行を同時に行った場合

　　(1) 自己株式処分差損が生じる場合

（借）現　金　預　金	×××(*1)	（貸）資　　　本　　　金	×××(*2)
		自　己　株　式	×××(*3)

(*1)　募集株式に関わる払込金額

(*2)　**新株に対する払込金額－自己株式処分差損相当額**

(*3)　帳簿価額

(注)　資本金組入額を会社法規定の最低限度額とする場合には，(*2)の金額を基準に資本金及び資本準備金の額を算定する。

　　(2) 自己株式処分差益が生じる場合

（借）現　金　預　金	×××(*1)	（貸）資　　　本　　　金	×××(*4)
		自　己　株　式	×××(*3)
		その他資本剰余金	×××(*5)

(*4)　**新株に対する払込金額**

(*5)　自己株式処分差益

(注)　資本金組入額を会社法規定の最低限度額とする場合には，(*4)の金額を基準に資本金及び資本準備金の額を算定する。

8．貸倒引当金

(借)	貸 倒 引 当 金 繰 入 額	1,700(*1)	(貸)	貸 倒 引 当 金	1,700

(*1)　(受取手形215,000＋売掛金235,000)×2％－前T/B 貸倒引当金7,300＝1,700

9．経過勘定

(借)	前 払 営 業 費	6,600	(貸)	営 業 費	6,600(*1)
(借)	営 業 費	8,226	(貸)	未 払 営 業 費	8,226
(借)	支 払 利 息	2,300	(貸)	未 払 利 息	2,300

(*1)　1,200(*2)×1.1×5ヶ月(X11.4〜8)＝6,600

(*2)　前期支払分の1ヶ月あたりの支払家賃をXとすると，以下の式が成り立つ。

$$X×5ヶ月(X10.4〜8)＋X×1.1×12ヶ月(X10.9〜X11.8)＝21,840 \quad ∴ \quad X＝1,200$$

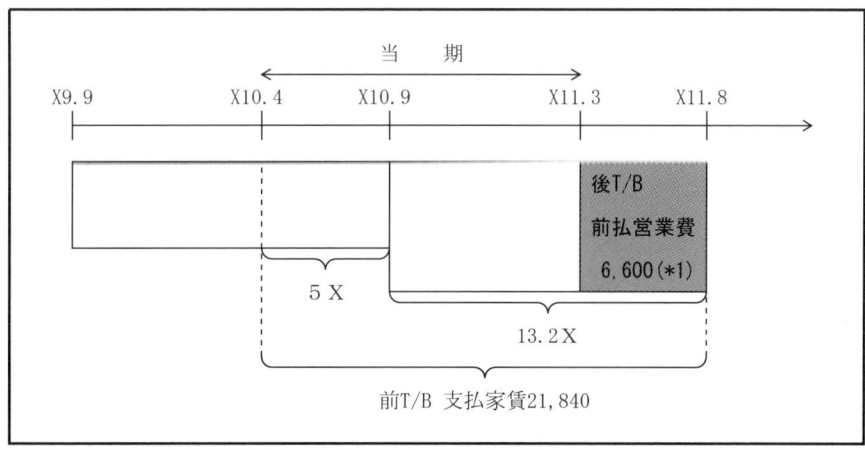

10．法人税等

(借)	法 人 税 等	31,000	(貸)	未 払 法 人 税 等	31,000

Ⅲ. 決算整理後残高試算表

決算整理後残高試算表
×11年3月31日

現　金　預　金	436,195	支　払　手　形	224,565
受　取　手　形	215,000	買　　掛　　金	221,000
売　　掛　　金	235,000	一年内償還社債	39,600
繰　越　商　品	55,080	リース債務（流動）	21,891
前　払　営　業　費	6,600	未　払　営　業　費	8,226
建　　　　　物	600,000	未　払　利　息	2,300
機　械　装　置	90,000	未払法人税等	31,000
備　　　　　品	200,000	賞　与　引　当　金	25,704
土　　　　　地	500,000	貸　倒　引　当　金	9,000
リ　ー　ス　資　産	114,600	社　　　　　債	78,000
自　己　株　式	7,500	長　期　借　入　金	300,000
仕　　　　　入	498,780	リース債務（固定）	71,761
棚　卸　減　耗　費	3,060	建物減価償却累計額	90,000
営　　業　　費	199,626	機械装置減価償却累計額	52,031
貸倒引当金繰入額	1,700	備品減価償却累計額	96,000
賞　　　　　与	50,040	リース資産減価償却累計額	17,100
賞与引当金繰入額	25,704	資　　本　　金	844,200
建物減価償却費	18,000	資　本　準　備　金	127,000
機械装置減価償却費	12,656	その他資本剰余金	52,400
備品減価償却費	42,000	利　益　準　備　金	27,500
リース資産減価償却費	17,100	任　意　積　立　金	40,000
支　払　利　息	13,657	繰越利益剰余金	35,520
社　債　利　息	6,400	売　　　　　上	960,000
支　払　手　数　料	2,000	受取利息配当金	6,900
法　人　税　等	31,000		
	3,381,698		3,381,698

IV. 財務諸表

損　益　計　算　書

自　×10年4月1日　至　×11年3月31日

売　上　原　価	①	498,780	売　　上　　高		960,000
棚　卸　減　耗　費	②	3,060	受　取　利　息　配　当　金		6,900
営　　業　　費	③	199,626			
貸　倒　引　当　金　繰　入　額	④	1,700			
賞　　　　　与	⑤	50,040			
賞　与　引　当　金　繰　入　額	⑥	25,704			
建　物　減　価　償　却　費		18,000			
機　械　装　置　減　価　償　却　費	⑦	12,656			
備　品　減　価　償　却　費	⑧	42,000			
リ ー ス 資 産 減 価 償 却 費	⑨	17,100			
支　払　利　息	⑩	13,657			
社　債　利　息	⑪	6,400			
支　払　手　数　料	⑫	2,000			
法　人　税　等		31,000			
当　期　純　利　益		45,177			
		966,900			966,900

貸借対照表

×11年3月31日

現 金 及 び 預 金	436,195	支 払 手 形		224,565
受 取 手 形	215,000	買 掛 金		221,000
売 掛 金	235,000	一 年 内 償 還 社 債	⑭	39,600
貸 倒 引 当 金	△ 9,000	リ ー ス 債 務 （ 流 動 ）		21,891
商 品	55,080	未 払 費 用		10,526
前 払 費 用	6,600	未 払 法 人 税 等		31,000
建 物	600,000	賞 与 引 当 金		25,704
建物減価償却累計額	△ 90,000	社 債	⑮	78,000
機 械 装 置	90,000	長 期 借 入 金		300,000
機械装置減価償却累計額	△ 52,031	リ ー ス 債 務 （ 固 定 ）	⑯	71,761
備 品	200,000	資 本 金		844,200
備品減価償却累計額	△ 96,000	資 本 準 備 金	⑰	127,000
土 地 ⑬	500,000	そ の 他 資 本 剰 余 金	⑱	52,400
リ ー ス 資 産	114,600	利 益 準 備 金		27,500
リース資産減価償却累計額	△ 17,100	任 意 積 立 金		40,000
		繰 越 利 益 剰 余 金	⑲	80,697
		自 己 株 式	⑳	△ 7,500
	2,188,344			2,188,344

【MEMO】

商品売買業を営むＴＡＣ株式会社の当事業年度（自×10年４月１日　至×11年３月31日）における下記の〔資料〕を参照して，以下の各問に答えなさい。なお，税効果会計は無視する。

問１　決算整理前残高試算表における空欄①～④の金額を答えなさい。

問２　答案用紙に示されている損益計算書，株主資本等変動計算書及び貸借対照表を完成させなさい。

〔資料Ⅰ〕　決算整理前残高試算表

決算整理前残高試算表

×11年３月31日　　　　　　　　　　　　　　　　　（単位：千円）

現　　　　　金	10,200	支　払　手　形	476,000
当　座　預　金	342,862	買　　掛　　金	276,500
受　取　手　形	624,000	未　　払　　金	94,400
売　　掛　　金	258,520	貸　倒　引　当　金	12,240
有　価　証　券	（　　　　）	長　期　借　入　金	（　　　　）
繰　越　商　品	203,260	長　期　前　受　収　益	（　　　　）
建　　　　　物	1,444,400	建物減価償却累計額	615,600
備　　　　　品	492,000	備品減価償却累計額	180,000
土　　　　　地	（　①　）	資　　本　　金	1,400,000
投　資　有　価　証　券	（　②　）	資　本　準　備　金	300,000
関　係　会　社　株　式	（　　　　）	その他資本剰余金	41,000
長　期　前　払　費　用	28,125	利　益　準　備　金	70,000
仕　　　　　入	3,698,000	任　意　積　立　金	204,000
営　　業　　費	603,138	繰　越　利　益　剰　余　金	139,000
支　払　利　息	（　③　）	新　株　予　約　権	（　　　　）
		売　　　　　上	4,501,520
		受　取　利　息　配　当　金	800
		有　価　証　券　利　息	（　④　）
		為　替　差　損　益	15,970
	（　　　　）		（　　　　）

〔資料Ⅱ〕　解答上の留意事項

1．外貨建金銭債権債務等に係る為替予約については振当処理を採用している。なお，為替予約時において，為替予約差額のうち，直々差額については為替差損益として処理し，直先差額については決済日が決算日より１年を超える場合には長期前払費用又は長期前受収益として，１年以内の場合には前払費用又は前受収益として処理する。

2．非資金取引について取引発生日以前に為替予約を付した場合，先物為替相場による円換算額を付している。

3．為替予約差額の期間配分及び利息の計算は月割で行っている。なお，利息の受取及び支払は当座により順調に行われている。

4．為替相場（他の〔資料〕から判明するものを除く）

　　　　×10年３月31日：　110円／ドル　　　　×10年12月31日：　116円／ドル

　　　　×11年３月31日：　120円／ドル　　　期 中 平 均 相 場：　115円／ドル

〔資料Ⅲ〕　決算整理事項等

1．現金等

　　期末において金庫を実査した結果，以下のものが保管されていた。なお，米ドル紙幣は当期に取得したものである。また，実際有高と帳簿残高の不一致原因は不明である。

　　　①　国内硬貨及び紙幣 2,400千円　　　②　他社振出小切手 4,000千円

　　　③　米 ド ル 紙 幣 30千ドル（取得日の直物為替相場 113円／ドル）

2．輸出関連取引

　　以下の取引が未処理であった。

　　　①　×10年12月10日（直物為替相場 114円／ドル）に商品 850千ドルを輸出する契約を締結し，前受金 250千ドルを当座により受け取った。

　　　②　×10年12月22日（直物為替相場 116円／ドル）に上記商品を輸出し，前受金 250千ドルを差し引いた残額を掛（決済日×11年３月22日）とした。

　　　③　×11年１月18日（直物為替相場 115円／ドル）に商品 200千ドルを掛（決済日×11年４月20日）により輸出した。

　　　④　×11年２月10日（直物為替相場 117円／ドル）に商品 480千ドルを掛（決済日×11年４月10日）により輸出し，同日に外国為替 480千ドルの売予約を 121円／ドルの先物為替相場で行った。

　　　⑤　×11年２月25日（直物為替相場 119円／ドル）に商品 700千ドルを掛（決済日×11年６月25日）により輸出した。

　　　⑥　×11年３月15日（直物為替相場 118円／ドル）に２月25日に発生した上記売掛金 700千ドルについて外国為替 700千ドルの売予約を 122円／ドルの先物為替相場で行った。

　　　⑦　×11年３月22日（直物為替相場 119円／ドル）に12月22日に発生した売掛金 600千ドルを決済し，当座に預け入れた。

3．有価証券

　　有価証券の詳細は以下のとおりである。なお，時価が帳簿価額の50％を下回った場合には著しい下落と判断している。また，その他有価証券の評価差額については全部純資産直入法を採用している。

銘　柄	取得原価	前期末時価	当期末時価	取得日の直物為替相場	分　類	備　考
ＡＡ社株式	560千ドル	―	572千ドル	121円／ドル	売 買 目 的	（注１）
ＢＢ社社債	968千ドル	―	980千ドル	111円／ドル	満期保有目的	（注２）
ＣＣ社社債	385千ドル	―	392千ドル	111円／ドル	満期保有目的	（注３）
ＤＤ社株式	360千ドル	375千ドル	380千ドル	130円／ドル	子 会 社 株 式	―
ＥＥ社株式	240千ドル	220千ドル	110千ドル	125円／ドル	関連会社株式	（注４）
ＦＦ社株式	490千ドル	484千ドル	496千ドル	109円／ドル	そ　の　他	（注５）
ＧＧ社社債	282千ドル	―	291千ドル	111円／ドル	そ　の　他	（注６）

　　（注１）×10年10月9日に取得したものである。

　　（注２）額面 1,000千ドル，取得日×10年4月1日，償還日×14年3月31日，年利率3％，利払日3月末である。なお，償却原価法（定額法）を適用する。

　　（注３）額面 400千ドル，取得日×10年4月1日，償還日×13年3月31日，年利率 2.5％，利払日3月末である。なお，取得日に額面金額について外国為替 400千ドルの売予約を 129円／ドルの先物為替相場で行っている。また，〔資料Ⅰ〕の長期前受収益はすべて当該為替予約に係るものである。

　　（注４）時価の回復可能性は不明である。

　　（注５）×9年10月1日に取得したものである。

　　（注６）額面 300千ドル，取得日×10年4月1日，償還日×13年3月31日，年利率4％，利払日3月末である。なお，償却原価法（定額法）を適用する。

4．棚卸資産

　　期末商品帳簿棚卸高は 201,520千円であり，期末商品実地棚卸高は 199,900千円である。

5．有形固定資産

　(1) 減価償却

種　類	償却方法	耐用年数	年償却率	残存価額
建　物	定額法	40年	―	10％
備　品	定率法	8年	0.25	10％

　(2) 〔資料Ⅰ〕の建物には×11年2月15日（直物為替相場 118円／ドル）に掛で購入した建物 800千ドルが含まれている。なお，当該掛代金の支払日は×11年5月15日である。また，当該建物は購入日の翌日から営業の用に供している。

6．長期借入金

　　〔資料Ⅰ〕の長期借入金は借入日×10年1月1日（直物為替相場 108円／ドル），借入額 2,000千ドル，返済日×13年12月31日，年利率3％，利払日12月末の条件で借り入れたものである。なお，当該借入金は借入日に返済額について外国為替 2,000千ドルの買予約を 123円／ドルの先物為替相場で行っている。また，〔資料Ⅰ〕の支払利息はすべて当該長期借入金に係るものである。

7．新株予約権

(1) ×10年3月1日に以下の条件で新株予約権を発行した。

　① 発行総数： 200個（新株予約権1個につき 500株）

　② 払込金額：50千円／個

　③ 行使価額： 1,100円／株

　④ 資本金組入額： 900円／株

　⑤ 行使期間：×10年4月1日～×13年3月31日

(2) ×10年11月25日に上記新株予約権80個が初めて行使され，払込金額全額を当座に預け入れたが，未処理であった。なお，権利行使に際して 8,000株については自己株式を交付した（下記8．(3) 参照）。

8．自己株式

以下の取引が未処理であった。

(1) ×10年8月1日に自己株式40,000株を@ 800円で取得し，手数料 400千円とともに小切手を振り出して支払った。なお，前期末において自己株式は保有していない。

(2) ×10年10月20日に新株発行の手続を準用して自己株式24,000株を@ 600円で処分し，手数料 250千円が差し引かれた残額を当座に預け入れた。

(3) ×10年11月25日に新株予約権の行使に伴い，自己株式 8,000株を交付した（上記7．(2) 参照）。なお，当該取引に際して 100千円の手数料を小切手を振り出して支払った。

(4) ×11年2月13日にその他資本剰余金を財源として自己株式 5,000株を消却し，60千円の手数料を小切手を振り出して支払った。なお，決算日において消却手続は完了している。

9．剰余金の配当等

以下の取引が未処理であった。

(1) 定時株主総会（×10年6月25日）において，以下のような決議が行われた。

　　　　利益準備金の取崩： 20,000千円

　　　　配 当 金： 100,000千円

なお，当該配当金はその他資本剰余金40,000千円，繰越利益剰余金60,000千円を原資としている。

(2) 配当金は後日当座により支払われた。

10．貸倒引当金

売上債権期末残高に対して2％の貸倒引当金を差額補充法により設定する。

11．法人税，住民税及び事業税

法人税，住民税及び事業税として 140,000千円を計上する。

【解　答】

問1

① ★	500,000	② ★	243,760	③ ★	5,310	④ ★	6,240

問2

損　益　計　算　書（単位：千円）

自×10年4月1日　至×11年3月31日

I	売　　上　　高	（★4,764,000）	IV	営　業　外　収　益		
II	売　上　原　価		1	受取利息配当金（	800 ）	
1	期首商品棚卸高（ 203,260 ）		2	有価証券利息（★	7,850 ）	
2	当期商品仕入高（ 3,698,000 ）		3	(有価証券評価益)（★	880 ）	
	合　　　計（ 3,901,260 ）		4	(為　替　差　益)（★ 21,587 ）	（ 31,117 ）	
3	期末商品棚卸高（ 201,520 ）（ 3,699,740 ）		V	営　業　外　費　用		
	売　上　総　利　益 （ 1,064,260 ）		1	支　払　利　息（	7,110 ）	
III	販売費及び一般管理費		2	支　払　手　数　料（	460 ）	
1	営　　業　　費（ 603,138 ）		3	株　式　交　付　費（★	350 ）	
2	棚　卸　減　耗　費（ 1,620 ）		4	(雑　　損　　失)（★ 410 ）（ 8,330 ）		
3	貸倒引当金繰入額（★ 8,760 ）			経　常　利　益 （ 364,800 ）		
4	建物減価償却費（ 30,729 ）		VI	特　別　損　失		
5	備品減価償却費（ 78,000 ）（ 722,247 ）		1	(関係会社株式評価損)（★ 16,800 ）（ 16,800 ）		
	営　業　利　益 （ 342,013 ）			税引前当期純利益 （ 348,000 ）		
				法人税，住民税及び事業税 （ 140,000 ）		
				当　期　純　利　益 （ 208,000 ）		

株主資本等変動計算書
自×10年4月1日 至×11年3月31日

(単位:千円)

	株主資本 資本金	資本剰余金 資本準備金	その他資本剰余金	資本剰余金合計	利益準備金	その他利益剰余金 任意積立金	繰越利益剰余金	利益剰余金合計	自己株式	株主資本合計	評価・換算差額等 その他有価証券評価差額金	評価・換算差額等合計	新株予約権	純資産合計
当期首残高	1,400,000	300,000	41,000	341,000	70,000	204,000	139,000	413,000	—	2,154,000	△170	△170	10,000	2,163,830
当期変動額														
新株の発行と自己株式の処分(新株予約権)	★28,800	9,600	★3,200	12,800					6,400	48,000				48,000
剰余金の配当			△40,000	△40,000			△60,000	△60,000		△100,000				△100,000
剰余金の振替					△20,000		20,000	0		0				0
当期純利益							208,000	208,000		208,000				208,000
自己株式の取得									△32,000	△32,000				△32,000
自己株式の処分			△4,800	△4,800					19,200	14,400				14,400
自己株式の消却			★△4,000	△4,000					4,000	0				0
その他資本剰余金の負の残高の補填			★4,600	4,600			△4,600	△4,600		0				0
株主資本以外の項目の当期変動額(純額)											★9,208	9,208	△4,000	5,208
当期変動額合計	28,800	9,600	△41,000	△31,400	△20,000	—	163,400	143,400	△2,400	138,400	9,208	9,208	△4,000	143,608
当期末残高	1,428,800	309,600	0	309,600	50,000	204,000	302,400	556,400	△2,400	2,292,400	9,038	9,038	★6,000	2,307,438

貸 借 対 照 表

×11年3月31日 　　　　　　　　　　　　　　（単位：千円）

資 産 の 部			負 債 の 部		
I 流 動 資 産			I 流 動 負 債		
現 金 及 び 預 金		（ 378,352 ）	支 払 手 形		（ 476,000 ）
受 取 手 形	（ 624,000 ）		買 掛 金		（ 276,500 ）
貸 倒 引 当 金	（ △ 12,480 ）	（ 611,520 ）	未 払 金		（★ 96,000 ）
売 掛 金	（ 426,000 ）		未 払 費 用		（ 1,800 ）
貸 倒 引 当 金	（ △ 8,520 ）	（ 417,480 ）	未 払 法 人 税 等		（ 140,000 ）
有 価 証 券		（ 68,640 ）	（ 前 受 収 益 ）		（★ 2,100 ）
商 品		（ 199,900 ）	流 動 負 債 合 計		（ 992,400 ）
流 動 資 産 合 計		（ 1,675,892 ）	II 固 定 負 債		
II 固 定 資 産			長 期 借 入 金		（ 246,000 ）
1 有 形 固 定 資 産			長 期 前 受 収 益		（★ 5,910 ）
建 物	（ 1,444,400 ）		固 定 負 債 合 計		（ 251,910 ）
減価償却累計額	（ △646,329 ）	（★ 798,071 ）	負 債 合 計		（ 1,244,310 ）
備 品	（ 492,000 ）		純 資 産 の 部		
減価償却累計額	（ △258,000 ）	（ 234,000 ）	I 株 主 資 本		
土 地		（ 500,000 ）	1 資 本 金		（ 1,428,800 ）
有 形 固 定 資 産 合 計		（ 1,532,071 ）	2 資 本 剰 余 金		
2 投資その他の資産			資 本 準 備 金	（ 309,600 ）	
投 資 有 価 証 券		（★ 263,160 ）	資 本 剰 余 金 合 計		（ 309,600 ）
関 係 会 社 株 式		（★ 60,000 ）	3 利 益 剰 余 金		
長 期 前 払 費 用		（★ 20,625 ）	利 益 準 備 金	（★ 50,000 ）	
投資その他の資産合計		（ 343,785 ）	任 意 積 立 金	（ 204,000 ）	
固 定 資 産 合 計		（ 1,875,856 ）	繰 越 利 益 剰 余 金	（ 302,400 ）	
			利 益 剰 余 金 合 計		（ 556,400 ）
			4 自 己 株 式		（★△ 2,400 ）
			株 主 資 本 合 計		（ 2,292,400 ）
			II 評価・換算差額等		
			1 その他有価証券評価差額金		（ 9,038 ）
			評価・換算差額等合計		（ 9,038 ）
			III 新 株 予 約 権		（ 6,000 ）
			純 資 産 合 計		（ 2,307,438 ）
資 産 合 計		（ 3,551,748 ）	負 債 純 資 産 合 計		（ 3,551,748 ）

【採点基準】

| 問1 | ★2点×4箇所＝8点 |

| 問2 | ★4点×23箇所＝92点 |

【解答時間及び得点】

	日　付	解答時間	得　点	ＭＥＭＯ
1	／	分	点	
2	／	分	点	
3	／	分	点	
4	／	分	点	
5	／	分	点	

【チェック・ポイント】

出題分野	出題論点	日　付				
		／	／	／	／	／
外貨換算会計	取引発生時の会計処理					
	決済時の会計処理					
	決算時の会計処理					
	外貨建金銭債権債務等の換算					
	為替予約（振当処理）					
	外貨建有価証券					
個別論点	新株予約権（新株の発行と自己株式の処分の併用）					
	自己株式					
	剰余金の配当					
	準備金の取崩					

【解答への道】（単位：千円）

Ⅰ．〔資料Ⅰ〕の空欄推定

有 価 証 券： 67,760 ← ＡＡ社株式取得原価560千ドル×121円／ドル

①土　　　　地： 500,000 ← 貸借差額

②投資有価証券： 243,760 ← ＢＢ社社債取得原価968千ドル×111円／ドル

＋ＣＣ社社債額面金額400千ドル×ＦＲ129円／ドル

＋ＦＦ社株式取得原価490千ドル×109円／ドル

＋ＧＧ社社債取得原価282千ドル×111円／ドル

関係会社株式： 76,800 ← ＤＤ社株式取得原価360千ドル×130円／ドル

＋ＥＥ社株式取得原価240千ドル×125円／ドル

③支 払 利 息： 5,310 ← 2,000千ドル×3％×116円／ドル

$$-2{,}000千ドル×3％×\frac{3ヶ月（X10.1～X10.3）}{12ヶ月}×前期ＣＲ110円／ドル$$

長 期 借 入 金： 246,000 ← 2,000千ドル×ＦＲ123円／ドル

長 期 前 受 収 益： 8,865 ← 400千ドル×ＦＲ129円／ドル－385千ドル×111円／ドル

新 株 予 約 権： 10,000 ← @50×200個

④有価証券利息： 6,240 ← ＢＢ社社債1,000千ドル×3％×120円／ドル

＋ＣＣ社社債400千ドル×2.5％×120円／ドル

＋ＧＧ社社債300千ドル×4％×120円／ドル

Ⅱ．決算整理仕訳等

1．現金等

（借）現	金	210(*1)	（貸）為 替 差 損 益	210
（借）雑 損 失		410	（貸）現 金	410(*2)

(*1)　30千ドル×（当期ＣＲ120円／ドル－113円／ドル）＝210

(*2)　帳簿残高10,410(*3)－実際有高10,000(*4)＝410

(*3)　前T/B 現金10,200＋210(*1)＝10,410

(*4)　国内硬貨及び紙幣2,400＋他社振出小切手4,000＋米ドル紙幣3,600(*5)＝10,000

(*5)　30千ドル×当期ＣＲ120円／ドル＝3,600

2．輸出関連取引（未処理）

（1）×10年12月22日の輸出取引

　①　×10年12月10日（手付金受取日）

(借)	当 座 預 金	28,500	(貸)	前 受 金	28,500(*1)

（*1）　250千ドル×114円／ドル＝28,500

　②　×10年12月22日（輸出日）

(借)	前 受 金	28,500(*1)	(貸)	売 上	98,100
	売 掛 金	69,600(*2)			

（*2）　（850千ドル－250千ドル）×116円／ドル＝69,600

　③　×11年3月22日（決済時）

(借)	当 座 預 金	71,400(*3)	(貸)	売 掛 金	69,600(*2)
				為 替 差 損 益	1,800

（*3）　600千ドル×119円／ドル＝71,400

（2）×11年1月18日の輸出取引

　①　×11年1月18日（輸出日）

(借)	売 掛 金	23,000(*1)	(貸)	売 上	23,000

（*1）　200千ドル×115円／ドル＝23,000

　②　決算整理

(借)	売 掛 金	1,000(*2)	(貸)	為 替 差 損 益	1,000

（*2）　200千ドル×（当期ＣＲ120円／ドル－115円／ドル）＝1,000

（3）×11年2月10日の輸出取引（輸出日＝予約日）

(借)	売 掛 金	58,080	(貸)	売 上	58,080(*1)

（*1）　480千ドル×ＦＲ121円／ドル＝58,080

（注）　非資金取引（取引発生時に資金の増加及び減少を伴わない取引）で取引発生以前に為替予約の契約を締結している場合には，実務上の煩雑性を考慮して，外貨建取引及び外貨建金銭債権債務等に先物レートによる円換算額を付すことができる。

(4) ×11年 2 月25日の輸出取引

　① ×11年 2 月25日（輸出日）

| (借) | 売 | 掛 | 金 | 83,300(*1) | (貸) | 売 | | 上 | 83,300 |

(*1)　700千ドル×119円／ドル＝83,300

　② ×11年 3 月15日（予約日）

| (借) | 売 | 掛 | | 金 | 2,100(*2) | (貸) | 前 | 受 | 収 | 益 | 2,800(*4) |
| | 為 | 替 | 差 | 損 | 益 | 700(*3) | | ― | | | | |

(*2)　700千ドル×（ＦＲ122円／ドル－119円／ドル）＝2,100

(*3)　700千ドル×（119円／ドル－118円／ドル）＝700 ← 直々差額

(*4)　700千ドル×（ＦＲ122円／ドル－118円／ドル）＝2,800 ← 直先差額

　③ 決算整理

| (借) | 前 | 受 | 収 | 益 | 700(*5) | (貸) | 為 | 替 | 差 | 損 | 益 | 700 |

(*5)　$2,800(*4) \times \dfrac{1 ヶ月 (X11.3)}{4 ヶ月 (X11.3 \sim X11.6)} = 700$

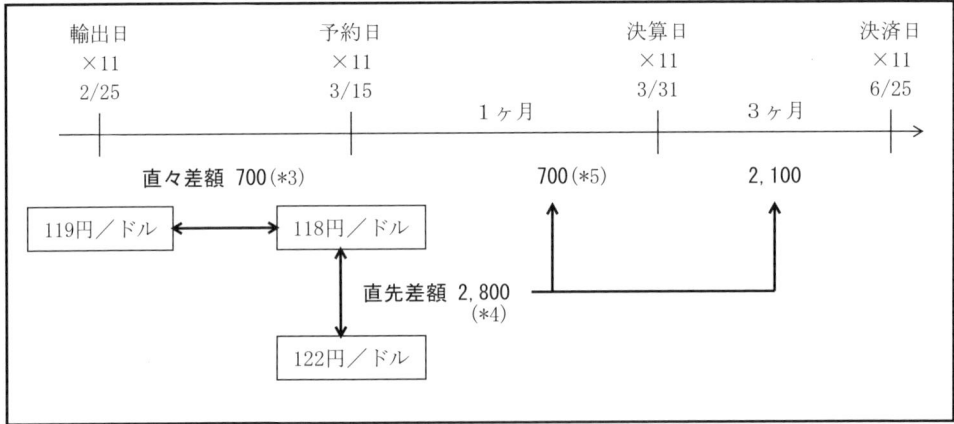

（参考１）外貨建取引

1．為替換算

為替換算とは，外貨で表示されている金額を円貨の金額に変更することをいい，次の式により行う。

> 外貨による金額 × 為替相場（為替レート）＝ 円貨による金額

為替相場（為替レート）とは，２国間における通貨の交換比率をいう。例えば１ドル＝ 100円であれば，100円で１ドルと交換できることを意味する。なお，この為替相場が１ドル＝90円になれば円の価値が高く（ドルの価値が安く）なったことを意味するので「円高（ドル安）」といい，逆に，為替相場が１ドル＝ 110円になれば円の価値が安く（ドルの価値が高く）なったことを意味するので「円安（ドル高）」という。

2．外貨換算会計の領域

(1) 外貨建取引

外貨建取引とは，売買価額その他取引価額が外国通貨で表示されている取引をいう。そして，国内企業が外国企業と外貨による取引を行う場合には，その取引を円に換算して国内企業の財務諸表に取り入れる。

(2) 財務諸表項目の換算

国内企業が外貨で表示されている在外支店や在外子会社及び関連会社の財務諸表項目を円に換算して，国内企業の財務諸表に取り入れる。

3．取引発生時及び決済時の会計処理

(1) 取引発生時の会計処理

外貨建取引は，原則として，発生時における外貨建金額（ＨＣ；*Historical Cost*）を当該取引発生時の為替相場（ＨＲ；*Historical Rate*）により換算した額をもって記録する。

(2) 決済時の会計処理

外貨建金銭債権債務の決済（外国通貨の円転換を含む）による収入・支出額は，決済時の直物為替相場で換算し，取引発生時の換算額との差額は「為替差損益」勘定で処理する。

(3) 外貨による前渡金・前受金に係る会計処理

① 前渡金・前受金発生時

外貨による前渡金及び前受金は，金銭授受時の為替相場（ＨＲ）による円換算額を付す。

② 前渡金・前受金充当時

外貨建取引高のうち，前渡金又は前受金が充当される部分については，前渡金又は前受金の金銭授受時の為替相場による円換算額を付し，残りの部分については，取引発生時の為替相場により換算する。

4．決算時の会計処理

(1) 換算方法

① 原 則

　　貨幣項目は決算日の為替相場（ＣＲ；*Current Rate*）により換算し，非貨幣項目は発生時の為替相場（ＨＲ）により換算する。

貨 幣 項 目 ———→ ＣＲ換算	
非貨幣項目 ———→ ＨＲ換算	

② 貨幣項目と非貨幣項目

　　貨幣項目とは，法令や契約によって券面額，回収額，支払額が確定している金銭債権債務であり，非貨幣項目とは，貨幣項目以外の資産及び負債をいう。具体的には以下のとおりである。

貨 幣 項 目	通貨・預金，金銭債権債務，未収収益・未払費用等
非貨幣項目	棚卸資産，固定資産，繰延資産，前渡金・前受金，前受収益・前払費用等

(2) 換算差額

　　外貨建金額を決算日の為替相場により換算（ＣＲ換算）した金額と，ＣＲ換算前の帳簿価額（円換算額）との差額は「**為替差損益**」勘定で処理する。

　　また，外貨建未収収益及び未払費用は，為替換算上，外貨建金銭債権債務に準ずるものとして扱うが，決算時において新たに見越計上するものなので，為替差損益は生じない。

5．為替差損益の損益計算書表示

(1) 原 則

　　外貨建金銭債権債務等に係る決済差損益と換算差損益は「**為替差損益**」として処理し，**差益と差損を相殺した純額**で，損益計算書上，差益の場合には「**為替差益**」として「**営業外収益**」に，差損の場合には「**為替差損**」として「**営業外費用**」に表示する。

(2) 例 外

　　為替差損益の発生要因となった取引が経常取引以外の取引であり，かつ，金額に重要性があると認められる場合，又は特殊な要因により異常，かつ，多額に発生したと認められる場合の為替差損益は「**特別損益**」に表示する。

（参考２）為替予約の会計処理

1．意　義

　　為替予約とは，**将来の一定時点において約定為替相場で外国通貨の購入又は売却を行う契約**をいう。

　　例えば，１ヶ月後に外貨建金銭債務の決済がある場合に，予め取引銀行等と為替予約を締結することで決済時の円貨額を確定しておけば，将来の決済時における為替相場がどのような変動をしようとも支払額が確定できる。このように，為替予約は為替相場の変動に伴うリスクをヘッジ（回避）する目的などで行われる。なお，**為替予約による将来における通貨の交換レートを「予約レート又は先物為替相場（ＦＲ；** *Forward Rate*）」という。また，**直物取引に適用される通常の為替相場である交換レートを「直物為替相場（ＳＲ；** *Spot Rate*）」という。

　　為替予約はデリバティブ取引として原則，決算日に時価評価を行い，評価差額は当期の損益として処理する（独立処理）。ただし，ヘッジ会計の要件を満たしている場合には，ヘッジ会計を適用することができる。また，この場合には，経過措置として，**振当処理**によることも認められる。

(1)　**独立処理（原　則）**

　　独立処理とは，ヘッジ対象である外貨建金銭債権債務を決算日レートで換算し，ヘッジ手段である為替予約を時価評価する方法をいう。

(2)　**振当処理（容　認）**

　　振当処理とは，**為替予約取引を外貨建取引又は外貨建金銭債権債務等に振り当てて，予約時の先物為替相場（ＦＲ）により円換算額を算定する方法**をいう。

2．種　類

(1)　売予約

　　売予約とは将来，当該先物レートでドルを売り，円を買う為替予約をいう。

　　例えば，ドル建債権（売掛金，貸付金等）のように，将来の決済日に受け取るドルに対して，当該受け取るドルを売り，円に替えることに対して行われる為替予約である。

(2)　買予約

　　買予約とは将来，当該先物レートでドルを買い，円を売る為替予約をいう。

　　例えば，ドル建債務（買掛金，借入金，社債等）のように，将来の決済日に支払うドルに対して，当該支払うためのドルを買うことに対して行われる為替予約である。

3．振当処理の会計処理

(1) 取引発生後に為替予約等を付したケース

外貨建金銭債権債務等の発生時の為替相場による円換算額と為替予約による円換算額との差額のうち，予約締結までに生じている直物為替相場の変動による額（直々差額）は予約日の属する期の損益として処理し，残額（直先差額）は予約日の属する期から決済日の属する期までの期間にわたり合理的な方法（日数又は月数による期間を基準）により配分し，各期の損益として処理する。

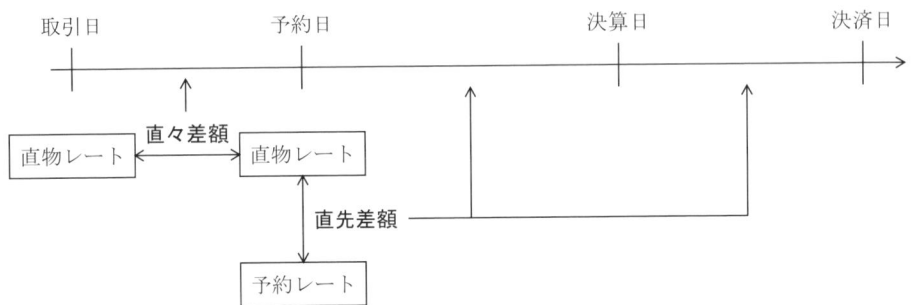

① 予約時

外貨建金銭債権債務等を予約時の先物為替相場（ＦＲ）により換算する。また，予約差額のうち，直々差額は「**為替差損益**」として処理し，直先差額は決済日が決算日から1年を超える場合には「**長期前払費用**」又は「**長期前受収益**」として，決済日が決算日から1年以内の場合には，「**前払費用**」**又は「前受収益」**として処理する。

② 決算時

直先差額のうち当期に帰属する金額を，「長期前払費用」又は「長期前受収益」もしくは「前払費用」又は「前受収益」から「**為替差損益**」に振り替える。

③ 決済時

外貨建金銭債権債務等を予約時の先物為替相場（ＦＲ）により換算した金額をもって決済する。また，直先差額のうち決済日に帰属する金額を「長期前払費用」又は「長期前受収益」もしくは「前払費用」又は「前受収益」から「**為替差損益**」に振り替える。

④ 長期前払費用及び長期前受収益について

経過勘定では「前払費用」のみを長短分類するが，上記では「長期前受収益」という勘定が登場している。これは，為替予約の直先差額を各期に配分するために繰延処理を行う必要があるが，適当な勘定がないため，「長期前払費用」及び「長期前受収益」を用いているだけであり，これらは**純粋な経過勘定ではない**。したがって「長期前払費用」及び「長期前受収益」は，純粋な経過勘定とは異なり期中仕訳において計上される。

また，問題文の指示によるが，通常は当該「**長期前払費用**」**及び「長期前受収益」を長短分類せずに全額，固定資産及び固定負債に計上する**。この場合であっても決済日が決算日から1年以内となった場合，「長期前払費用」から「前払費用」に振り替える。

(2) 取引発生時以前に為替予約等を付したケース

① 原 則

　外貨建金銭債権債務等の発生時の為替相場による円換算額と為替予約による円換算額との差額（直先差額）を，予約日の属する期から決済日の属する期までの期間にわたり合理的な方法（日数又は月数による期間を基準）により配分し，各期の損益として処理する。

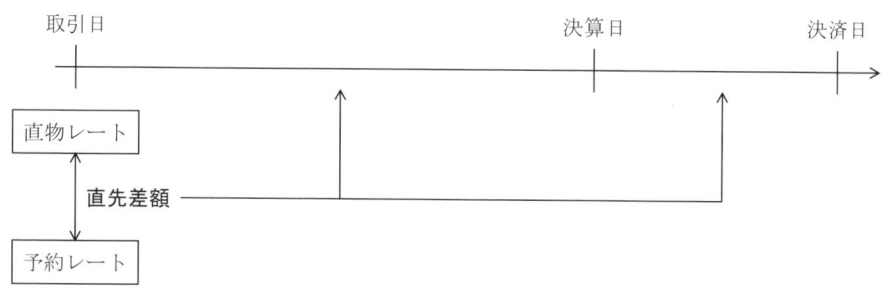

　ⅰ　取引日

　　外貨建金銭債権債務等を予約時の先物為替相場（ＦＲ）により換算する。また，予約差額である直先差額は決済日が決算日から１年を超える場合には**「長期前払費用」又は「長期前受収益」**として，決済日が決算日から１年以内の場合には**「前払費用」又は「前受収益」**として処理する。

　ⅱ　決算時

　　直先差額のうち当期に帰属する金額を「長期前払費用」又は「長期前受収益」もしくは「前払費用」又は「前受収益」から**「為替差損益」**に振り替える。

　ⅲ　決済時

　　外貨建金銭債権債務等を予約時の先物為替相場（ＦＲ）により換算した金額をもって決済する。また，直先差額のうち決済日に帰属する金額を「長期前払費用」又は「長期前受収益」もしくは「前払費用」又は「前受収益」から**「為替差損益」**に振り替える。

② 容認

　非資金取引（取引発生時に資金の増加及び減少を伴わない取引）で取引発生時に為替予約の契約を締結している場合には，実務上の煩雑性を考慮して，**外貨建取引及び外貨建金銭債権債務等に為替予約相場による円換算額を付すことができる。**

ⅰ　取引日

　決済時における円貨額が確定しており，実質的には邦貨建取引であると考えられるため，外貨建取引を予約時の先物為替相場（ＦＲ）により換算し，為替差損益は発生させない。

ⅱ　決算時

　直先差額を認識しないので「仕訳なし」となる。

ⅲ　決済時

　外貨建金銭債権債務等を予約時の先物為替相場（ＦＲ）により換算した金額をもって決済する。

3．有価証券

(1) ＡＡ社株式（売買目的有価証券）

（借）　有　　価　　証　　券	880(*1)	（貸）　有　価　証　券　評　価　損　益	880

(*1)　当期末時価572千ドル×当期ＣＲ120円／ドル－取得原価560千ドル×121円／ドル＝880

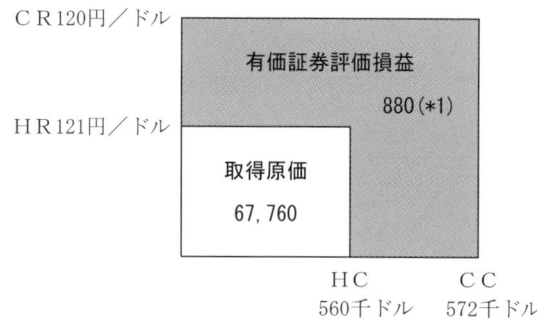

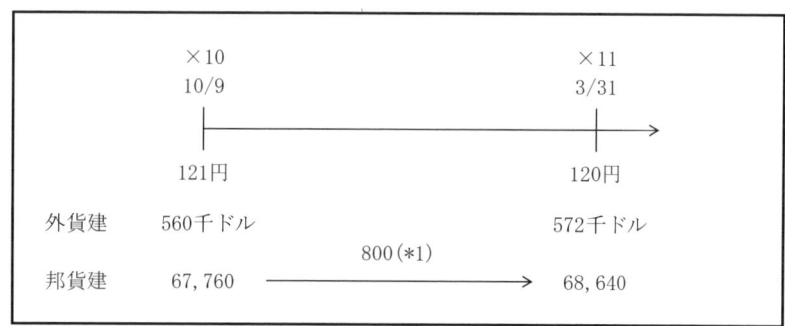

(2) ＢＢ社社債（満期保有目的の債券）

（借）　投　資　有　価　証　券	920(*1)	（貸）　有　価　証　券　利　息	920
（借）　投　資　有　価　証　券	8,752(*2)	（貸）　為　替　差　損　益	8,752

(*1)　当期償却額8千ドル(*3)×ＡＲ115円／ドル＝920

(*2)　(968千ドル＋8千ドル(*3))×当期ＣＲ120円／ドル－(968千ドル×111円／ドル＋920(*1))＝8,752

(*3)　$(1,000千ドル－968千ドル)×\dfrac{12ヶ月（X10.4〜X11.3）}{48ヶ月（X10.4〜X14.3）}＝8千ドル$

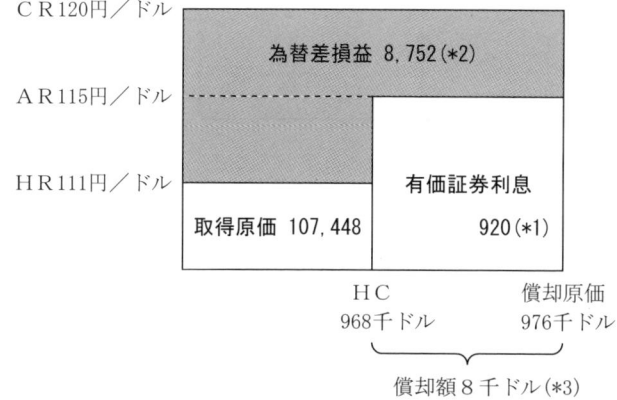

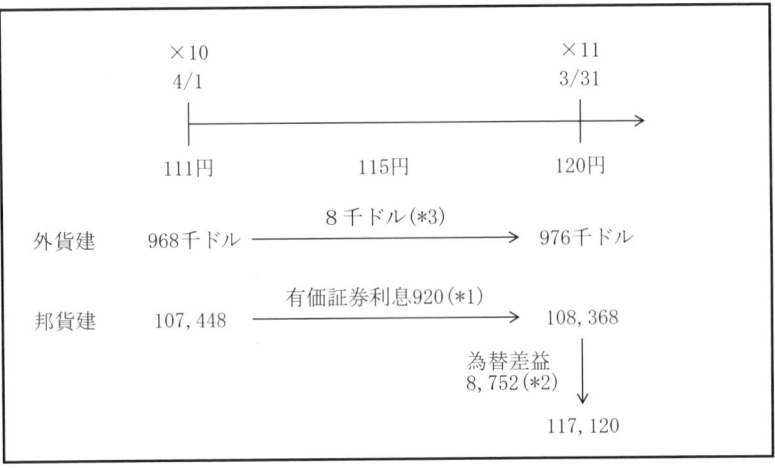

(3) ＣＣ社社債（満期保有目的の債券）

① ×10年４月１日（取得日＝予約日，処理済）

(借) 投 資 有 価 証 券	51,600(*1)	(貸) 当 座 預 金	42,735(*2)
		長 期 前 受 収 益	8,865(*3)

(*1) 400千ドル×ＦＲ129円／ドル＝51,600

(*2) 385千ドル×111円／ドル＝42,735

(*3) 51,600(*1)－42,735(*2)＝8,865

② 決算整理

(借) 長 期 前 受 収 益	2,955(*4)	(貸) 為 替 差 損 益	2,955

(*4) $8,865(*3) \times \dfrac{12ヶ月 (\text{X10.4} \sim \text{X11.3})}{36ヶ月 (\text{X10.4} \sim \text{X13.3})} = 2,955$

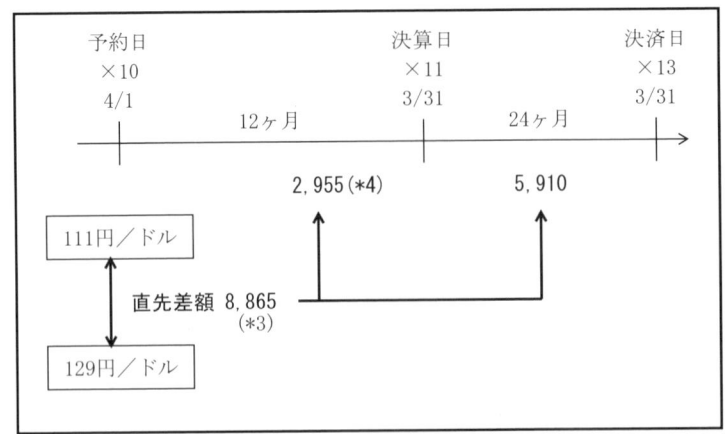

(4) ＤＤ社株式（関係会社株式）

仕　訳　な　し

(5) ＥＥ社株式（関係会社株式）

（借）　関 係 会 社 株 式 評 価 損　　16,800	（貸）　関 係 会 社 株 式　　16,800(*1)

(*1)　取得原価240千ドル×50％＝120千ドル ＞ 当期末時価110千ドル → 減損処理を行う

∴　240千ドル×125円／ドル－110千ドル×当期ＣＲ120円／ドル＝16,800

(注)　時価の著しい下落の判断は外貨ベースで行う。

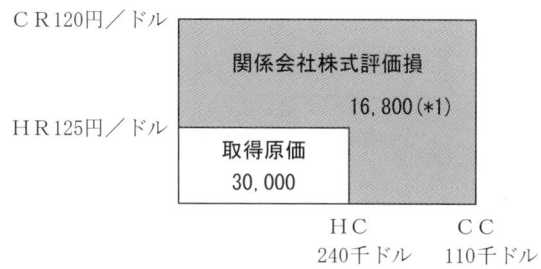

```
ＣＲ120円／ドル
                    ┌──────────────────┐
                    │  関係会社株式評価損  │
                    │     16,800(*1)    │
ＨＲ125円／ドル      ├──────────┤        │
                    │  取得原価  │        │
                    │  30,000   │        │
                    └──────────┴────────┘
                        ＨＣ        ＣＣ
                      240千ドル    110千ドル
```

(6) ＦＦ社株式（その他有価証券）

① 期首洗替（処理済）

（借）　投 資 有 価 証 券　　170(*1)	（貸）　その他有価証券評価差額金　　170

(*1)　取得原価490千ドル×109円／ドル－前期末時価484千ドル×前期ＣＲ110円／ドル＝170

② 決算整理

（借）　投 資 有 価 証 券　　6,110(*2)	（貸）　その他有価証券評価差額金　　6,110

(*2)　当期末時価496千ドル×当期ＣＲ120円／ドル－取得原価490千ドル×109円／ドル＝6,110

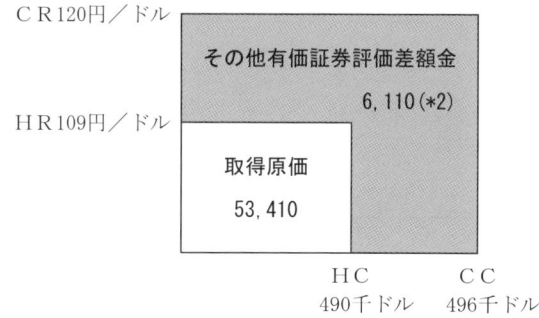

```
ＣＲ120円／ドル
                    ┌──────────────────┐
                    │  その他有価証券評価差額金  │
                    │      6,110(*2)    │
ＨＲ109円／ドル      ├──────────┤        │
                    │  取得原価  │        │
                    │  53,410   │        │
                    └──────────┴────────┘
                        ＨＣ        ＣＣ
                      490千ドル    496千ドル
```

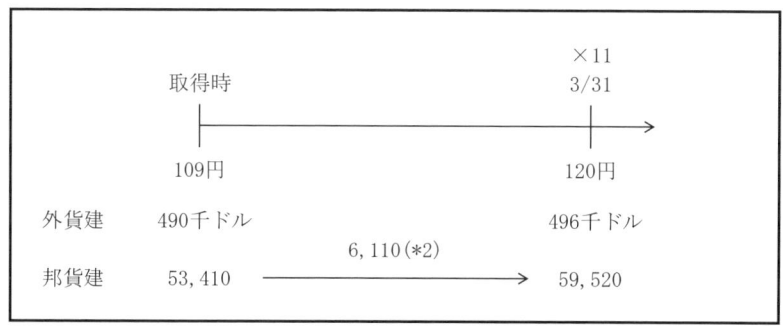

```
                                    ×11
              取得時               3/31
              ├──────────────────────┤→
              109円                120円

外貨建      490千ドル              496千ドル
                      6,110(*2)
邦貨建      53,410  ──────────→    59,520
```

(7) ＧＧ社社債（その他有価証券）

(借)	投 資 有 価 証 券	690	(貸)	有 価 証 券 利 息	690(*1)
(借)	投 資 有 価 証 券	2,928	(貸)	その他有価証券評価差額金	2,928(*2)

(*1) 当期償却額6千ドル(*3)×ＡＲ115円／ドル＝690

(*2) 34,920(*4)−(31,302(*5)+690(*1))＝2,928

(*3) （額面金額300千ドル−取得原価282千ドル）× $\dfrac{12\text{ヶ月 (X10.4〜X11.3)}}{36\text{ヶ月 (X10.4〜X13.3)}}$ ＝6千ドル

(*4) 当期末時価291千ドル×当期ＣＲ120円／ドル＝34,920

(*5) 取得原価282千ドル×111円／ドル＝31,302

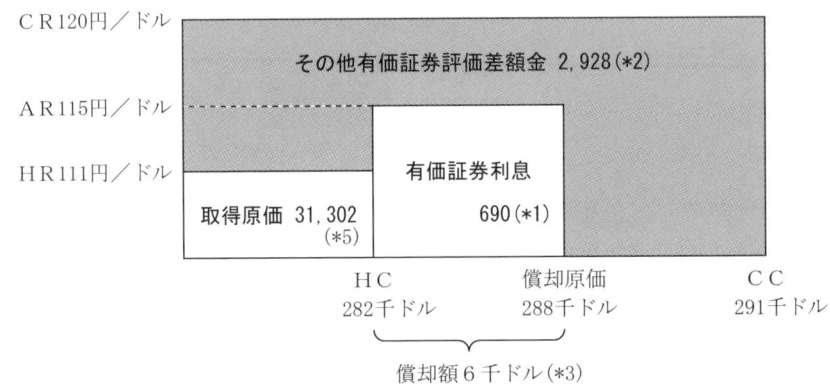

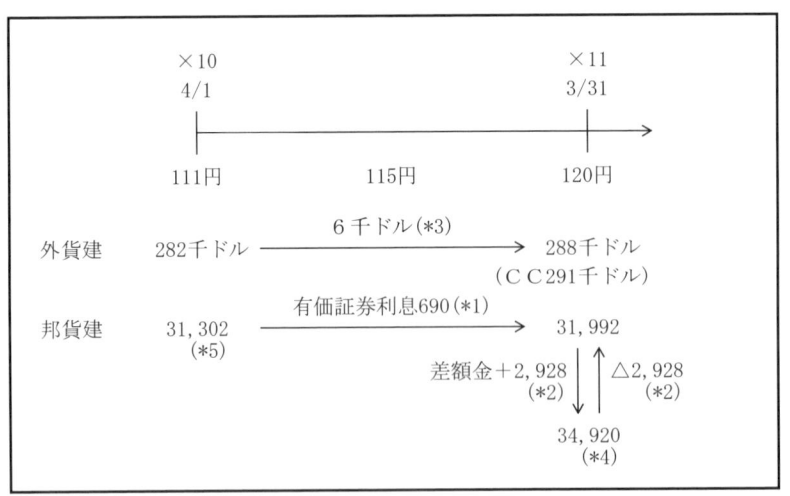

（参考3）外貨建有価証券

　1．売買目的有価証券

　　　外国通貨による「時価（ＣＣ；*Current Cost*）」を決算時の為替相場（ＣＲ）により換算し，その換算差
　　額は「**有価証券評価損益**」として，損益計算書上「**営業外損益**」に計上する。

> a　取得原価 ＝ ＨＣ × ＨＲ
> b　B/S 価額 ＝ ＣＣ × ＣＲ
> c　換算差額 ＝ b － a ＝ 有価証券評価損益

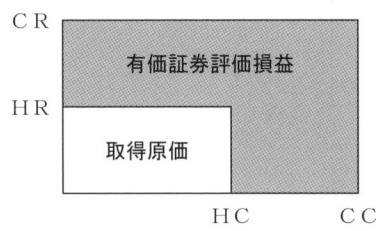

　2．満期保有目的の債券

　(1) 取得原価で評価するもの

　　　決算時の為替相場（ＣＲ）により換算し，その換算差額は「**為替差損益**」として処理する。

> a　取得原価 ＝ ＨＣ × ＨＲ
> b　B/S 価額 ＝ ＨＣ × ＣＲ
> c　換算差額 ＝ b － a ＝ 為替差損益

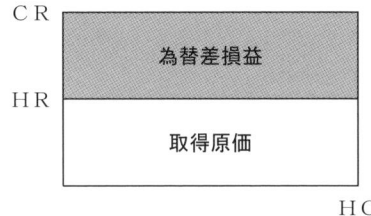

(2) 償却原価で評価するもの

① 償却原価法による外貨建の当期償却額を**期中平均為替相場（ＡＲ；*Average Rate* ）** により換算し，利息の調整項目とする。

② 外貨建の償却原価（外貨建帳簿価額＋外貨建当期償却額）を**決算時の為替相場（ＣＲ）**により換算し，貸借対照表価額とする。

③ ②の金額から，帳簿価額＋①の金額を控除したものを為替相場の変動に基づく換算差額とし，「**為替差損益**」として処理する。

a	償 却 額 ＝ 外貨建償却額 × ＡＲ
b	償却原価 ＝ 取得原価＋償却額（a）
c	B/S 価額 ＝ 外貨建償却原価 × ＣＲ
d	換算差額 ＝ c － b ＝ 為替差損益

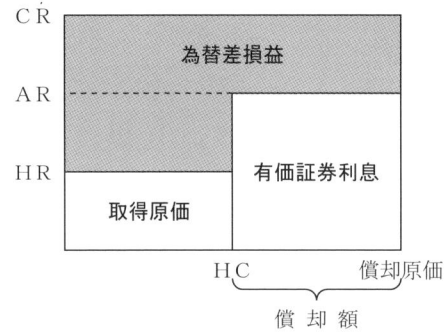

(3) 為替予約を付し，振当処理を採用した場合

額面金額と取得原価が異なる外貨建満期保有目的の債券に為替予約を付し，振当処理を採用した場合，**額面金額を先物為替相場（ＦＲ）により円換算**し，当該差額を償還日の属する期までの期間にわたって合理的な方法により配分し，各期の損益として処理する。

a	取得原価 ＝ ＨＣ × ＨＲ
b	B/S 価額 ＝ 額面 × ＦＲ
c	換算差額 ＝ b － a ＝ 長期前払費用，又は，長期前受収益

(借) 投 資 有 価 証 券	×××(*1)	(貸) 現 金 預 金	×××(*2)
		長 期 前 受 収 益	×××(*3)

(*1)　額面金額×ＦＲ

(*2)　取得原価×ＨＲ

(*3)　貸借差額

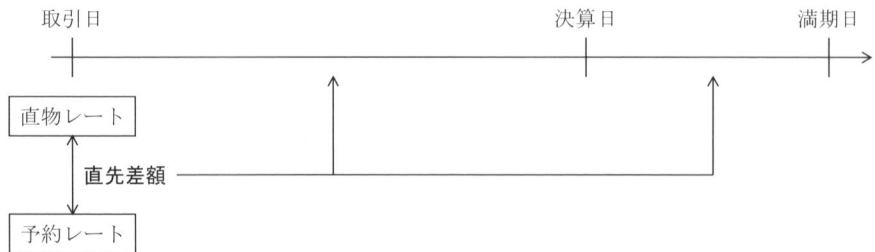

3．子会社株式及び関連会社株式

　　取得原価を取得時の為替相場（HR）により換算する。したがって，換算差額は生じない。

> 取得原価 ＝ B/S 価額 ＝ HC × HR

4．その他有価証券

（1）その他有価証券

　①　償却原価法を適用しない場合

　　ⅰ　原　則

　　　　外国通貨による時価を決算時の為替相場（CR）により換算し，その評価差額は原則として「その他有価証券評価差額金」として計上する。

> a　取得原価 ＝ HC × HR
> b　B/S 価額 ＝ CC × CR
> c　換算差額 ＝ b － a ＝ その他有価証券評価差額金

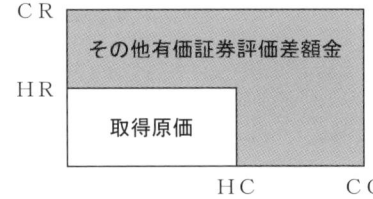

　　ⅱ　容　認

　　　　その他有価証券に区分される**外貨建債券**については，金銭債権との類似性を考慮して，外国通貨による時価を決算時の為替相場（CR）で換算した金額のうち，**外国通貨による時価の変動に係る換算差額**（外貨ベースの評価差額を決算時の為替相場で換算した金額）を評価差額とし，それ以外の換算差額（外貨による取得原価に係る換算差額）については「**為替差損益**」として処理することができる。

> a　取得原価 ＝ HC × HR
> b　B/S 価額 ＝ CC × CR
> c　換算差額 ＝ b － a
> 　・その他有価証券評価差額金 ＝（CC － HC）× CR
> 　・為　替　差　損　益 ＝ HC ×（CR － HR）

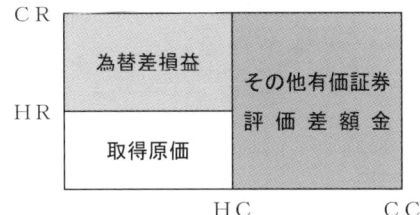

② 償却原価法を適用する場合

i 原 則

その他有価証券に区分される市場価格のある債券で取得差額が金利の調整部分と認められるものについては，まず，償却原価法を適用し，外貨建償却額を期中平均為替相場（ＡＲ）により換算する。次に，外貨通貨による時価を決算時の為替相場（ＣＲ）により換算し，その評価差額は原則として「その他有価証券評価差額金」として計上する。

```
a  償 却 額 = 外貨建償却額 × ＡＲ
b  償却原価 = 取得原価＋償却額（a）
c  B/S 価額 = ＣＣ × ＣＲ
d  換算差額 = c － b = その他有価証券評価差額金
```

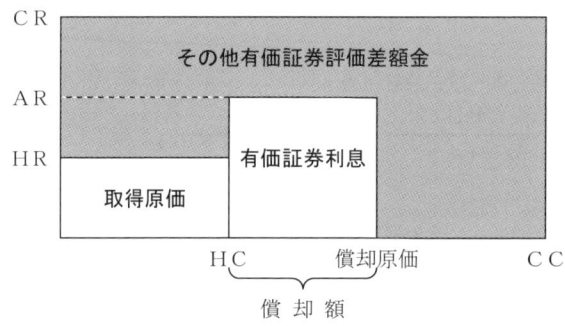

ii 容 認

その他有価証券に区分される外貨建債券については，金銭債権との類似性を考慮して，外国通貨による時価を決算時の為替相場（ＣＲ）で換算した金額のうち，**外国通貨による時価の変動に係る換算差額（外貨ベースの評価差額を決算時の為替相場で換算した金額）**を評価差額とし，それ以外の換算差額（外貨による償却原価に係る換算差額）については「為替差損益」として処理することができる。

```
a  償 却 額 = 外貨建償却額 × ＡＲ
b  償却原価 = 取得原価＋償却額（a）
c  B/S 価額 = ＣＣ × ＣＲ
d  換算差額 = c － b
   ・その他有価証券評価差額金 ＝（ＣＣ － 外貨建償却原価）× ＣＲ
   ・為 替 差 損 益 ＝ 換算差額の残り
```

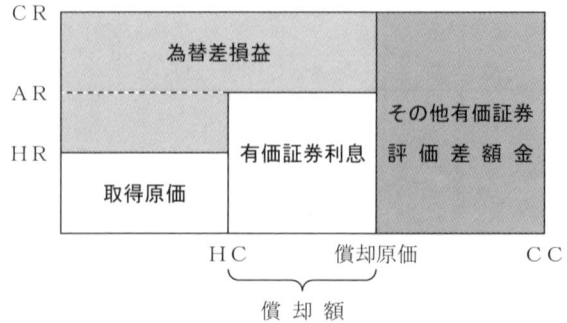

(2) 市場価格のないその他有価証券

① 償却原価法を適用しない場合

取得原価を決算時の為替相場（ＣＲ）により換算し，その評価差額は，原則として「その他有価証券評価差額金」として計上する。

```
a   取得原価 ＝ ＨＣ × ＨＲ
b   B/S 価額 ＝ ＨＣ × ＣＲ
c   換算差額 ＝ ｂ － ａ ＝ その他有価証券評価差額金
```

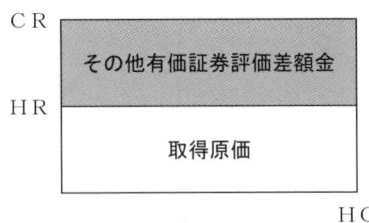

② 償却原価法を適用する場合

償却原価を決算時の為替相場（ＣＲ）により換算し，その評価差額は，原則として「その他有価証券評価差額金」として計上する。

```
a   償 却 額 ＝ 外貨建償却額 × ＡＲ
b   償却原価 ＝ 取得原価＋償却額（ａ）
c   B/S 価額 ＝ 外貨建償却原価 × ＣＲ
d   換算差額 ＝ ｃ － ｂ ＝ その他有価証券評価差額金
```

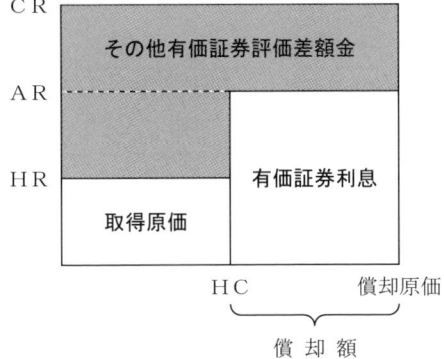

5．減損処理（強制評価減又は実価法）

外国通貨による時価又は実質価額を決算時の為替相場（ＣＲ）により換算し，その換算差額は当期の有価証券の評価損として処理する。なお，時価の著しい下落及び実質価額の著しい低下の判断は，**外貨ベース**で行う。また，評価差額は**切放方式**により処理する。

a	取得原価 ＝ ＨＣ × ＨＲ
b	B/S 価額 ＝ ＣＣ × ＣＲ
c	換算差額 ＝ b － a ＝ 有価証券の評価損

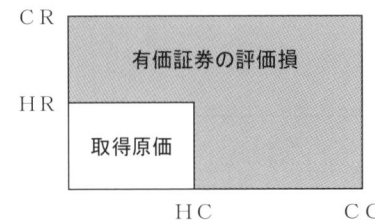

4．棚卸資産

（借）	仕	入	203,260	（貸）	繰 越 商 品	203,260
（借）	繰 越 商 品		201,520	（貸）	仕 入	201,520
（借）	棚 卸 減 耗 費		1,620(*1)	（貸）	繰 越 商 品	1,620

（*1）　期末商品帳簿棚卸高201,520－期末商品実地棚卸高199,900＝1,620

5．有形固定資産

（1）建　物

（借）	建 物 減 価 償 却 費	30,729(*1)	（貸）	建 物 減 価 償 却 累 計 額	30,729
（借）	為 替 差 損 益	1,600	（貸）	未 払 金	1,600(*2)

（*1）　(1,444,400－800千ドル×118円／ドル)×0.9÷40年

$$+800千ドル×118円／ドル×0.9÷40年×\frac{2ヶ月（X11.2～X11.3）}{12ヶ月}=30,729$$

（*2）　800千ドル×(当期ＣＲ120円／ドル－118円／ドル)＝1,600

（2）備　品

（借）	備 品 減 価 償 却 費	78,000(*1)	（貸）	備 品 減 価 償 却 累 計 額	78,000

（*1）　(492,000－180,000)×0.25＝78,000

6．長期借入金

（借）	支 払 利 息	1,800	（貸）	未 払 利 息	1,800(*1)
（借）	為 替 差 損 益	7,500	（貸）	長 期 前 払 費 用	7,500(*2)

（*1）　$2,000千ドル×3％×\dfrac{3ヶ月（X11.1～X11.3）}{12ヶ月}×当期ＣＲ120円／ドル=1,800$

（*2）　$2,000千ドル×(ＦＲ123円／ドル－108円／ドル)×\dfrac{12ヶ月（X10.4～X11.3）}{48ヶ月（X10.1～X13.12）}=7,500$

7．新株予約権（未処理）

(1) 新株予約権の行使

(借)	当 座 預 金	44,000(*1)	(貸)	資 本 金	28,800(*3)
	新 株 予 約 権	4,000(*2)		資 本 準 備 金	9,600(*4)
				自 己 株 式	6,400(*5)
				その他資本剰余金	3,200(*6)

(*1) 行使価額@1,100円×交付株式数40,000株(*7)＝44,000

(*2) 払込金額@50×80個＝4,000

(*3) 資本金組入額@900円×新株発行数32,000株(*8)＝28,800

(*4) $(44,000(*1)+4,000(*2))×\dfrac{新株発行数32,000株(*8)}{交付株式数40,000株(*7)}$－自己株式処分差損相当額0 (*6)

$$-28,800(*3)＝9,600$$

(*5) 自己株式の帳簿価額@800円×自己株式数8,000株＝6,400

(*6) 自己株式の処分の対価9,600(*9)－帳簿価額6,400(*5)＝自己株式処分差益3,200

∴ 自己株式処分差損相当額0

(*7) @500株×80個＝40,000株

(*8) 交付株式数40,000株(*7)－自己株式数8,000株＝32,000株

(*9) $(44,000(*1)+4,000(*2))×\dfrac{自己株式数8,000株}{交付株式数40,000株(*7)}$＝自己株式の処分の対価9,600

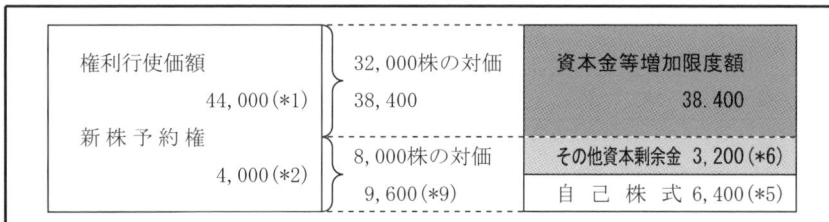

(注) 上記仕訳は次のように分解して考えることもできる。

① 新株発行

(借)	当 座 預 金	35,200(*10)	(貸)	資 本 金	28,800(*3)
	新 株 予 約 権	3,200(*11)		資 本 準 備 金	9,600(*4)

(*10) $44,000(*1)×\dfrac{新株発行数32,000株(*8)}{交付株式数40,000株(*7)}$＝新株発行に係る払込金額35,200

(*11) $4,000(*2)×\dfrac{新株発行数32,000株(*8)}{交付株式数40,000株(*7)}$＝新株発行に係る新株予約権3,200

② 自己株式の処分

(借)	当 座 預 金	8,800(*12)	(貸)	自 己 株 式	6,400(*5)
	新 株 予 約 権	800(*13)		その他資本剰余金	3,200(*6)

(*12) $44,000(*1)×\dfrac{自己株式数8,000株}{交付株式数40,000株(*7)}$＝自己株式の処分に係る払込金額8,800

(*13) $4,000(*2)×\dfrac{自己株式数8,000株}{交付株式数40,000株(*7)}$＝自己株式の処分に係る新株予約権800

(2) 新株予約権の行使に伴う手数料の支払

(借)	株 式 交 付 費	100	(貸)	当 座 預 金	100

8．自己株式（未処理，前述を除く）

(1) 取　得

(借)	自　己　株　式	32,000(*1)	(貸)	当　座　預　金	32,400(*2)
	支　払　手　数　料	400			

(*1)　@800円×40,000株＝32,000

(*2)　32,000(*1)＋400＝32,400

(2) 自己株式の処分

(借)	当　座　預　金	14,400(*1)	(貸)	自　己　株　式	19,200(*2)
	その他資本剰余金	4,800			
(借)	株　式　交　付　費	250	(貸)	当　座　預　金	250

(*1)　@600円×24,000株＝14,400

(*2)　@800円×24,000株＝19,200

(3) 自己株式の消却

(借)	その他資本剰余金	4,000	(貸)	自　己　株　式	4,000(*1)
(借)	支　払　手　数　料	60	(貸)	当　座　預　金	60

(*1)　@800円×5,000株＝4,000

9．剰余金の配当等（未処理）

(1) 準備金の剰余金への振替

(借)	利　益　準　備　金	20,000	(貸)	繰越利益剰余金	20,000

(2) 剰余金の配当

(借)	その他資本剰余金	40,000	(貸)	未　払　配　当　金	100,000
	繰越利益剰余金	60,000			
(借)	未　払　配　当　金	100,000	(貸)	当　座　預　金	100,000

(注)　準備金の積立の判定

$$資本金1,400,000×\frac{1}{4}-\{資本準備金300,000＋利益準備金(70,000-20,000)\}＝0 \quad ∴ \quad 積立不要$$

(3) その他資本剰余金の負の残高の補填

(借)	繰越利益剰余金	4,600	(貸)	その他資本剰余金	4,600(*1)

(*1)　借方(4,800＋4,000＋40,000)－貸方3,200－前T/B 41,000＝4,600

10．貸倒引当金

(借)	貸倒引当金繰入額	8,760(*1)	(貸)	貸　倒　引　当　金	8,760

(*1)　{受取手形624,000＋売掛金(前T/B 258,520＋69,600－69,600＋23,000＋1,000＋58,080＋83,300

＋2,100)}×2％－前T/B 貸倒引当金12,240＝8,760

11．法人税，住民税及び事業税

(借)	法人税，住民税及び事業税	140,000	(貸)	未　払　法　人　税　等	140,000

Ⅲ．決算整理後残高試算表

決算整理後残高試算表

×11年3月31日

現　　　　　金	10,000	支　払　手　形	476,000
当　座　預　金	368,352	買　　掛　　金	276,500
受　取　手　形	624,000	未　　払　　金	96,000
売　　掛　　金	426,000	未　払　利　息	1,800
有　価　証　券	68,640	未払法人税等	140,000
繰　越　商　品	199,900	前　受　収　益	2,100
建　　　　　物	1,444,400	貸　倒　引　当　金	21,000
備　　　　　品	492,000	長　期　借　入　金	246,000
土　　　　　地	500,000	長　期　前　受　収　益	5,910
投　資　有　価　証　券	263,160	建物減価償却累計額	646,329
関　係　会　社　株　式	60,000	備品減価償却累計額	258,000
長　期　前　払　費　用	20,625	資　　本　　金	1,428,800
自　己　株　式	2,400	資　本　準　備　金	309,600
仕　　　　　入	3,699,740	利　益　準　備　金	50,000
営　　業　　費	603,138	任　意　積　立　金	204,000
棚　卸　減　耗　費	1,620	繰　越　利　益　剰　余　金	94,400
貸倒引当金繰入額	8,760	その他有価証券評価差額金	9,038
建　物　減　価　償　却　費	30,729	新　株　予　約　権	6,000
備　品　減　価　償　却　費	78,000	売　　　　　上	4,764,000
支　払　利　息	7,110	受取利息配当金	800
支　払　手　数　料	460	有　価　証　券　利　息	7,850
株　式　交　付　費	350	有価証券評価損益	880
雑　　損　　失	410	為　替　差　損　益	21,587
関係会社株式評価損	16,800		
法人税, 住民税及び事業税	140,000		
	9,066,594		9,066,594

問題 7 分配可能額

　商品売買業を営むＴＡＣ株式会社の当事業年度（自×10年4月1日　至×11年3月31日）における下記の〔**資料**〕を参照して，以下の各問に答えなさい。

| 問1 | 答案用紙に示されている決算整理後残高試算表を完成させなさい。 |
| 問2 | 答案用紙に示されている株主資本等変動計算書を完成させなさい。 |

〔**資料Ⅰ**〕　決算整理前残高試算表

決算整理前残高試算表

×11年3月31日　　　　　　　　　　　　　　　　（単位：千円）

現　　　　　金	2,000	支　払　手　形	305,000
当　座　預　金	（　　　　）	買　　掛　　金	280,000
受　取　手　形	330,000	貸　倒　引　当　金	10,000
売　　掛　　金	250,000	長　期　借　入　金	400,000
繰　越　商　品	124,000	建物減価償却累計額	（　　　　）
仮　　払　　金	（　　　　）	機械減価償却累計額	72,000
建　　　　　物	600,000	車両減価償却累計額	28,800
機　　　　　械	160,000	備品減価償却累計額	（　　　　）
車　　　　　両	40,000	資　　本　　金	900,000
備　　　　　品	100,000	資　本　準　備　金	50,000
土　　　　　地	（　　　　）	その他資本剰余金	105,000
仕　　　　　入	768,000	利　益　準　備　金	33,000
営　　業　　費	235,800	任　意　積　立　金	67,000
支　払　利　息	12,000	繰　越　利　益　剰　余　金	145,000
		売　　　　　上	1,558,000
	（　　　　）		（　　　　）

—122—

〔資料Ⅱ〕　決算整理事項等

1．当座預金

　　当社は当座預金口座をＸＸ銀行に開設している。決算日における当社の当座預金勘定残高は 410,000千円であり，同日におけるＸＸ銀行残高証明書の金額は 406,500千円であった。両者に差異が生じており，その原因を調査したところ，以下の事項が判明した。

　(1) 決算日において，銀行の営業時間外に現金を預け入れていたが，銀行で翌日入金扱いされていたものが 10,000千円あった。

　(2) 営業費支払のために作成した小切手で，取引先に未渡しのものが ？ 千円あった。

　(3) 掛代金支払のために作成した小切手で，取引先に未渡しのものが20,000千円あった。

　(4) 掛代金支払のために振り出した小切手で，銀行に呈示されていないものが14,500千円あった。

　(5) 車両の買換の際に振り出した小切手 ？ 千円が未記帳であった（下記3．(3) 参照）。

2．商　品

　　期末商品帳簿棚卸高は 112,000千円であり，棚卸減耗等は生じていない。

3．有形固定資産

　(1) 建物はすべて×9年4月1日に取得したものであり，定率法（残存価額10％，耐用年数26年）により減価償却を行ってきたが，当期より定額法に変更する。なお，変更後の耐用年数は残存耐用年数とし，残存価額は取得原価の10％とする。

　(2) 機械は定額法により総合償却を行っている。なお，平均耐用年数の算定にあたり，1年未満の端数が生じる場合には切り捨てるものとする。

　　　　機械Ａ：取得原価80,000千円，残存価額10％，個別耐用年数5年

　　　　機械Ｂ：取得原価50,000千円，残存価額10％，個別耐用年数4年

　　　　機械Ｃ：取得原価30,000千円，残存価額10％，個別耐用年数8年

　(3) ×10年12月28日に車両（取得原価40,000千円，期首減価償却累計額28,800千円，時価 5,000千円，下取価格 7,000千円）を下取りに出し，新車両（現金正価50,000千円）を購入し，代金については小切手を振り出して支払ったが，これら一連の取引がすべて未処理である。なお，新車両の取得原価は現金正価とし，新車両は×11年1月より使用している。また，車両は定額法（残存価額10％，耐用年数10年）により減価償却を行っている。

　(4) 備品はすべて×7年4月1日に取得したものであり，定額法（残存価額10％，耐用年数10年）により減価償却を行ってきたが，当期より定率法に変更する。なお，変更後の耐用年数は残存耐用年数とし，残存価額は変更時の帳簿価額の10％とする。

　(5) 定率法による年償却率は以下のとおりである。

　　　　耐用年数7年：28.0％，耐用年数10年：20.6％，耐用年数26年： 8.5％

4．株主資本の変動

　　期首から×10年6月25日開催の株主総会までに，以下の株主資本の変動があったが，未処理である。

　　　　資 本 準 備 金 の 資 本 組 入：20,000千円　　　　その他資本剰余金の資本組入：30,000千円

　　　　資本準備金の剰余金への振替： 5,000千円　　　　利益準備金の剰余金への振替： 8,000千円

5．剰余金の処分等

　　×10年6月25日開催の株主総会において，以下の内容が決議され法的手続が完了したが，配当金の支払額
　を仮払金で処理したのみである。なお，当期においてこの他に資本取引は生じていない。

　　　　資本剰余金を原資とする配当：株主総会決議直前における分配可能額の10%

　　　　利益剰余金を原資とする配当：株主総会決議直前における分配可能額の20%

　　　　任 意 積 立 金 の 積 立：15,000千円　　　　　任 意 積 立 金 の 取 崩：18,000千円

6．貸倒引当金

　　売上債権期末残高に対して2%の貸倒引当金を差額補充法により設定する。

7．経過勘定

　(1) 営業費15,000千円を見越計上する。

　(2) 支払利息 4,000千円を見越計上する。

　(3) 営業費11,725千円を繰延処理する。

8．法人税等

　　税引前当期純利益に対して50%の法人税等を計上する。

【MEMO】

【解 答】

問1

決算整理後残高試算表

×11年3月31日 （単位：千円）

現　　　　　金	（　　　2,000）	支　払　手　形	（　　305,000）
当　座　預　金	（★　402,000）	買　　掛　　金	（★　300,000）
受　取　手　形	（　　330,000）	（未　　払　　金）	（★　　15,000）
売　　掛　　金	（　　250,000）	未　払　営　業　費	（　　15,000）
繰　越　商　品	（　　112,000）	未　払　利　息	（　　　4,000）
前　払　営　業　費	（　　11,725）	未　払　法　人　税　等	（　　220,000）
建　　　　　物	（　　600,000）	貸　倒　引　当　金	（　　11,600）
機　　　　　械	（　　160,000）	長　期　借　入　金	（　　400,000）
車　　　　　両	（　　50,000）	建物減価償却累計額	（　　70,560）
備　　　　　品	（　　100,000）	機械減価償却累計額	（　　108,000）
土　　　　　地	（　　910,000）	車両減価償却累計額	（★　　1,125）
仕　　　　　入	（★　780,000）	備品減価償却累計額	（　　47,440）
営　　業　　費	（★　239,075）	資　　本　　金	（　　950,000）
貸倒引当金繰入額	（★　　1,600）	資　本　準　備　金	（　　28,000）
建　物　減　価　償　却　費	（★　19,560）	その他資本剰余金	（　　47,000）
機　械　減　価　償　却　費	（★　36,000）	利　益　準　備　金	（　　31,000）
車　両　減　価　償　却　費	（　　3,825）	任　意　積　立　金	（　　64,000）
備　品　減　価　償　却　費	（★　20,440）	繰　越　利　益　剰　余　金	（★　　90,000）
支　払　利　息	（　　16,000）	売　　　　　上	（　1,558,000）
（車　両　売　却　損）	（★　　1,500）		
法　人　税　等	（　　220,000）		
	（　4,265,725）		（　4,265,725）

問2

株主資本等変動計算書
自×10年4月1日　至×11年3月31日
（単位：千円）

	資本金	資本準備金	その他資本剰余金	資本剰余金合計	利益準備金	任意積立金	繰越利益剰余金	利益剰余金合計	株主資本合計	純資産合計
当期首残高	900,000	50,000	105,000	155,000	33,000	67,000	145,000	245,000	1,300,000	1,300,000
当期変動額										
資本準備金の資本組入	20,000	★△20,000		△20,000					0	0
その他資本剰余金の資本組入	30,000		★△30,000	△30,000					0	0
剰余金の配当		3,000	△33,000	△30,000	6,000		★△66,000	△60,000	△90,000	△90,000
剰余金への振替		△5,000	★5,000	0	△8,000		8,000	0	0	0
任意積立金の積立						5,000	△5,000	0	0	0
任意積立金の取崩						△8,000	8,000	0	0	0
当期純利益							★220,000	220,000	220,000	220,000
当期変動額合計	50,000	△22,000	△58,000	△80,000	△2,000	△3,000	165,000	160,000	130,000	130,000
当期末残高	★950,000	28,000	47,000	75,000	★31,000	★64,000	310,000	405,000	1,430,000	1,430,000

【採点基準】

★ 5 点×20箇所＝100点

【解答時間及び得点】

	日　付	解答時間	得　点	Ｍ　Ｅ　Ｍ　Ｏ
1	／	分	点	
2	／	分	点	
3	／	分	点	
4	／	分	点	
5	／	分	点	

【チェック・ポイント】

出題分野	出題論点	日　付				
		／	／	／	／	／
個　別　論　点	銀　行　勘　定　調　整　表					
	減　価　償　却　方　法　の　変　更					
	総　　　合　　　償　　　却					
	固　定　資　産　の　買　換					
	剰　余　金　の　配　当					
	分　配　可　能　額					
	株　主　資　本　等　変　動　計　算　書					

【解答への道】（単位：千円）

Ⅰ．〔資料Ⅰ〕の空欄推定

    当 座 預 金： 410,000 ← 当座預金勘定残高より

    仮 払 金： 90,000 ← 後述（Ⅱ．5．参照）

    土 地： 910,000 ← 貸借差額

    建物減価償却累計額： 51,000 ← 前T/B 建物600,000×年償却率8.5％

    備品減価償却累計額： 27,000 ← 前T/B 備品100,000×0.9÷10年×3年（X7.4～X10.3）

Ⅱ．決算整理仕訳等

  1．当座預金（後述を除く）

（借）	当 座 預 金	15,000(*1)	（貸）	未 払 金	15,000
（借）	当 座 預 金	20,000	（貸）	買 掛 金	20,000

  （*1）

銀 行 勘 定 調 整 表

×11年3月31日

当 座 預 金 勘 定 残 高	410,000	銀 行 証 明 書 残 高	406,500
加　算：②未渡小切手（営業費分）	∴ 15,000(*1)	加　算：①時 間 外 預 入	10,000
③未渡小切手（買掛金分）	20,000		
計	445,000	計	416,500
減　算：⑤未 記 帳	43,000(*2)	減　算：④未 取 付 小 切 手	14,500
適 正 残 高	402,000	適 正 残 高	402,000

  （*2） 後述（Ⅱ．3．(3) ①参照）

  （注） ①時間外預入，④未取付小切手については銀行側で修正するため，当社では仕訳を行わない。

  2．商 品

（借）	仕 入	124,000	（貸）	繰 越 商 品	124,000
（借）	繰 越 商 品	112,000	（貸）	仕 入	112,000

  3．有形固定資産

  （1）建 物

（借）	建 物 減 価 償 却 費	19,560(*1)	（貸）	建 物 減 価 償 却 累 計 額	19,560

  （*1）（前T/B 建物600,000×0.9－前T/B 建物減価償却累計額51,000）÷残存耐用年数（26年－1年）＝19,560

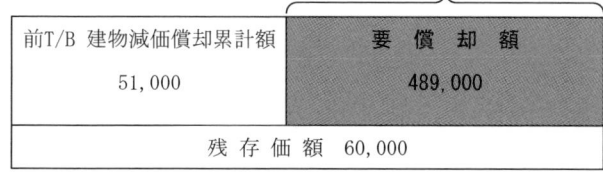

残存耐用年数25年で償却

前T/B 建物減価償却累計額	要 償 却 額
51,000	489,000
残 存 価 額 60,000	

(2) 機　械

(借)　機械減価償却費	36,000(*1)	(貸)　機械減価償却累計額	36,000

(*1)　前T/B 機械160,000×0.9÷平均耐用年数4年(*2)＝36,000

(*2)

	取得原価	残存価額	要償却額	耐用年数	減価償却費
機械A	80,000	8,000	72,000	5年	14,400
機械B	50,000	5,000	45,000	4年	11,250
機械C	30,000	3,000	27,000	8年	3,375
計	160,000	16,000	144,000	—	29,025

∴　平均耐用年数：要償却額合計144,000÷減価償却費合計29,025＝4.96…年　→　4年(端数切捨)

（参考１）総合償却

1．意　義

　　総合償却とは，２つ以上の有形固定資産について一括して減価償却費を計算する方法である。

2．会計処理

　(1) 平均耐用年数の算定

　　　平均耐用年数は，総合償却を行う固定資産の「要償却額合計」を，個々の固定資産について個別に，「定額法を採用した場合の年償却額合計」で除して算定する。

$$平均耐用年数　=　\frac{要償却額合計}{定額法による年償却額合計}$$

　(2) 減価償却費の算定

　　　平均耐用年数に基づき，定額法，定率法等により総合償却による年償却額を計算する。なお，定額法を採用した場合の減価償却費は以下の式で算定する。

減価償却費　=　（取得原価合計　－　残存価額合計）÷　平均耐用年数

(3) 車　両

　① 買換（未処理）

（借）	車両減価償却累計額	28,800	（貸）	車両	40,000
	車両減価償却費	2,700(*1)		当座預金	43,000(*4)
	車両売却損	1,500(*2)			
	車両	50,000(*3)			

(*1)　$40,000 \times 0.9 \div 10年 \times \dfrac{9ヶ月(X10.4〜12)}{12ヶ月} = 2,700$

(*2)　旧車両簿価($40,000 - 28,800 - 2,700(*1)$) － 下取価額$7,000 = 1,500$

(*3)　現金正価

(*4)　現金正価$50,000(*3)$ － 下取価額$7,000 = 43,000$

　② 減価償却

| （借） | 車両減価償却費 | 1,125(*5) | （貸） | 車両減価償却累計額 | 1,125 |

(*5)　$50,000(*3) \times 0.9 \div 10年 \times \dfrac{3ヶ月(X11.1〜3)}{12ヶ月} = 1,125$

(4) 備　品

| （借） | 備品減価償却費 | 20,440(*1) | （貸） | 備品減価償却累計額 | 20,440 |

(*1)　期首簿価（前T/B 備品100,000 － 前T/B 備品減価償却累計額27,000）× 28% = 20,440

(注)　変更後年償却率は，変更前耐用年数10年 － 経過年数3年(X7.4〜X10.3) ＝ 残存耐用年数7年より，28%（耐用年数7年）となる。

4．株主資本の変動（未処理）

（借）	資本準備金	20,000	（貸）	資本金	20,000
（借）	その他資本剰余金	30,000	（貸）	資本金	30,000
（借）	資本準備金	5,000	（貸）	その他資本剰余金	5,000
（借）	利益準備金	8,000	（貸）	繰越利益剰余金	8,000

5．剰余金の処分等（未処理）

（借）	そ の 他 資 本 剰 余 金	33,000	（貸）	資 本 準 備 金	3,000（*1）
				仮 払 金	30,000（*2）
（借）	繰 越 利 益 剰 余 金	66,000	（貸）	利 益 準 備 金	6,000（*3）
				仮 払 金	60,000（*4）
（借）	繰 越 利 益 剰 余 金	15,000	（貸）	任 意 積 立 金	15,000
（借）	任 意 積 立 金	18,000	（貸）	繰 越 利 益 剰 余 金	18,000

（注） 判定式

配当時の資本金$(900,000＋20,000＋30,000) \times \dfrac{1}{4}$

$-$配当時の準備金$(25,000(*5)＋25,000(*6))＝187,500$ ─┐

$30,000(*2) \times \dfrac{1}{10} ＋60,000(*4) \times \dfrac{1}{10} ＝9,000$ ─┘ → $\therefore$ 9,000

（*1） $30,000(*2) \times \dfrac{1}{10} ＝3,000$

（*2） 分配可能額$300,000(*7) \times 10\%＝30,000$

（*3） $60,000(*4) \times \dfrac{1}{10} ＝6,000$

（*4） 分配可能額$300,000(*7) \times 20\%＝60,000$

◎ 前T/B 仮払金：$30,000(*2)＋60,000(*4)＝90,000$

（*5） 資本準備金期首残高$50,000－20,000－5,000＝25,000$

（*6） 利益準備金期首残高$33,000－8,000＝25,000$

（*7） その他資本剰余金$(105,000－30,000＋5,000)＋$任意積立金$67,000$

＋繰越利益剰余金$(145,000＋8,000)＝300,000$

（参考２）分配可能額の算定

  1．通常の場合（臨時計算書類を作成しない場合）

     分配可能額とは，剰余金の額から①分配時における自己株式の帳簿価額，②期中に自己株式を処分した場合における当該自己株式の対価の額等を控除した額である。

> 分配可能額 ＝ 分配時の「その他資本剰余金 ＋ 任意積立金＋ 繰越利益剰余金」
>
>   − 「分配時における自己株式」 − 「自己株式の処分の対価」

  2．臨時計算書類を作成する場合

     臨時計算書類を作成し，それについて株主総会の承認等を受けた場合，その臨時決算日までの期間利益又は損失を分配可能額の算定に反映することができる。また，この場合，臨時決算日までに自己株式を処分した場合には当該自己株式の処分の対価は剰余金の額に加算する。

     なお，臨時計算書類とは，事業年度の一定の日（臨時決算日）における会社の財産の状況を把握するために作成する臨時決算日における貸借対照表と事業年度の初日から臨時決算日までの期間に係る損益計算書をいう。

> 分配可能額 ＝ 臨時貸借対照表における「その他資本剰余金 ＋ その他利益剰余金 − 自己株式」

  6．貸倒引当金

（借）貸 倒 引 当 金 繰 入 額	1,600(*1)	（貸）貸 倒 引 当 金	1,600

  （*1）（前T/B 受取手形330,000＋前T/B 売掛金250,000）×２％−前T/B 貸倒引当金10,000＝1,600

  7．経過勘定

（借）営 業 費	15,000	（貸）未 払 営 業 費	15,000
（借）支 払 利 息	4,000	（貸）未 払 利 息	4,000
（借）前 払 営 業 費	11,725	（貸）営 業 費	11,725

  8．法人税等

（借）法 人 税 等	220,000(*1)	（貸）未 払 法 人 税 等	220,000

  （*1）（収益合計1,558,000−費用合計1,118,000）×50％＝220,000

商品売買業を営むＴＡＣ株式会社の当事業年度（自×10年4月1日　至×11年3月31日）における下記の〔**資料**〕を参照して，以下の各問に答えなさい。なお，千円未満の端数が生じる場合には四捨五入すること。

問1 〔**資料Ⅰ**〕における空欄①～③に該当する金額を答えなさい。

問2 〔**資料Ⅲ**〕における空欄①～㉒に該当する金額を答えなさい。

〔**資料Ⅰ**〕　決算整理前残高試算表

決算整理前残高試算表

×11年3月31日　　　　　　　　　　　　（単位：千円）

現　金　預　金	647,447	支　払　手　形	264,200
受　取　手　形	285,000	買　　掛　　金	304,900
売　　掛　　金	389,000	仮　　受　　金	100,000
有　価　証　券	（　①　）	貸　倒　引　当　金	9,200
繰　越　商　品	226,400	社　　　　　債	354,150
仮　　払　　金	27,400	借　　入　　金	150,000
建　　　　　物	600,000	建物減価償却累計額	259,200
機　　　　　械	200,000	機械減価償却累計額	（　　　　　）
備　　　　　品	111,456	資　　本　　金	1,500,000
土　　　　　地	1,297,335	資　本　準　備　金	160,000
建　設　仮　勘　定	150,000	利　益　準　備　金	（　②　）
貸　　付　　金	60,000	任　意　積　立　金	345,000
の　　れ　　ん	24,000	繰　越　利　益　剰　余　金	146,000
仕　　　　　入	1,620,400	新　株　予　約　権	（　③　）
営　　業　　費	582,162	売　　　　　上	2,439,400
見　　本　　費	10,000	受　取　利　息　配　当　金	5,400
支　払　利　息	23,400	仕　入　割　引	9,400
		有　価　証　券　売　却　損　益	（　　　　　）
	（　　　　　）		（　　　　　）

〔資料Ⅱ〕 決算整理事項等

1．現金預金

(1) 決算日において当社の金庫を実査した結果，以下のものが保管されていた。なお，現金の帳簿残高と実際有高との差額については，雑損失または雑収入として処理する。

　　硬貨・紙幣　937千円　　　　他社振出小切手 4,200千円　　　株主配当金領収証 2,500千円

(2) 上記の他社振出小切手の内訳は以下のとおりであり，受取時に現金預金勘定により処理している。

　　　　1,200千円：振出人ＬＬ社，振出日×11年３月20日

　　　　3,000千円：振出人ＳＳ社，振出日×11年４月18日

(3) 当社の預金は当座預金及び定期預金のみである。

(4) 当座預金出納帳残高は 584,780千円であり，銀行側残高と一致している。

(5) 定期預金の内訳は以下のとおりである。

　　　25,000千円：預入日×７年12月１日，預入期間４年，満期日×11年11月30日

　　　30,000千円：預入日×９年６月１日，預入期間３年，満期日×12年５月31日

2．債権債務等

(1) 買掛金24,000千円を期日前に決済したことにより 200千円の割引を受けたが，支払額を仮払金として処理しているのみである。

(2) 支払手形のうち20,000千円（決済日×11年６月30日）は現金を借り入れた際に借用証書の代わりに振り出したものである。

(3) 貸付金の内訳は以下のとおりである。

　　　40,000千円：貸付日×10年４月１日，貸付期間５年，回収日×15年３月31日

　　　20,000千円：貸付日×９年10月１日，貸付期間２年，回収日×11年９月30日

(4) 借入金の内訳は以下のとおりである。

　　　50,000千円：借入日×８年12月１日，借入期間３年，返済日×11年11月30日

　　　100,000千円：借入日×10年10月１日，借入期間２年，返済日×12年９月30日

3．商品売買等

(1) ×10年11月19日に商品10,000千円を見本に供している。

(2) ×11年１月10日に商品20,000千円を備品に転用し，同日より営業の用に供しているが，未処理である。

(3) 期末商品棚卸高は 213,200千円であり，棚卸減耗等は生じていない。

4．有価証券

(1) 当社の保有する有価証券はＪＪ社株式のみであり，売買目的で取得したものである。

(2) 期首におけるＪＪ社株式は 500株であり，1株当たりの帳簿価額は@ 135千円であった。

(3) ×10年7月1日にＪＪ社株式1株が 1.5株に分割され，株式の交付を受けた。

(4) ×10年8月1日に，株式分割により新たに交付された株式を@ 100千円で売却した際，売却金額を有価証券売却損益として処理しているので，決算において修正する。

(5) 当期末におけるＪＪ社株式の1株当たりの時価は@87千円である。

5．固定資産

(1) 〔資料Ⅰ〕における建設仮勘定は建物を新築し，×11年2月4日に引渡を受け，同日より営業の用に供したものである。なお，当該建物の新築のために積み立てていた新築積立金 150,000千円の取崩処理を行っていないので，決算において取り崩す。

(2) 〔資料Ⅰ〕における機械（取得日×8年4月1日）について従来，定率法（耐用年数10年）による減価償却を行ってきたが，当期中に経済的環境が変化し，著しい陳腐化の事実が認められた。そのため，残存耐用年数を当期首より6年に短縮した。なお，過年度の減価償却は適正である。

(3) 備品について，従来，直接控除法により減価償却の記帳を行っていたが，当期より間接控除法に改める。なお，〔資料Ⅰ〕における備品は×7年10月3日に一括取得しているものであり，過年度の減価償却は適正である。

(4) 減価償却

種　類	方　　法	残存価額	耐用年数
建　物	定額法	10%	25年
機　械	定率法	10%	10年
備　品	定率法	10%	7年

(5) 定率法の年償却率は以下のとおりとする。

耐用年数6年：0.32　　　耐用年数7年：0.28　　　耐用年数10年：0.20

6．のれん

〔資料Ⅰ〕におけるのれんは，×10年4月10日にＹＹ社を買収した際に計上したものである。当該のれんは，最長償却期間にわたり月割償却する。

7．新株予約権付社債

(1) ×7年7月1日に以下の条件で新株予約権付社債を発行した。

① 額面総額： 360,000千円

② 発行価格：社債の発行価格は社債の額面 100円につき97円

新株予約権の発行価格は 1 個につき30千円

③ 年 利 率：本社債には利息は付さない。

④ 償還期限：×13年6月30日

⑤ 新株予約権の内容

・付与割合：社債券 1 枚（ 1,000千円券のみ）につき， 1 個の新株予約権証券（新株予約権 1 個につき 1,000株）を付す。

・行使価格： 1,000円／株（資本金組入額は会社法規定の最低限度額）

・行使期間：×8年1月1日～×12年12月31日

(2) ×10年5月26日に新株予約権 120個が行使され，社債による払込を受けたが，未処理であった。なお，×9年10月9日に 100個の新株予約権が行使され，行使価額全額が当座に払い込まれている。

(3) 社債は，償却原価法（定額法）を適用している。

8．増 資

(1) ×11年1月12日に 2,000株の新株式を発行し， 1株当たり50千円の払込を受けたが，払込額を仮受金として処理しているのみである。また，この際，株式交付費として 3,600千円を支出しているが，支出額を仮払金として処理しているのみである。

(2) 株式交付費は最長償却期間にわたり月割償却する。

9．金銭債権期末残高に対して2％の貸倒引当金を差額補充法により設定する。なお，〔資料Ⅰ〕における貸倒引当金はすべて売上債権に係るものである。

10．経過勘定

(1) ×10年12月1日に向こう3年分の保険料14,400千円を当座により支払っている。なお，当該保険料は営業費に含めて表示する。

(2) 営業費16,780千円及び受取利息 250千円の見越計上を行い，支払利息 500千円の繰延処理を行う。

11．法人税，住民税及び事業税を59,285千円計上する。

〔資料Ⅲ〕　財務諸表

損　益　計　算　書（単位：千円）

自×10年4月1日　至×11年3月31日

Ⅰ　売　　　上　　　高　　　（　　　　　）　　　　Ⅳ　営　業　外　収　益

Ⅱ　売　上　原　価　　　　　　　　　　　　　　　　1　受取利息配当金（　　　　　）

　1　期首商品棚卸高（　　　　　）　　　　　　　　2　仕　入　割　引（　　⑤　　）

　2　当期商品仕入高（　　①　　）　　　　　　　　3　有価証券売却益（　　⑥　　）（　　　　　　）

　　　　合　　　計　（　　　　　）　　　　　　　Ⅴ　営　業　外　費　用

　3　期末商品棚卸高（　　　　　）　　　　　　　　1　支　払　利　息（　　　　　）

　4　他勘定振替高（　　②　　）（　　　　　）　　2　社　債　利　息（　　　　　）

　　　売　上　総　利　益　　　　（　　　　　）　　3　売　上　割　引（　　　　　）

Ⅲ　販売費及び一般管理費　　　　　　　　　　　　　4　貸倒引当金繰入額（　　⑦　　）

　1　営　　業　　費（　　③　　）　　　　　　　　5　株式交付費償却（　　⑧　　）

　2　見　　本　　費（　　　　　）　　　　　　　　6　有価証券評価損（　　⑨　　）

　3　貸倒引当金繰入額（　　　　　）　　　　　　　7　雑　　損　　失（　　⑩　　）（　　　　　　）

　4　建物減価償却費（　　　　　）　　　　　　　　　　経　常　利　益　　　　　　　（　　　　　　）

　5　機械減価償却費（　　④　　）　　　　　　　　　　税引前当期純利益　　　　　　（　　　　　　）

　6　備品減価償却費（　　　　　）　　　　　　　　　　法人税，住民税及び事業税　　（　　　　　　）

　7　のれん償却額（　　　　　）（　　　　　）　　　　当　期　純　利　益　　　　　（　　　　　　）

　　　営　業　利　益　　　　　（　　　　　）

貸 借 対 照 表

×11年3月31日　　　　　　　　　　　（単位：千円）

資　産　の　部		負　債　の　部	
Ⅰ 流 動 資 産		Ⅰ 流 動 負 債	
現 金 及 び 預 金　（　　　　）		支 払 手 形　（　　　　）	
受 取 手 形（　　　　）		買 掛 金　（　　　　）	
貸 倒 引 当 金（＿＿＿）（　⑪　）		短 期 借 入 金　（　⑱　）	
売 掛 金（　　　　）		未 払 費 用　（　　　　）	
貸 倒 引 当 金（＿＿＿）（　　　　）		未 払 法 人 税 等　（　　　　）	
有 価 証 券　（　　　　）		流 動 負 債 合 計　（　　　　）	
商 品　（　　　　）		Ⅱ 固 定 負 債	
前 払 費 用　（　　　　）		社 債　（　⑲　）	
未 収 収 益　（　　　　）		長 期 借 入 金　（　　　　）	
短 期 貸 付 金（　⑫　）		固 定 負 債 合 計　（　　　　）	
貸 倒 引 当 金（＿＿＿）（　　　　）		負 債 合 計　（　　　　）	
流 動 資 産 合 計　（　　　　）			
Ⅱ 固 定 資 産		純　資　産　の　部	
1 有 形 固 定 資 産		Ⅰ 株 主 資 本	
建 物（　　　　）		1 資 本 金　（　⑳　）	
減 価 償 却 累 計 額（＿＿）（　⑬　）		2 資 本 剰 余 金	
機 械（　　　　）		資 本 準 備 金（＿＿＿）	
減 価 償 却 累 計 額（＿＿）（　　　　）		資 本 剰 余 金 合 計　（　　　　）	
備 品（　　　　）		3 利 益 剰 余 金	
減 価 償 却 累 計 額（＿＿）（　⑭　）		利 益 準 備 金（　　　　）	
土 地　（　　　　）		その他利益剰余金	
有 形 固 定 資 産 合 計　（　　　　）		任 意 積 立 金（　㉑　）	
2 無 形 固 定 資 産		繰 越 利 益 剰 余 金（＿＿＿）	
の れ ん　（　⑮　）		利 益 剰 余 金 合 計　（　　　　）	
無 形 固 定 資 産 合 計　（　　　　）		株 主 資 本 合 計　（　　　　）	
3 投 資 そ の 他 の 資 産		Ⅱ 新 株 予 約 権　（　㉒　）	
長 期 貸 付 金（　　　　）		純 資 産 合 計　（　　　　）	
貸 倒 引 当 金（＿＿＿）（　　　　）			
長 期 前 払 費 用　（　⑯　）			
長 期 性 預 金　（　⑰　）			
投 資 そ の 他 の 資 産 合 計　（　　　）			
固 定 資 産 合 計　（　　　　）			
Ⅲ 繰 延 資 産			
株 式 交 付 費　（　　　　）			
繰 延 資 産 合 計　（　　　　）			
資 産 合 計　（　　　　）		負 債 純 資 産 合 計　（　　　）	

【解答】

問1

①	67,500	②	169,850	③	7,800

問2

①	1,630,400	②	30,000	③	586,142	④	40,960
⑤	9,600	⑥	2,500	⑦	1,200	⑧	300
⑨	1,500	⑩	30	⑪	282,240	⑫	20,000
⑬	468,300	⑭	98,848	⑮	22,800	⑯	8,000
⑰	30,000	⑱	70,000	⑲	237,300	⑳	1,660,875
㉑	195,000	㉒	4,200				

【採点基準】

　4点×25箇所＝100点

【解答時間及び得点】

	日　付	解答時間	得　点	Ｍ　Ｅ　Ｍ　Ｏ
1	／	分	点	
2	／	分	点	
3	／	分	点	
4	／	分	点	
5	／	分	点	

【チェック・ポイント】

出題分野	出題論点	日　付				
		／	／	／	／	／
個　別　論　点	現　　金　　過　　不　　足					
	先　日　付　小　切　手					
	長　期　性　預　金					
	現　　金　　割　　引					
	手　形　借　入　金					
	他　勘　定　振　替　高					
	株　　式　　分　　割					
	建　設　仮　勘　定					
	耐　用　年　数　の　変　更					
	直接法から間接法への変更					
	無　形　固　定　資　産　（　の　れ　ん　）					
	新　株　予　約　権　付　社　債　（　区　分　法　）					
	増　　　　　　　　　資					
	繰　延　資　産　（　株　式　交　付　費　）					
	長　期　前　払　費　用					

【解答への道】（単位：千円）

Ⅰ．〔資料Ⅰ〕の空欄推定

　①有　価　証　券：　67,500 ← @90（後述Ⅱ．4．（1）参照）×500株×1.5　又は，@135×500株

　機械減価償却累計額：　72,000 ← 取得原価200,000−期首簿価200,000×（1−0.20）²

　②利　益　準　備　金：　169,850 ← 貸借差額

　③新　株　予　約　権：　7,800 ← @30×$\left(360,000÷@1,000×\dfrac{1個}{1枚}−前期行使分100個\right)$

　　有価証券売却損益：　25,000 ← 後述（Ⅱ．4．（2）①参照）

Ⅱ．決算整理仕訳等

　1．現金預金

（借）受　取　手　形	3,000(*1)	（貸）現　金　預　金	3,000
（借）雑　　損　　失	30(*2)	（貸）現　金　預　金	30
（借）長　期　性　預　金	30,000(*3)	（貸）現　金　預　金	30,000

　（*1）　先日付小切手（振出日×11年4月18日）

　（*2）　現金帳簿残高4,667(*4)−現金実際有高4,637(*5)＝30

　（*3）　満期日×12年5月31日

　（注）　定期預金は一年基準により流動固定分類する。

　（*4）　前T/B 現金預金647,447−｛先日付小切手3,000(*1)＋当座預金584,780＋定期預金（25,000＋30,000）｝

　　　　　　　　　　　　　　　　　　　　　　　　　　　　　　　　　　＝4,667

　（*5）　硬貨・紙幣937＋他人振出小切手（4,200−先日付小切手3,000(*1)）＋株主配当金領収証2,500＝4,637

2．債権債務等

（借）	買　　掛　　金	24,000	（貸）	仮　　払　　金	23,800
				仕　入　割　引	200
（借）	支　払　手　形	20,000	（貸）	手　形　借　入　金(*1)	20,000
（借）	短　期　貸　付　金	20,000(*2)	（貸）	貸　　付　　金	60,000
	長　期　貸　付　金	40,000(*3)			
（借）	借　　入　　金	150,000	（貸）	短　期　借　入　金	50,000(*4)
				長　期　借　入　金	100,000(*5)

(*1) 手形のうち，金銭消費貸借のために振り出された手形については，「手形貸付金・手形借入金」勘定を用いて処理する。なお，手形貸付金・手形借入金は貸借対照表上，「貸付金・借入金」として表示する。その際，一年基準により流動固定分類するが，手形による貸付・借入は通常，短期的なものであるため，特に指示がない限り，「短期貸付金・短期借入金」として表示する。

(*2) 回収日×11年9月30日

(*3) 回収日×15年3月31日

(*4) 返済日×11年11月30日

(*5) 返済日×12年9月30日

(注) 貸付金及び借入金は一年基準により流動固定分類する。

3．商　品

(1) 他勘定振替高

① 見本品転用分（処理済）

（借）	見　　本　　費	10,000	（貸）	仕　　　入	10,000
				（他　勘　定　振　替　高）	

② 備品転用分（未処理）

（借）	備　　　　品	20,000	（貸）	仕　　　入	20,000
				（他　勘　定　振　替　高）	

(2) 売上原価の算定

（借）	仕　　　入	226,400	（貸）	繰　越　商　品	226,400
（借）	繰　越　商　品	213,200	（貸）	仕　　　入	213,200

（参考１）他勘定振替高

1．意　義

　販売する目的で仕入れた商品を見本品として提供したり，広告宣伝のために使用したりする場合がある。このように，**販売以外の原因により商品が減少した場合には，売上原価から除外し，他の勘定に振り替える**必要がある。

2．会計処理

　商品仕入時には「仕入」勘定で処理しているので，「仕入」勘定から他の適当な勘定に振り替える。また，損益計算書上は，売上原価の内訳科目としての**「他勘定振替高」**として売上原価の減少（マイナス）項目として当該減少分を売上原価から控除する。

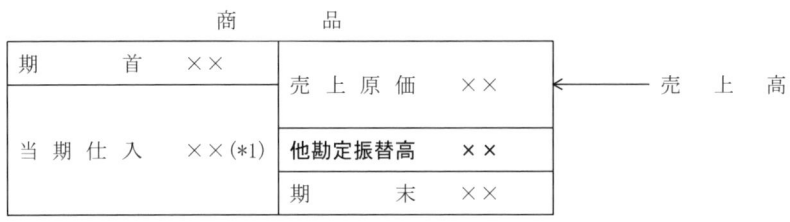

（借）　○　　　○　　　○　　×××　　（貸）　仕　　　　　　　　入　　×××
　　　　　　　　　　　　　　　　　　　　　　（他　勘　定　振　替　高）

（注）　上記仕訳が期中適正に行われている場合には，決算整理前残高試算表における「仕入」勘定は「当期仕入原価　－　他勘定振替高」となっているので注意すること。

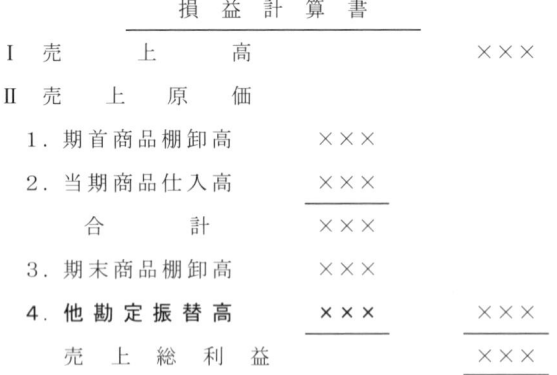

（*1）前T/B　仕入＋他勘定振替高

3．損益計算書表示

損　益　計　算　書

Ⅰ　売　　上　　高		×××	
Ⅱ　売　上　原　価			
1．期首商品棚卸高	×××		
2．当期商品仕入高	×××		
合　　　計	×××		
3．期末商品棚卸高	×××		
4．他　勘　定　振　替　高	×××	×××	
売　上　総　利　益		×××	

4．例　示

商品が販売以外の原因により減少する場合として以下のケースがある。

(1) 見本品への転用

(借) 見　本　費 （販売費及び一般管理費）	×××	(貸) 仕　　　　　入 （他　勘　定　振　替　高）	×××

(2) 広告宣伝のための使用

(借) 広　告　宣　伝　費 （販売費及び一般管理費）	×××	(貸) 仕　　　　　入 （他　勘　定　振　替　高）	×××

(3) 備品への転用

(借) 備　　　　　品	×××	(貸) 仕　　　　　入 （他　勘　定　振　替　高）	×××

(注)　商品を備品へ転用した場合，当該備品については使用時から決算までの減価償却費の計上が必要となる点に注意すること。

(4) 火災等の災害による商品の減少

(借) 火　災　損　失 （特　別　損　失）	×××	(貸) 仕　　　　　入 （他　勘　定　振　替　高）	×××

(5) 盗難による商品の減少

(借) 盗　難　損　失 （特　別　損　失）	×××	(貸) 仕　　　　　入 （他　勘　定　振　替　高）	×××

4．有価証券

(1) 株式分割（×10年7月1日）

仕　訳　な　し

(注)　株式分割時には仕訳は必要ないが，保有株式数が増加するため，有価証券の単価の修正(*1)を行う。

(*1)　帳簿価額@135×500株÷保有株式数(500株×1.5)＝@90

(2) 売　却（×10年8月1日）

①　期中に実際に行われた仕訳

| (借) | 現 金 預 金 | 25,000 | (貸) | 有価証券売却損益 | 25,000(*2) |

(*2)　@100×250株(*3)＝25,000

(*3)　500株×0.5＝株式分割により交付された株式数250株

◎　前T/B 有価証券売却損益：25,000(*2)

②　あるべき仕訳

| (借) | 現 金 預 金 | 25,000 | (貸) | 有 価 証 券 | 22,500(*4) |
| | | | | 有価証券売却損益 | 2,500 |

(*4)　@90(*1)×250株(*3)＝22,500

③　修正仕訳（②－①）

| (借) | 有価証券売却損益 | 22,500 | (貸) | 有 価 証 券 | 22,500(*4) |

(3) 期末評価

| (借) | 有価証券評価損益 | 1,500(*5) | (貸) | 有 価 証 券 | 1,500 |

(*5)　(簿価@90(*1)－時価@87)×期末500株＝1,500

5．固定資産

(1) 建　物

①　建設仮勘定（未処理）

| (借) | 建 物 | 150,000 | (貸) | 建 設 仮 勘 定 | 150,000 |

②　新築積立金の取崩（未処理）

| (借) | 任 意 積 立 金 | 150,000 | (貸) | 繰 越 利 益 剰 余 金 | 150,000 |

③　減価償却

| (借) | 建物減価償却費 | 22,500(*1) | (貸) | 建物減価償却累計額 | 22,500 |

(*1)　前T/B 建物600,000×0.9÷25年＋期中完成150,000×0.9÷25年×$\dfrac{2 ヶ月 (X11.2〜X11.3)}{12ヶ月}$＝22,500

(2) 機　械

| (借) | 機 械 減 価 償 却 費 | 40,960(*1) | (貸) | 機械減価償却累計額 | 40,960 |

(*1)　耐用年数10年の場合の期首簿価128,000(*2)×耐用年数6年の償却率0.32＝40,960

(*2)　200,000×$(1-0.20)^2$＝128,000

(3) 備 品

(借)	備 品	138,544(*1)	(貸)	備 品 減 価 償 却 累 計 額	138,544
(借)	備 品 減 価 償 却 費	32,608(*2)	(貸)	備 品 減 価 償 却 累 計 額	32,608

(*1) 取得原価250,000(*3)－前T/B 備品111,456＝138,544

(注) 減価償却の記帳方法を直接（控除）法から間接（控除）法に変更する場合，当該固定資産の金額を簿価から取得原価に修正するとともに，減価償却累計額勘定を計上する。

(*2) 過年度取得分31,208(*4)＋備品転用分1,400(*5)＝32,608

(*3) 備品の取得原価をＡとおくと，以下の式が成り立つ。

$$A - A \times 0.28 \times \frac{6 \text{ヶ月 (X7.10～X8.3)}}{12 \text{ヶ月}} = 215,000 (*6)$$

$$\therefore \ A = 250,000$$

(*4) 前T/B 備品111,456×0.28＝31,207.68 → 31,208（四捨五入）

(*5) $20,000 \times 0.28 \times \dfrac{3 \text{ヶ月 (X11.1～X11.3)}}{12 \text{ヶ月}} = 1,400$

(*6) 備品の×8年3月31日時点の帳簿価額をＢとおくと，以下の式が成り立つ。

$$B \times (1-0.28)^2 = 前T/B \ 備品111,456 \quad \therefore \ B = 215,000$$

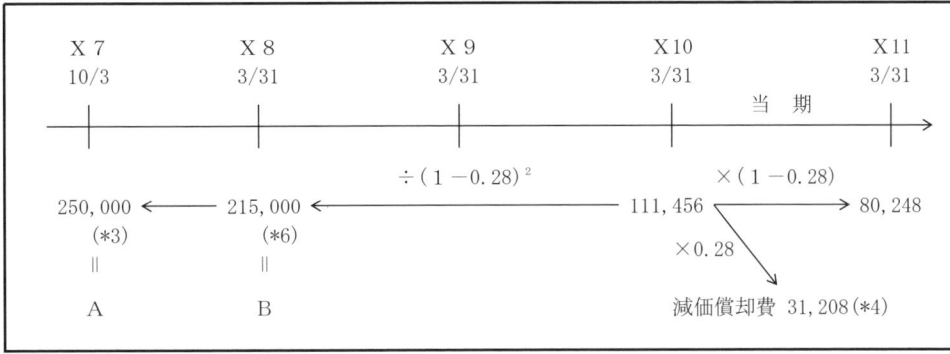

6．のれん

(借)	の れ ん 償 却 額	1,200(*1)	(貸)	の れ ん	1,200

(*1) $24,000 \times \dfrac{12 \text{ヶ月 (X10.4～X11.3)}}{240 \text{ヶ月}} = 1,200$

(注) のれんの最長償却期間は20年（240ヶ月）である。

7．新株予約権付社債（区分法）

(1) 権利行使（未処理）

(借)	社 債 利 息	100(*1)	(貸)	社 債	100
(借)	社 債	118,150(*2)	(貸)	資 本 金	60,875(*4)
	新 株 予 約 権	3,600(*3)		資 本 準 備 金	60,875(*4)

(*1)　$120,000(*5) \times \dfrac{@100円-@97円}{@100円} \times \dfrac{2ヶ月（X10.4〜X10.5）}{72ヶ月（X7.7〜X13.6）} = 100$

(*2)　$120,000(*5) \times \dfrac{@97円}{@100円} + 120,000(*5) \times \dfrac{@100円-@97円}{@100円} \times \dfrac{35ヶ月（X7.7〜X10.5）}{72ヶ月（X7.7〜X13.6）} = 118,150$

(*3)　$@30 \times 120個 = 3,600$

(*4)　$(118,150(*2) + 3,600(*3)) \times \dfrac{1}{2} = 60,875$

(*5)　$@1,000 \times 120個 \times \dfrac{1枚}{1個} = 120,000$

(2) 償却額の計上

(借)	社 債 利 息	1,200(*6)	(貸)	社 債	1,200

(*6)　$(360,000-120,000(*5)) \times \dfrac{@100円-@97円}{@100円} \times \dfrac{12ヶ月（X10.4〜X11.3）}{72ヶ月（X7.7〜X13.6）} = 1,200$

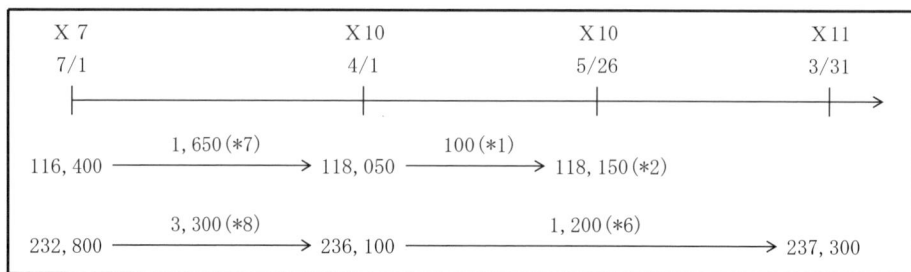

(*7)　$120,000(*5) \times \dfrac{@100円-@97円}{@100円} \times \dfrac{33ヶ月（X7.7〜X10.3）}{72ヶ月（X7.7〜X13.6）} = 1,650$

(*8)　$(360,000-120,000(*5)) \times \dfrac{@100円-@97円}{@100円} \times \dfrac{33ヶ月（X7.7〜X10.3）}{72ヶ月（X7.7〜X13.6）} = 3,300$

（参考２）新株予約権付社債の発行に係る処理（発行者側）

1．まとめ

	発行者側	取得者側
転換社債型新株予約権付社債	区分法 or 一括法	一括法
転換社債型以外の新株予約権付社債	区分法	区分法

2．区分法の処理

(1) 発行時

　　　新株予約権付社債の発行に伴う払込金額を，社債の対価部分と新株予約権の対価部分とに区分し，社債の対価部分は普通社債の発行に準じて処理（払込金額をもって「社債」に計上）し，新株予約権の対価部分は新株予約権の発行に準じて処理（払込金額をもって「新株予約権」に計上）する。

（借）現　金　預　金	×××(*1)	（貸）社　　　　　　　債	×××(*2)
		新　株　予　約　権	×××(*3)

(*1)　新株予約権付社債の払込金額

(*2)　社債の対価部分

(*3)　新株予約権の対価部分

(2) 権利行使時

① 権利行使価額を金銭で払い込む場合

　　　新株予約権の発行者側における権利行使時の処理に準じる。

（借）現　金　預　金	×××(*1)	（貸）資　　　本　　　金	×××(*3)
新　株　予　約　権	×××(*2)		

(*1)　権利行使価額

(*2)　新株予約権の対価部分

(*3)　権利行使価額(*1)＋新株予約権の対価部分(*2)

② 権利行使価額を社債で払い込む場合

　　　新株を発行する場合には「社債の対価部分（償却原価法を適用している場合には帳簿価額）と新株予約権の対価部分の合計額」を，資本金，又は，資本金及び資本準備金に振り替える。

（借）社　　　　　　　債	×××(*1)	（貸）資　　　本　　　金	×××(*3)
新　株　予　約　権	×××(*2)		

(*1)　社債の簿価

(*2)　新株予約権の対価部分

(*3)　社債の簿価(*1)＋新株予約権の対価部分(*2)

(3) 権利行使期間満了時

　　　権利行使期間中に新株予約権の行使が行われなかった場合，権利行使期間満了時に「新株予約権」を「新株予約権戻入益」として，損益計算書上「特別利益」に計上する。

（借）新　株　予　約　権	×××	（貸）新　株　予　約　権　戻　入　益	×××

3．一括法の処理

(1) 発行時

　転換社債型新株予約権付社債の発行に伴う払込金額（社債と新株予約権の払込金額の合計）を区分せずに一括して，普通社債の発行に準じて処理する。

(借) 現　　金　　預　　金	×××	(貸) 社　　　　　　債	×××(*1)

(*1)　新株予約権付社債の払込金額

(2) 権利行使時

　新株を発行する場合には当該転換社債型新株予約権付社債の「社債の帳簿価額」を，資本金，又は，資本金及び資本準備金に振り替える。また，自己株式を処分する場合には当該転換社債型新株予約権付社債の「社債の帳簿価額」を，自己株式の処分の対価とする。

(借) 社　　　　　　債	×××(*1)	(貸) 資　　本　　金	×××

(*1)　社債の簿価

(3) 権利行使期間満了時

仕　　訳　　な　　し

8．増　資

(1) 増資及び株式交付費の計上

| (借) | 仮　受　金 | 100,000 | (貸) | 資　本　金 | 100,000 (*1) |
| (借) | 株式交付費 | 3,600 | (貸) | 仮　払　金 | 3,600 |

(*1) @50×2,000株＝100,000

(注) 問題文に特に指示がない限り原則規定に従い，払込価額を全額，資本金とする。

(2) 株式交付費の償却

| (借) | 株式交付費償却 | 300 (*2) | (貸) | 株式交付費 | 300 |

(*2) $3,600 \times \dfrac{3 ヶ月 (X11.1 \sim X11.3)}{36 ヶ月} = 300$

9．貸倒引当金

| (借) | 貸倒引当金繰入額
(販売費及び一般管理費) | 4,340 (*1) | (貸) | 貸倒引当金 | 5,540 |
| | 貸倒引当金繰入額
(営業外費用) | 1,200 (*2) | | | |

(*1) {(前T/B 受取手形285,000＋先日付小切手3,000)＋前T/B 売掛金389,000)}×2％

$\qquad$ －前T/B 9,200＝4,340

(*2) (短期貸付金20,000＋長期貸付金40,000)×2％＝1,200

10．経過勘定

(借)	前払営業費	4,800 (*1)	(貸)	営業費	12,800
	長期前払営業費	8,000 (*2)			
(借)	営業費	16,780	(貸)	未払営業費	16,780
(借)	未収利息	250	(貸)	受取利息配当金	250
(借)	前払利息	500	(貸)	支払利息	500

(*1) $14,400 \times \dfrac{12 ヶ月 (X11.4 \sim X12.3)}{36 ヶ月 (X10.12 \sim X13.11)} = 4,800$

(*2) $14,400 \times \dfrac{20 ヶ月 (X12.4 \sim X13.11)}{36 ヶ月 (X10.12 \sim X13.11)} = 8,000$

11．法人税，住民税及び事業税

| (借) | 法人税，住民税及び事業税 | 59,285 | (貸) | 未払法人税等 | 59,285 |

Ⅲ．決算整理後残高試算表

決算整理後残高試算表

×11年3月31日

現　金　預　金	614,417	支　払　手　形	244,200
受　取　手　形	288,000	買　掛　金	280,900
売　掛　金	389,000	手　形　借　入　金	20,000
有　価　証　券	43,500	短　期　借　入　金	50,000
繰　越　商　品	213,200	未　払　営　業　費	16,780
前　払　営　業　費	4,800	未　払　法　人　税　等	59,285
前　払　利　息	500	貸　倒　引　当　金	14,740
未　収　利　息	250	社　債	237,300
短　期　貸　付　金	20,000	長　期　借　入　金	100,000
建　物	750,000	建物減価償却累計額	281,700
機　械	200,000	機械減価償却累計額	112,960
備　品	270,000	備品減価償却累計額	171,152
土　地	1,297,335	資　本　金	1,660,875
の　れ　ん	22,800	資　本　準　備　金	220,875
長　期　貸　付　金	40,000	利　益　準　備　金	169,850
長　期　前　払　営　業　費	8,000	任　意　積　立　金	195,000
長　期　性　預　金	30,000	繰　越　利　益　剰　余　金	296,000
株　式　交　付　費	3,300	新　株　予　約　権	4,200
仕　入	1,613,600	売　上	2,439,400
営　業　費	586,142	受　取　利　息　配　当　金	5,650
見　本　費	10,000	仕　入　割　引	9,600
貸　倒　引　当　金　繰　入　額	4,340	有　価　証　券　売　却　損　益	2,500
建　物　減　価　償　却　費	22,500		
機　械　減　価　償　却　費	40,960		
備　品　減　価　償　却　費	32,608		
の　れ　ん　償　却　額	1,200		
支　払　利　息	22,900		
社　債　利　息	1,300		
貸　倒　引　当　金　繰　入　額	1,200		
株　式　交　付　費　償　却	300		
有　価　証　券　評　価　損　益	1,500		
雑　損　失	30		
法人税，住民税及び事業税	59,285		
	6,592,967		6,592,967

IV．財務諸表

損　益　計　算　書

自×10年4月1日　至×11年3月31日

I　売　上　高		（　2,439,400　）

II　売　上　原　価
1　期首商品棚卸高（　226,400　）
2　当期商品仕入高（①1,630,400）
　　　合　　計（　1,856,800　）
3　期末商品棚卸高（　213,200　）
4　他勘定振替高（②　30,000　）（　1,613,600　）
　　売　上　総　利　益　　　　（　825,800　）

III　販売費及び一般管理費
1　営　業　費（③586,142）
2　見　本　費（　10,000　）
3　貸倒引当金繰入額（　4,340　）
4　建物減価償却費（　22,500　）
5　機械減価償却費（④40,960）
6　備品減価償却費（　32,608　）
7　のれん償却額（　1,200　）（　697,750　）
　　営　業　利　益　　　　（　128,050　）

IV　営　業　外　収　益
1　受取利息配当金（　5,650　）
2　仕　入　割　引（⑤9,600）
3　有価証券売却益（⑥2,500）（　17,750　）

V　営　業　外　費　用
1　支　払　利　息（　22,900　）
2　社　債　利　息（　1,300　）
3　貸倒引当金繰入額（⑦1,200）
4　株式交付費償却（⑧300）
5　有価証券評価損（⑨1,500）
6　雑　損　失（⑩30）（　27,230　）
　　経　常　利　益（　118,570　）
　　税引前当期純利益（　118,570　）
　　法人税，住民税及び事業税（　59,285　）
　　当　期　純　利　益（　59,285　）

資 産 の 部			負 債 の 部		
I 流 動 資 産			I 流 動 負 債		
現 金 及 び 預 金		(614,417)	支 払 手 形		(244,200)
受 取 手 形 (288,000)			買 掛 金		(280,900)
貸 倒 引 当 金 (△ 5,760)	⑪	**282,240**	短 期 借 入 金	⑱	(70,000)
売 掛 金 (389,000)			未 払 費 用		(16,780)
貸 倒 引 当 金 (△ 7,780)		(381,220)	未 払 法 人 税 等		(59,285)
有 価 証 券		(43,500)	流 動 負 債 合 計		(671,165)
商 品		(213,200)	II 固 定 負 債		
前 払 費 用		(5,300)	社 債	⑲	**237,300**
未 収 収 益		(250)	長 期 借 入 金		(100,000)
短 期 貸 付 金 ⑫		**20,000**	固 定 負 債 合 計		(337,300)
貸 倒 引 当 金 (△ 400)		(19,600)	負 債 合 計		(1,008,465)
流 動 資 産 合 計		(1,559,727)			
II 固 定 資 産			純 資 産 の 部		
1 有 形 固 定 資 産			I 株 主 資 本		
建 物 (750,000)			1 資 本 金	⑳	**1,660,875**
減 価 償 却 累 計 額 (△281,700)	⑬	**468,300**	2 資 本 剰 余 金		
機 械 (200,000)			資 本 準 備 金 (220,875)		
減 価 償 却 累 計 額 (△112,960)		(87,040)	資 本 剰 余 金 合 計		(220,875)
備 品 (270,000)			3 利 益 剰 余 金		
減 価 償 却 累 計 額 (△171,152)	⑭	**98,848**	利 益 準 備 金 (169,850)		
土 地		(1,297,335)	その他利益剰余金		
有 形 固 定 資 産 合 計		(1,951,523)	任 意 積 立 金 ㉑		**195,000**
2 無 形 固 定 資 産			繰 越 利 益 剰 余 金 (355,285)		
の れ ん	⑮	(22,800)	利 益 剰 余 金 合 計		(720,135)
無 形 固 定 資 産 合 計		(22,800)	株 主 資 本 合 計		(2,601,885)
3 投 資 そ の 他 の 資 産			II 新 株 予 約 権	㉒	**4,200**
長 期 貸 付 金 (40,000)			純 資 産 合 計		(2,606,085)
貸 倒 引 当 金 (△ 800)		(39,200)			
長 期 前 払 費 用 ⑯		**8,000**			
長 期 性 預 金 ⑰		**30,000**			
投資その他の資産合計		(77,200)			
固 定 資 産 合 計		(2,051,523)			
III 繰 延 資 産					
株 式 交 付 費		(3,300)			
繰 延 資 産 合 計		(3,300)			
資 産 合 計		(3,614,550)	負 債 純 資 産 合 計		(3,614,550)

【MEMO】

TAC株式会社の当期（×10年4月1日から×11年3月31日まで）に関する下記の〔資料〕を参照して，答案用紙に示されている損益計算書，株主資本等変動計算書及び貸借対照表を作成しなさい。

〔資料Ⅰ〕 決算整理前残高試算表

決算整理前残高試算表

×11年3月31日 （単位：千円）

現 金 預 金	226,157	支 払 手 形	（　　　　）
受 取 手 形	91,000	買 掛 金	62,140
売 掛 金	96,000	貸 倒 引 当 金	3,140
繰 越 商 品	35,880	社 債	232,800
貯 蔵 品	8,000	建物減価償却累計額	40,300
建 物	250,000	構築物減価償却累計額	（　　　　）
構 築 物	92,000	車両減価償却累計額	76,200
車 両	180,000	備品減価償却累計額	9,000
備 品	50,000	資 本 金	534,560
土 地	266,800	資 本 準 備 金	35,000
の れ ん	6,300	その他資本剰余金	20,000
投 資 有 価 証 券	（　　　　）	利 益 準 備 金	79,000
子 会 社 株 式	（　　　　）	任 意 積 立 金	26,000
自 己 株 式	5,000	繰 越 利 益 剰 余 金	111,300
仕 入	305,220	新 株 予 約 権	（　　　　）
営 業 費	55,406	売 上	558,600
建 物 減 価 償 却 費	（　　　　）	受 取 利 息 配 当 金	1,200
建 物 除 却 損	（　　　　）	有 価 証 券 利 息	（　　　　）
	（　　　　）		（　　　　）

〔資料Ⅱ〕　決算整理事項等

1．棚卸資産

期末帳簿棚卸高　600個，原価@80千円

期末実地棚卸高　560個，正味売却価額@90千円

なお，棚卸減耗のうち15個については原価性がない。

2．有価証券

銘　柄	分　類	取得原価	前期末時価	当期末時価
ＡＡ社社債	満期保有目的の債券	90,000千円	―	―
ＲＲ社株式	そ の 他 有 価 証 券	19,800千円	19,850千円	19,900千円
ＬＬ社株式	子 会 社 株 式	128,860千円	117,700千円	107,900千円

(1) ＡＡ社社債（額面 100,000千円，券面利子率年2％，実効利子率年 4.263％，利払日3月末，償還期限×14年3月31日）は発行日（×9年4月1日）に90,000千円で取得したものである。なお，満期保有目的の債券については償却原価法（利息法）を採用しており，計算過程で端数が生じた場合には，千円未満をその都度四捨五入すること。

(2) ＲＲ社株式は×9年1月16日に取得したものである。なお，その他有価証券については全部純資産直入法を採用している。

(3) 当社はＬＬ社発行済株式数のうち85％を保有している。

3．有形固定資産

種　類	償却方法	残存価額	耐用年数	年償却率
建　物	定 額 法	10％	50年	―
構 築 物	級 数 法	10％	5年	―
車　両	定 率 法	10％	8年	0.25
備　品	定 額 法	10％	5年	―

(1) 建物（取得原価50,000千円，期首減価償却累計額40,500千円）を当期末に除却しており，当該建物の評価額は 8,000千円と見積もられている。

(2) 構築物は×9年1月に一括取得したものである。なお，過年度の償却は適正に行われている。

(3) 車両（取得原価20,000千円，期首減価償却累計額 8,800千円，時価11,200千円）を，×10年9月30日に12,000千円で下取りに出して新車両（現金正価23,600千円）を購入し，下取価額を差し引いた残額については掛（支払日×11年4月4日）としたが，未処理である。なお，下取価額と時価との差額は値引として処理する。また，新車両は購入日の翌日より営業の用に供している。

(4) 備品は×9年4月に一括取得したものである。当期首より償却方法を定額法から定率法に変更する。なお，変更後は残存耐用年数4年に基づき，年償却率 0.438で償却する。

4．減損会計

(1) のれんは×9年4月にX事業及びY事業を取得した際に生じたものであり，定額法により10年間で償却している。なお，のれんの帳簿価額は各事業取得時の時価（X事業80,000千円，Y事業60,000千円）の比率により按分する。

(2) 当期末において，X事業の甲資産グループ及びのれんを含むより大きな単位で減損の兆候が見られた。当期末におけるX事業に関する資料（当期減価償却後）は以下のとおりである。なお，各資産グループはそれぞれ独立してキャッシュ・フローを生み出す最小単位である。

	甲資産グループ	乙資産グループ	より大きな単位
建物	30,000	20,000	50,000
土地	48,000	15,000	63,000
のれん	—	—	（　　　　）
帳簿価額合計	78,000	35,000	（　　　　）
割引前将来ＣＦ	76,600	—	112,000
回収可能価額	65,286	—	99,936

(3) 減損損失は，帳簿価額に基づき比例配分する。ただし，減損損失配分後の各資産グループの帳簿価額が回収可能価額を下回らないようにすること。

5．新株予約権付社債

(1) ×8年4月1日に以下の条件で新株予約権付社債を発行した。なお，区分法により処理しており，償却原価法（定額法）を採用している。

① 額面総額： 240,000千円

② 払込価額：社債の発行価格は社債の額面 100円につき95円

　　　　　　　新株予約権の払込価格は1個につき50千円

③ 年 利 率：本社債には利息は付さない。

④ 償還期限：×13年3月31日

⑤ 新株予約権の内容

・ 付与割合：社債券1枚（ 1,000千円券のみ）につき，1個の新株予約権証券（新株予約権1個につき 1,000株）を付す。

・ 行使価格： 1,000円／株（資本金組入額は会社法規定の最低限度額）

・ 行使期間：×8年5月1日～×13年2月28日

(2) ×11年1月25日に新株予約権 150個が初めて行使され，行使価格全額が当座に払い込まれたが，未処理である。

6．資本取引等（他の資料から判明するものは除く）

　　当期に行われた資本取引は以下のとおりであるが，未処理である。

　(1) ×10年5月10日に自己株式 2,300千円を当座により取得した。

　(2) ×10年6月27日に行われた株主総会により，任意積立金10,000千円を取り崩し，任意積立金15,000千円を積立てた。また，繰越利益剰余金からの配当　？　千円（分配可能額の5分の1）及び利益準備金の積立　？　千円が決議され，配当金は後日当座により支払われた。

　(3) ×10年10月20日に増資を行い 6,000千円が当座に払い込まれた。なお，交付する株式のうち，70％は新株，30％は自己株式（帳簿価額 1,500千円）である。

　(4) ×11年3月1日に自己株式（取得価額 1,000千円）を消却した。

7．売上債権期末残高に対して毎期2％の貸倒引当金を差額補充法により設定している。

8．損益の繰延

　　営業費の繰延 5,400千円

9．法人税，住民税及び事業税として58,950千円を計上する。

【解答】

損益計算書 （単位：千円）

自×10年4月1日　至×11年3月31日

I 売　　上　　高		（	558,600 ）	IV 営 業 外 収 益			
II 売　上　原　価				1 受取利息配当金（	1,200 ）		
1 期首商品棚卸高 （	35,880 ）			2 有価証券利息 （★	3,915 ）（	5,115 ）	
2 当期商品仕入高 （	305,220 ）			V 営 業 外 費 用			
合　　　　計 （	341,100 ）			1 社 債 利 息 （	2,400 ）（	2,400 ）	
3 期末商品棚卸高 （	48,000 ）（	293,100 ）		経 常 利 益 （	143,451 ）		
売 上 総 利 益		（	265,500 ）	VI 特 別 利 益			
III 販売費及び一般管理費				1 （車 両 売 却 益）（★	1,400 ）（	1,400 ）	
1 営　　業　　費 （	50,006 ）			VII 特 別 損 失			
2 棚 卸 減 耗 費 （	2,000 ）			1 （棚 卸 減 耗 損）（★	1,200 ）		
3 貸倒引当金繰入額 （	600 ）			2 建 物 除 却 損 （★	600 ）		
4 建物減価償却費 （★	5,400 ）			3 （減 損 損 失）（★	16,264 ）（	18,064 ）	
5 構築物減価償却費 （	20,700 ）			税引前当期純利益 （	126,787 ）		
6 車両減価償却費 （★	27,400 ）			法人税，住民税及び事業税 （	58,950 ）		
7 備品減価償却費 （★	17,958 ）			当 期 純 利 益 （	67,837 ）		
8 のれん償却額 （	700 ）（	124,764 ）					
営　業　利　益		（	140,736 ）				

株主資本等変動計算書
自×10年4月1日 至×11年3月31日

(単位：千円)

	資本金	資本準備金	その他資本剰余金	資本剰余金合計	利益準備金	任意積立金	繰越利益剰余金	利益剰余金合計	自己株式	株主資本合計	その他有価証券評価差額金	評価・換算差額等合計	新株予約権	純資産合計
当期首残高	534,560	35,000	20,000	55,000	79,000	26,000	111,300	216,300	△5,000	800,860	50	50	12,000	812,910
当期変動額														
新株の発行と自己株式の処分	4,200		★300	300					1,500	6,000				6,000
新株の発行（新株予約権の行使）	78,750	78,750		78,750						157,500				157,500
任意積立金の取崩						△10,000	10,000	0		0				0
任意積立金の積立						15,000	★△15,000	0		0				0
剰余金の配当					★3,000		△33,000	△30,000		△30,000				△30,000
当期純利益							67,837	67,837		67,837				67,837
自己株式の取得									△2,300	△2,300				△2,300
自己株式の消却			★△1,000	△1,000					1,000	0				0
株主資本以外の項目の当期変動額（純額）											★50	50	△7,500	△7,450
当期変動額合計	82,950	78,750	△700	78,050	3,000	5,000	29,837	37,837	200	199,037	50	50	△7,500	191,587
当期末残高	617,510	113,750	19,300	133,050	82,000	31,000	141,137	254,137	△4,800	999,897	100	100	4,500	1,004,497

貸 借 対 照 表

×11年3月31日　　　　　　　　　　　（単位：千円）

資 産 の 部			負 債 の 部		
I 流 動 資 産			I 流 動 負 債		
現 金 及 び 預 金	（	349,857 ）	支 払 手 形	（	73,400 ）
受 取 手 形（	91,000 ）		買 掛 金	（	62,140 ）
貸 倒 引 当 金（ △ 1,820 ）（		89,180 ）	（未 払 金）	（★	11,600 ）
売 掛 金（	96,000 ）		未 払 法 人 税 等	（	58,950 ）
貸 倒 引 当 金（ △ 1,920 ）（★		94,080 ）	流 動 負 債 合 計	（	206,090 ）
商 品	（	44,800 ）	II 固 定 負 債		
貯 蔵 品	（	8,000 ）	社 債	（★	235,200 ）
前 払 費 用	（	5,400 ）	固 定 負 債 合 計	（	235,200 ）
流 動 資 産 合 計	（	591,317 ）	負 債 合 計	（	441,290 ）
II 固 定 資 産			純 資 産 の 部		
1 有 形 固 定 資 産			I 株 主 資 本		
建 物（ 244,910 ）			1 資 本 金	（★	617,510 ）
減価償却累計額（ △ 44,800 ）（		200,110 ）	2 資 本 剰 余 金		
構 築 物（ 92,000 ）			(1) 資 本 準 備 金（	113,750 ）	
減価償却累計額（ △ 53,820 ）（★		38,180 ）	(2) その他資本剰余金（	19,300 ）	
車 両（ 182,800 ）			資 本 剰 余 金 合 計	（	133,050 ）
減価償却累計額（ △ 93,400 ）（		89,400 ）	3 利 益 剰 余 金		
備 品（ 50,000 ）			(1) 利 益 準 備 金（	82,000 ）	
減価償却累計額（ △ 26,958 ）（		23,042 ）	(2) その他利益剰余金		
土 地	（★	258,826 ）	任 意 積 立 金（★	31,000 ）	
有 形 固 定 資 産 合 計	（	609,558 ）	繰 越 利 益 剰 余 金（	141,137 ）	
2 無 形 固 定 資 産			利 益 剰 余 金 合 計	（	254,137 ）
の れ ん	（★	2,400 ）	4 自 己 株 式	（★△	4,800 ）
無 形 固 定 資 産 合 計	（	2,400 ）	株 主 資 本 合 計	（	999,897 ）
3 投 資 そ の 他 の 資 産			II 評 価・換 算 差 額 等		
投 資 有 価 証 券	（★	113,652 ）	1 その他有価証券評価差額金	（	100 ）
子 会 社 株 式	（★	128,860 ）	評価・換算差額等合計	（	100 ）
投 資 そ の 他 の 資 産 合 計	（	242,512 ）	III 新 株 予 約 権	（★	4,500 ）
固 定 資 産 合 計	（	854,470 ）	純 資 産 合 計	（	1,004,497 ）
資 産 合 計	（	1,445,787 ）	負 債 純 資 産 合 計	（	1,445,787 ）

【採点基準】

★ 4 点×25箇所＝100点

【解答時間及び得点】

	日 付	解答時間	得 点	Ｍ Ｅ Ｍ Ｏ
1	／	分	点	
2	／	分	点	
3	／	分	点	
4	／	分	点	
5	／	分	点	

【チェック・ポイント】

出題分野	出題論点	日 付				
		／	／	／	／	／
個 別 論 点	有 価 証 券 の 期 末 評 価					
	有 形 固 定 資 産 の 除 却					
	固 定 資 産 の 買 換					
	減 価 償 却 方 法 の 変 更					
	固 定 資 産 の 減 損 （ の れ ん ）					
	新 株 予 約 権 付 社 債 （ 区 分 法 ）					
	自 己 株 式					
	分 配 可 能 額					

【解答への道】（単位：千円）

Ⅰ．〔資料Ⅰ〕の空欄推定

投　資　有　価　証　券：113,552 ← ＡＡ社社債93,752（Ⅱ．2．(1) ①参照）

+ＲＲ社株式取得原価19,800

子　会　社　株　式：128,860 ← ＬＬ社株式取得原価

建　物　減　価　償　却　費：　　900 ← 後述（Ⅱ．3．(1) ①参照）

建　物　除　却　損：　　600 ← 後述（Ⅱ．3．(1) ①参照）

支　払　手　形：73,400 ← 貸借差額

構築物減価償却累計額：33,120 ← 後述（Ⅱ．3．(2) 参照）

新　株　予　約　権：12,000 ← 後述（Ⅱ．6．(1) 参照）

有　価　証　券　利　息：3,915 ← 後述（Ⅱ．2．(1) ①参照）

Ⅱ．決算整理仕訳等

1．棚卸資産

(借)	仕　　　　　　入	35,880	(貸)	繰　越　商　品	35,880
(借)	繰　越　商　品	48,000	(貸)	仕　　　　　　入	48,000(*1)
(借)	棚　卸　減　耗　費 （販売費及び一般管理費）	2,000(*2)	(貸)	繰　越　商　品	3,200
	棚　卸　減　耗　損 （特　別　損　失）	1,200(*3)			

(*1) 原価@80×帳簿数量600個＝48,000

(*2) 原価@80×(帳簿数量600個－実地数量560個－原価性のない棚卸減耗15個)＝2,000

(*3) 原価@80×原価性のない棚卸減耗15個＝1,200

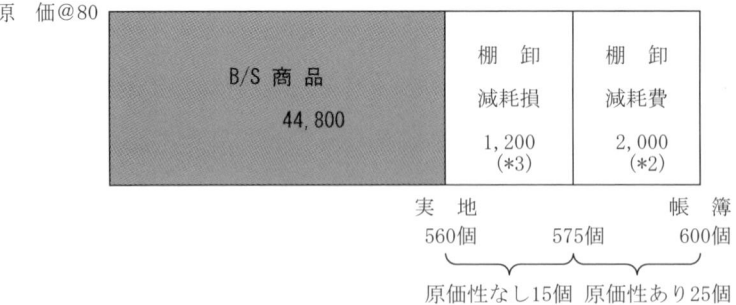

（参考1）棚卸資産の棚卸減耗費のP/L 表示について

		売上原価の内訳科目	販　　売　　費	営業外費用	特　別　損　失
棚卸減耗費	原価性あり	○	○	―	―
	原価性なし	―	―	○	○

2．有価証券

(1) 満期保有目的の債券（ＡＡ社社債）

① 利払日（処理済）

(借) 現 金 預 金	2,000(*1)	(貸) 有 価 証 券 利 息	3,915(*2)
投 資 有 価 証 券	1,915(*3)		

(*1) 額面100,000×券面利子率2％＝2,000

(*2) 91,837(*4)×実効利子率4.263％＝3,915.011… → 3,915（四捨五入）

(*3) 3,915(*2)－2,000(*1)＝1,915

(*4) 90,000＋1,837(*5)＝91,837

(*5) 3,837(*6)－2,000(*1)＝1,837

(*6) 90,000×実効利子率4.263％＝3,836.7 → 3,837（四捨五入）

◎ 前T/B 投資有価証券（ＡＡ社社債）：91,837(*4)＋1,915(*3)＝93,752

◎ 前T/B 有価証券利息：3,915(*2)

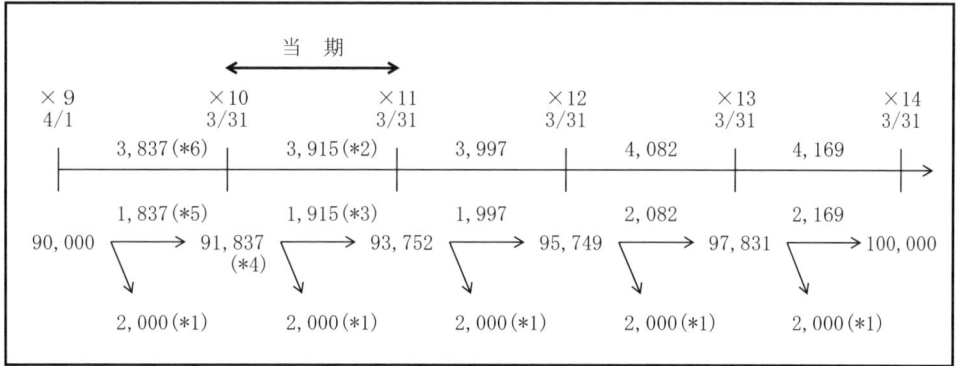

(注) 利息法の計算方法

　　①額面金額に券面利子率（クーポン利子率）を乗じて，利札受取額を算定する。

　　　　額面金額×券面利子率＝利札受取額

　　②帳簿価額に実効利子率を乗じて，その期間に配分される利息額を算定する。

　　　　帳簿価額×実効利子率＝利息配分額

　　③利息配分額から利札受取額を控除して，償却額を算定し，当該金額を帳簿価額に加減する。

　　　　利息配分額－利札受取額＝償却額

　　なお，最終年度で利息の調整を行っている。

② 決算整理

仕 訳 な し

(2) その他有価証券（ＲＲ社株式）

① 期首（処理済）

| (借) | その他有価証券評価差額金 | 50 | (貸) | 投 資 有 価 証 券 | 50(*1) |

(*1) 前期末時価19,850−取得原価19,800＝50

(注) その他有価証券の評価差額の処理方法は洗替方式なので，期首において振戻処理が必要となる。

② 決算整理

| (借) | 投 資 有 価 証 券 | 100(*1) | (貸) | その他有価証券評価差額金 | 100 |

(*1) 当期末時価19,900−取得原価19,800＝100

(3) 子会社株式（ＬＬ社株式）

| 仕 訳 な し |

(注) 子会社株式は取得原価をもって貸借対照表に表示される。

3．有形固定資産

(1) 建 物

① 建物の除却（処理済）

(借)	建 物 減 価 償 却 累 計 額	40,500	(貸)	建 物	50,000
	建 物 減 価 償 却 費	900(*1)			
	貯 蔵 品	8,000			
	建 物 除 却 損	600			

(*1) 50,000×0.9÷50年＝900

◎ 前T/B 建物減価償却費：900(*1)

◎ 前T/B 建物除却損：600

② 減価償却

| (借) | 建 物 減 価 償 却 費 | 4,500(*1) | (貸) | 建 物 減 価 償 却 累 計 額 | 4,500 |

(*1) 前T/B 建物250,000×0.9÷50年＝4,500

(2) 構築物

| (借) | 構築物減価償却費 | 20,700(*1) | (貸) | 構築物減価償却累計額 | 20,700 |

(*1) @5,520(*2)×(4コマ× $\dfrac{9ヶ月（X10.4～12）}{12ヶ月}$ ＋3コマ× $\dfrac{3ヶ月（X11.1～3）}{12ヶ月}$)＝20,700

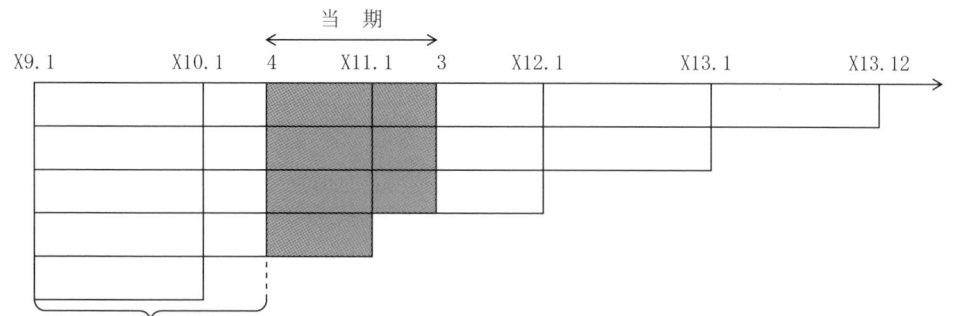

減価償却累計額33,120(*3)

(*2) 92,000×0.9÷15コマ(*4)＝@5,520

(*3) @5,520(*2)×6コマ(*5)＝33,120

(*4) $\dfrac{5×（5＋1）}{2}$ ＝15コマ

(*5) 5コマ＋4コマ× $\dfrac{3ヶ月（X10.1～3）}{12ヶ月}$ ＝6コマ

◎ 前T/B 構築物減価償却累計額：33,120(*3)

(3) 車 両

① 買 換（未処理）

(借)	車両減価償却累計額	8,800	(貸)	車 両	20,000
	車両減価償却費	1,400(*1)		車両売却益	1,400(*3)
	車 両	22,800(*2)		未払金	11,600(*4)

(*1) (20,000－8,800)×0.25× $\dfrac{6ヶ月（X10.4～9）}{12ヶ月}$ ＝1,400

(*2) 現金正価23,600－値引（下取価額12,000－時価11,200）＝22,800

(*3) 時価11,200－簿価(20,000－8,800－1,400(*1))＝1,400

(*4) 現金正価23,600－下取価額12,000＝11,600

② 減価償却

| (借) | 車両減価償却費 | 26,000(*1) | (貸) | 車両減価償却累計額 | 26,000 |

(*1) {(180,000－20,000)－(76,200－8,800)}×0.25＋22,800×0.25× $\dfrac{6ヶ月（X10.10～X11.3）}{12ヶ月}$ ＝26,000

(4) 備 品

| (借) | 備品減価償却費 | 17,958(*1) | (貸) | 備品減価償却累計額 | 17,958 |

(*1) (50,000－前T/B 備品減価償却累計額9,000)×0.438＝17,958

4．のれん

（借）	の	れ	ん	償	却	額	700(*1)	（貸）	の	れ	ん	700

(*1)　前T/B のれん6,300÷残存償却期間9年(*2)＝700

(*2)　10年－経過年数1年(X9.4～X10.3)＝9年

5．減損会計

(1) のれんの分割

$$X事業：5,600(*1)×\frac{X事業時価80,000}{X事業時価80,000＋Y事業時価60,000}＝3,200$$

$$Y事業：5,600(*1)×\frac{Y事業時価60,000}{X事業時価80,000＋Y事業時価60,000}＝2,400$$

(*1)　前T/B のれん6,300－当期償却額700＝5,600

(2) 甲資産グループ（減損の兆候あり）

①　減損損失の認識の判定

帳簿価額合計78,000 ＞ 割引前将来ＣＦ76,600 → 認識する

②　減損損失の測定

帳簿価額合計78,000－回収可能価額65,286＝12,714

(3) より大きな単位（減損の兆候あり）

①　減損損失の認識の判定

帳簿価額合計116,200(*2) ＞ 割引前将来ＣＦ112,000 → 認識する

(*2)　甲事業78,000＋乙事業35,000＋のれん3,200＝116,200

②　減損損失の測定

帳簿価額合計116,200(*2)－回収可能価額99,936＝16,264

∴ のれんを加えることによる減損損失増加額：16,264－甲資産グループの減損損失12,714＝3,550

(4) のれんを加えることによる減損損失増加額の配分

のれんへの優先配分

のれんを加えることによる減損損失増加額3,550 ＞ X事業のれん3,200

→　3,200はのれんに配分し，当該超過額 350(*3) を各資産グループに配分する。

ただし，甲資産グループは回収可能価額まで減損損失を認識しているため，当該超過額を配分しない。

(*3)　3,550－3,200＝350

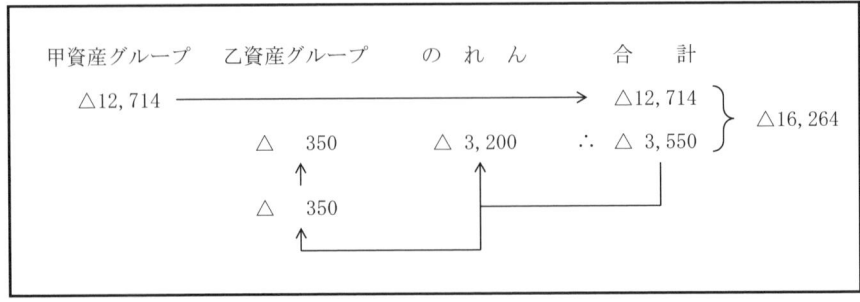

(5) 減損損失の各資産への配分

(借)	減 損 損 失	16,264	(貸)	の れ ん	3,200
				建 物	5,090(*4)
				土 地	7,974(*5)

(*4)(*5)

	甲資産グループ	乙資産グループ	のれん	より大きな単位
帳簿価額合計	78,000	35,000	3,200	116,200
減損損失	△ 12,714	△ 350 (*3)	△ 3,200	△ 16,264
配分比率	0.163	0.01	—	—
建物への配分	△ 4,890	△ 200	—	△ 5,090 (*4)
土地への配分	△ 7,824	△ 150	—	△ 7,974 (*5)
のれんへの配分	—	—	△ 3,200	△ 3,200

6．新株予約権付社債（区分法）

(1) 発行時（×8年4月1日）

(借)	現 金 預 金	240,000	(貸)	社 債	228,000(*1)
				新 株 予 約 権	12,000(*2)

(*1) 社債額面240,000× $\dfrac{@95円}{@100円}$ ＝228,000

(*2) 払込価格@50×240個(*3)＝12,000

(*3) @1個×240枚(*4)＝240個

(*4) 社債額面240,000÷@1,000＝240枚

◎ 前T/B 新株予約権：12,000(*2)

(2) 権利行使時（×11年1月25日，未処理）

(借)	現 金 預 金	150,000(*5)	(貸)	資 本 金	78,750(*7)
	新 株 予 約 権	7,500(*6)		資 本 準 備 金	78,750(*7)

(*5) 行使価格@1,000円×発行株式数150,000株(*8)＝150,000

(*6) 払込価格@50×150個＝7,500

(*7) $(150,000(*5)+7,500(*6))× \dfrac{1}{2} ＝78,750$

(*8) @1,000株×150個＝150,000株

(3) 決算整理

(借)	社 債 利 息	2,400(*9)	(貸)	社 債	2,400

(*9) $(社債額面240,000-228,000(*1))× \dfrac{12ヶ月（X10.4～X11.3）}{60ヶ月（X8.4～X13.3）} ＝2,400$

7．資本取引等（未処理）

(1) 自己株式の取得（×10年5月10日）

（借）	自 己 株 式	2,300	（貸）	現 金 預 金	2,300

(2) 任意積立金の取崩，積立及び剰余金の配当

（借）	任 意 積 立 金	10,000	（貸）	繰 越 利 益 剰 余 金	10,000
（借）	繰 越 利 益 剰 余 金	15,000	（貸）	任 意 積 立 金	15,000
（借）	繰 越 利 益 剰 余 金	33,000	（貸）	利 益 準 備 金	3,000(*1)
				未 払 配 当 金	30,000(*2)
（借）	未 払 配 当 金	30,000(*2)	（貸）	現 金 預 金	30,000

(*1) 資本金$534,560 \times \dfrac{1}{4}$－（資本準備金35,000＋利益準備金79,000）＝19,640 $\Big\}$

$\longrightarrow$ ∴ 3,000
（いずれか小）

配当額$30,000(*2) \times \dfrac{1}{10} = 3,000$

(*2) 分配可能額$150,000(*3) \times \dfrac{1}{5} = 30,000$

(*3) 6月27日における（剰余金157,300(*4)－自己株式7,300(*5)）＝150,000

(*4) 前T/B その他資本剰余金20,000＋任意積立金（前T/B 26,000－10,000＋15,000）

＋繰越利益剰余金（前T/B 111,300＋10,000－15,000）＝157,300

(*5) 前T/B 自己株式5,000＋2,300＝7,300

(3) 増 資（新株の発行と自己株式の処分の併用，×10年10月20日）

（借）	現 金 預 金	6,000	（貸）	資 本 金	4,200(*1)
				自 己 株 式	1,500
				そ の 他 資 本 剰 余 金	300(*2)

(*1) 新株に対する払込金額4,200(*3)－自己株式処分差損相当額0 (*2)＝4,200

(*2) 自己株式の処分の対価1,800(*4)－帳簿価額1,500＝自己株式処分差益300 ∴ 自己株式処分差損0

(*3) 6,000×70％＝4,200

(*4) 6,000×30％＝1,800

(4) 自己株式の消却（×11年3月1日）

（借）	そ の 他 資 本 剰 余 金	1,000	（貸）	自 己 株 式	1,000

8．貸倒引当金

（借）貸倒引当金繰入額	600(*1)	（貸）貸倒引当金	600

（*1）（前T/B 受取手形91,000＋前T/B 売掛金96,000)×2％－前T/B 3,140＝600

9．損益の繰延

（借）前払営業費	5,400	（貸）営業費	5,400

10．法人税，住民税及び事業税

（借）法人税，住民税及び事業税	58,950	（貸）未払法人税等	58,950

Ⅲ. 決算整理後残高試算表

決算整理後残高試算表

×11年3月31日

現　金　預　金	349,857	支　払　手　形	73,400	
受　取　手　形	91,000	買　掛　金	62,140	
売　掛　金	96,000	未　払　金	11,600	
繰　越　商　品	44,800	未　払　法　人　税　等	58,950	
貯　蔵　品	8,000	貸　倒　引　当　金	3,740	
前　払　営　業　費	5,400	社　債	235,200	
建　物	244,910	建物減価償却累計額	44,800	
構　築　物	92,000	構築物減価償却累計額	53,820	
車　両	182,800	車両減価償却累計額	93,400	
備　品	50,000	備品減価償却累計額	26,958	
土　地	258,826	資　本　金	617,510	
の　れ　ん	2,400	資　本　準　備　金	113,750	
投　資　有　価　証　券	113,652	その他資本剰余金	19,300	
子　会　社　株　式	128,860	利　益　準　備　金	82,000	
自　己　株　式	4,800	任　意　積　立　金	31,000	
仕　入	293,100	繰　越　利　益　剰　余　金	73,300	
営　業　費	50,006	その他有価証券評価差額金	100	
棚　卸　減　耗　費	2,000	新　株　予　約　権	4,500	
貸　倒　引　当　金　繰　入　額	600	売　上	558,600	
建　物　減　価　償　却　費	5,400	受　取　利　息　配　当　金	1,200	
構　築　物　減　価　償　却　費	20,700	有　価　証　券　利　息	3,915	
車　両　減　価　償　却　費	27,400	車　両　売　却　益	1,400	
備　品　減　価　償　却　費	17,958			
の　れ　ん　償　却　額	700			
社　債　利　息	2,400			
棚　卸　減　耗　損	1,200			
建　物　除　却　損	600			
減　損　損　失	16,264			
法人税，住民税及び事業税	58,950			
	2,170,583		2,170,583	

【MEMO】

問題⑩ ソフトウェア

以下の各問に答えなさい。

問1　ＴＡＣ株式会社の当事業年度（自×10年4月1日　至×11年3月31日）における下記の〔資料〕を参照して，答案用紙に示されている損益計算書及び貸借対照表を完成させなさい。

〔資料Ⅰ〕　決算整理前残高試算表

決算整理前残高試算表

×11年3月31日　　　　　　　　　　　　　　（単位：千円）

現　金　預　金	308,125	支　払　手　形	560,000
受　取　手　形	680,000	買　掛　金	500,000
売　掛　金	610,000	貸　倒　引　当　金	1,000
有　価　証　券	178,000	社　債	586,500
繰　越　商　品	250,000	リ ー ス 債 務 （ 固 定 ）	（　　　　　）
仮　払　金	194,000	建物減価償却累計額	216,000
建　物	1,200,000	備品減価償却累計額	54,000
備　品	240,000	リース資産減価償却累計額	（　　　　　）
土　地	（　　　　　）	資　本　金	1,800,000
リ ー ス 資 産	（　　　　　）	資　本　準　備　金	115,000
ソ フ ト ウ ェ ア	（　　　　　）	利　益　準　備　金	40,000
長　期　貸　付　金	600,000	任　意　積　立　金	80,000
仕　入	1,450,000	繰　越　利　益　剰　余　金	100,000
営　業　費	143,367	売　上	2,960,000
支　払　利　息	（　　　　　）	受　取　利　息	16,000
社　債　利　息	6,500	仕　入　割　引	10,000
手　形　売　却　損	320	国 庫 補 助 金 受 贈 益	25,000
	（　　　　　）		（　　　　　）

〔資料Ⅱ〕　決算整理事項等

1．有価証券

有価証券の内訳は次のとおりである。なお，その他有価証券については全部純資産直入法を採用している。

銘　柄	簿　価	時　価	備　　考
ＡＢ社株式	11,000千円	11,600千円	売買目的有価証券，当期に取得
ＣＤ社株式	135,000千円	137,000千円	関連会社株式
ＥＦ社株式	32,000千円	36,000千円	その他有価証券（注）

（注）ＥＦ社は当社の親会社である。なお，当社はＥＦ社株式を決算日より１年以内に処分することを予定している。

2．商品

期末商品帳簿棚卸高は 220,000千円であり，棚卸減耗等は生じていない。

3．有形固定資産

(1) 当期において建物取得に係る国庫補助金25,000千円を受け取っており，×10年8月1日に当該国庫補助金をもとに，建物 400,000千円を取得している。なお，国庫補助金分について直接減額方式により圧縮記帳を行うが，圧縮記帳の処理が未処理である。

(2) 減価償却を以下のとおり行う。

種　　類	償却方法	耐用年数	残存価額
建　　物	定額法	30年	10%
備　　品	定額法	12年	10%

(3) ×8年10月1日からリースにより機械を使用している。このリース契約はファイナンス・リースである。なお，リース契約の内容は以下のとおりである。また，〔資料Ⅰ〕の支払利息はすべて当該リース契約に係るものであり，当社の機械は当該リース品のみである。

① リース契約期間は5年であり，1年分のリース料69,360千円を×8年10月1日より毎年10月1日に前払いしている。

② 所有権移転条項及び割安購入選択権はない。

③ 当該機械の見積現金購入価額は 309,700千円である。

④ リース料総額を見積現金購入価額に等しくさせる割引率は年6％である。

⑤ 当社の追加借入利子率は年 5.7％である。

⑥ 当該機械の減価償却は定額法により行う。また，当該機械の経済的耐用年数は6年である。

⑦ 計算にあたって生じた端数は千円未満を四捨五入する。

4．ソフトウェア

(1) 〔資料Ⅰ〕のソフトウェアは×9年4月1日に自社で利用するために60,000千円で取得したものである。

(2) 自社利用のソフトウェアについては定額法により5年で償却する。

5．研究開発

　　当期において，当社は新たなサービスを開発するための調査・探求費として43,000千円を小切手を振り出して支出しているが未処理である。

6．支払手形

　　〔資料Ⅰ〕における支払手形には，当期首に備品を購入した際に振り出した約束手形 160,000千円（満期日×11年9月30日）が含まれている。

7．保証債務

　　期中に以下のような手形の裏書譲渡及び手形の割引が行われた。なお，手形額面金額に対して2％の保証債務を計上するが，当該保証債務の計上が未処理であった。

	額　面　金　額	裏書日又は割引日	決　済　日
裏書手形	60,000千円	×10年6月12日	×10年9月20日
割引手形	20,000千円	×11年3月10日	×11年5月28日

8．社　債

(1) ×8年7月1日に社債 1,000,000千円（額面@ 100円につき@97円の払込，年利率3％，利払日6月末）を発行した。社債は×9年6月30日より毎年6月末に 200,000千円ずつ抽選償還している。

(2) ×10年6月30日に×12年6月30日償還予定の社債を 194,000千円（裸相場）で買入償還したが，支出額 194,000千円を仮払金として処理している。なお，利払については期中適正に処理されている。

(3) 償却原価法（定額法）を採用しており，償却額は借入資金の利用高に応じて計算する。

9．貸倒引当金

(1) すべての債権を一般債権，貸倒懸念債権，破産更生債権等の3区分に分類し，差額補充法により貸倒引当金を設定している。

(2) 売上債権はすべて一般債権であり，貸倒引当金は毎期過去3年間の貸倒実績率の平均により設定している。なお，過去の貸倒れの実績は以下のとおりである。また，売上債権の回収期間は6ヶ月である。

	×7年度	×8年度	×9年度	×10年度
売上債権期末残高	1,260,000千円	1,180,000千円	1,300,000千円	1,290,000千円
前期末債権の当期貸倒	26,230千円	28,098千円	22,656千円	24,050千円

(3) 〔資料Ⅰ〕の長期貸付金のうち 400,000千円は×9年4月1日にXX社に対して貸し付けたものである。なお，当該貸付金の年利率が4％，利払日は3月末，貸付期間は5年である。また，当期末の利払後に条件緩和の申し出があり，当社は年利率を3％に引き下げることに合意した。そこで，当該貸付金を貸倒懸念債権に区分し，貸倒引当金を設定する。なお，計算にあたって生じた端数は千円未満を四捨五入する。

(4) 〔資料Ⅰ〕の長期貸付金のうち 200,000千円は×8年4月1日にYY社に対して貸し付けたものであるが，当期において業績不振からYY社が会社更生法の適用を受けたため，当該貸付金を破産更生債権等に区分し，貸倒引当金を設定する。なお，当該貸付金にはYY社が保有する不動産に対する20,000千円の担保権が設定されている。

10. 経過勘定（他の〔**資料**〕から判明するものを除く）

  (1) 営業費30,000千円を見越計上する。

  (2) 営業費24,004千円を繰延処理する。

11. 法人税，住民税及び事業税

   税引前当期純利益に対して50%の法人税，住民税及び事業税を計上する。なお，税効果会計については考慮しない。

問2 以下の〔資料〕に基づいて当期のソフトウェアの償却に関する仕訳（単位：千円）を答案用紙の所定欄に記入しなさい。なお，当期は×11年3月31日を決算日とする1年間である。

〔資　料〕　ソフトウェアX及びソフトウェアYに関するデータ

1．×9年4月1日にソフトウェアX（制作費 120,000千円）及びソフトウェアY（制作費 180,000千円）を無形固定資産として計上した。

2．見込販売数量を基準に減価償却を行っており，当該ソフトウェアの見込有効期間は3年である。

3．販売開始時における見込販売数量，見込販売収益は以下のとおりである。

	ソフトウェアX		ソフトウェアY	
	見込販売数量	見込販売収益	見込販売数量	見込販売収益
×9年度	1,150個	92,000千円	1,300個	91,000千円
×10年度	1,300個	78,000千円	1,700個	110,500千円
×11年度	750個	26,250千円	1,000個	60,000千円

4．ソフトウェアXは，×9年度及び×10年度において当初の見込みどおり販売されている。また，×10年度末において×11年度における見込販売数量，見込販売収益に変更はない。

5．ソフトウェアYは，×9年度において当初の見込みどおり販売されている。なお，×10年度における実績販売数量，実績販売収益は以下のとおりである。また，×10年度末において×11年度における見込販売数量，見込販売収益を以下のように変更した。

(1) ×10年度までの実績販売数量，実績販売収益

	ソフトウェアY	
	実績販売数量	実績販売収益
×9年度	1,300個	91,000千円
×10年度	1,600個	102,400千円

(2) ×10年度末における見込販売数量，見込販売収益

	ソフトウェアY	
	見込販売数量	見込販売収益
×11年度	900個	53,100千円

6．計算過程で端数が生じた場合には千円未満を随時四捨五入すること。

7．減価償却を実施した後の未償却残高が翌期以降の見込販売収益額を上回った場合，当該超過額はソフトウェア償却として処理する。

〔ＭＥＭＯ〕

【解　答】

問1

損　益　計　算　書 （単位：千円）

自×10年 4 月 1 日　至×11年 3 月31日

I　売　　　上　　　高　　　　　　　（　2,960,000　）　　V　営　業　外　費　用

II　売　　上　　原　　価　　　　　　　　　　　　　　　　　1　支　払　利　息（★　　9,377　）

　1　期首商品棚卸高（　　250,000　）　　　　　　　　　2　社　債　利　息（★　　20,000　）

　2　当期商品仕入高（　1,450,000　）　　　　　　　　　3　手　形　売　却　損（　　　320　）

　　　合　　　　　計　（　1,700,000　）　　　　　　　　　4　保　証　債　務　費　用（★　　1,600　）

　3　期末商品棚卸高（　　220,000　）（　1,480,000　）　5　貸倒引当金繰入額（　191,100　）（　222,397　）

　　（売　上　総　利　益）　　　　　（★1,480,000　）　　　（経　常　利　益）　　　　　（　943,600　）

III　販売費及び一般管理費　　　　　　　　　　　　　　　VI　特　　別　　利　　益

　1　営　　業　　費（★　149,363　）　　　　　　　　　1（社　債　償　還　益）（★　　2,000　）

　2　貸倒引当金繰入額（　　24,800　）　　　　　　　　　2　保証債務取崩益（　　1,200　）

　3　建物減価償却費（　　31,500　）　　　　　　　　　3　国庫補助金受贈益（　25,000　）（　28,200　）

　4　備品減価償却費（　　18,000　）　　　　　　　　VII　特　　別　　損　　失

　5　リース資産減価償却費（★　61,940　）　　　　　　1（建　物　圧　縮　損）（★　25,000　）（　25,000　）

　6　ソフトウェア償却（　　12,000　）　　　　　　　　　（税引前当期純利益）　　　　（　946,800　）

　7　研　究　開　発　費（★　43,000　）（　340,603　）　　法人税，住民税及び事業税　　（　473,400　）

　　（営　　業　　利　　益）　　　　（　1,139,397　）　　　（当　期　純　利　益）　　　（　473,400　）

IV　営　業　外　収　益

　1　受　　取　　利　　息（　16,000　）

　2　仕　　入　　割　　引（　10,000　）

　3（有価証券評価益）（★　　600　）（　26,600　）

貸 借 対 照 表

×11年3月31日　　　　　　　　　　　　　（単位：千円）

資 産 の 部		負 債 の 部	
I 流 動 資 産		I 流 動 負 債	
現 金 及 び 預 金　（　265,125　）		支 払 手 形　　（　400,000　）	
受 取 手 形（　680,000　）		買 掛 金　　（　500,000　）	
貸 倒 引 当 金（△　13,600　）（★　666,400　）		リ ー ス 債 務　　（　61,730　）	
売 掛 金（　610,000　）		（一 年 内 償 還 社 債）　（★　199,500　）	
貸 倒 引 当 金（△　12,200　）（　597,800　）		未 払 費 用　　（★　42,815　）	
有 価 証 券　（　11,600　）		未 払 法 人 税 等　（　473,400　）	
親 会 社 株 式　（　36,000　）		（営 業 外 支 払 手 形）　（★　160,000　）	
商 品　（　220,000　）		（保 証 債 務）　（★　400　）	
前 払 費 用　（　24,004　）		流 動 負 債 合 計　（　1,837,845　）	
流 動 資 産 合 計　（　1,820,929　）		II 固 定 負 債	
II 固 定 資 産		社 債　　（　195,500　）	
1 有 形 固 定 資 産		（リ ー ス 債 務）　（★　65,434　）	
建 物（　1,175,000　）		固 定 負 債 合 計　（　260,934　）	
減 価 償 却 累 計 額（△　247,500　）（★　927,500　）		負 債 合 計　（　2,098,779　）	
備 品（　240,000　）		純 資 産 の 部	
減 価 償 却 累 計 額（△　72,000　）（　168,000　）		I 株 主 資 本	
土 地　（★1,060,000　）		1 資 本 金　（　1,800,000　）	
リ ー ス 資 産（　309,700　）		2 資 本 剰 余 金	
減 価 償 却 累 計 額（△　154,850　）（　154,850　）		(1) 資 本 準 備 金（　115,000　）	
有 形 固 定 資 産 合 計　（　2,310,350　）		資 本 剰 余 金 合 計　（　115,000　）	
2 無 形 固 定 資 産		3 利 益 剰 余 金	
ソ フ ト ウ ェ ア　（★　36,000　）		(1) 利 益 準 備 金（　40,000　）	
無 形 固 定 資 産 合 計　（　36,000　）		(2) そ の 他 利 益 剰 余 金	
3 投 資 そ の 他 の 資 産		任 意 積 立 金（　80,000　）	
関 係 会 社 株 式　（　135,000　）		繰 越 利 益 剰 余 金（★　573,400　）	
長 期 貸 付 金（　400,000　）		利 益 剰 余 金 合 計　（　693,400　）	
貸 倒 引 当 金（△　11,100　）（★　388,900　）		株 主 資 本 合 計　（　2,608,400　）	
破 産 更 生 債 権 等（　200,000　）		II 評 価 ・ 換 算 差 額 等	
貸 倒 引 当 金（△　180,000　）（★　20,000　）		1 そ の 他 有 価 証 券 評 価 差 額 金　（★　4,000　）	
投 資 そ の 他 の 資 産 合 計　（　543,900　）		評 価 ・ 換 算 差 額 等 合 計　（　4,000　）	
固 定 資 産 合 計　（　2,890,250　）		純 資 産 合 計　（　2,612,400　）	
資 産 合 計　（　4,711,179　）		負 債 純 資 産 合 計　（　4,711,179　）	

問2

1．ソフトウェアXに関する仕訳

★ （借）ソ フ ト ウ ェ ア 償 却　　50,625　　（貸）ソ フ ト ウ ェ ア　　50,625

- -

2．ソフトウェアYに関する仕訳

★ （借）ソ フ ト ウ ェ ア 償 却　　71,111　　（貸）ソ フ ト ウ ェ ア　　71,111

- -

【採点基準】

★ 4 点×25箇所＝100点

【解答時間及び得点】

	日　付	解答時間	得　点	Ｍ　Ｅ　Ｍ　Ｏ
1	／	分	点	
2	／	分	点	
3	／	分	点	
4	／	分	点	
5	／	分	点	

【チェック・ポイント】

出題分野	出題論点	日　付				
		／	／	／	／	／
個　別　論　点	有　　価　　証　　券					
	所有権移転外ファイナンス・リース取引					
	ソフトウェア（自社利用目的）					
	圧 縮 記 帳 （ 直 接 減 額 方 式 ）					
	研　　究　　開　　発　　費					
	営　業　外　支　払　手　形					
	保　　証　　債　　務					
	繰　　上　　償　　還					
	貸　倒　見　積　高　の　算　定					
	ソフトウェア（市場販売目的）					

【解答への道】（単位：千円）

[問1] について

Ⅰ．〔資料Ⅰ〕の空欄推定

  土   地： 1,060,000 ← 貸借差額

  リ ー ス 資 産： 309,700 ← 後述（Ⅱ．5．(1) 参照）

  ソ フ ト ウ ェ ア： 48,000 ← 60,000－60,000÷5年×経過年数1年

  支 払 利 息： 5,562 ← 後述（Ⅱ．5．(3) 参照）

  リ ー ス 債 務（固定）： 127,164 ← 後述（Ⅱ．5．(6) 参照）

  リース資産減価償却累計額： 92,910 ← $309{,}700 \div$ リース期間5年 $\times \dfrac{18 \text{ヶ月（X8.10〜X10.3）}}{12 \text{ヶ月}}$

Ⅱ．決算整理仕訳等

 1．有価証券

  (1) 売買目的有価証券（ＡＢ社株式）

(借)	有 価 証 券	600	(貸)	有 価 証 券 評 価 損 益	600(*1)

  (*1) 時価11,600－簿価11,000＝600

  (2) 関連会社株式（ＣＤ社株式）

(借)	関 係 会 社 株 式	135,000	(貸)	有 価 証 券	135,000

  (注) 答案用紙より「関係会社株式」勘定で処理することを判断する。

  (3) 親会社株式（ＥＦ社株式）

(借)	親 会 社 株 式	32,000	(貸)	有 価 証 券	32,000
(借)	親 会 社 株 式	4,000	(貸)	その他有価証券評価差額金	4,000(*1)

  (*1) 時価36,000－簿価32,000＝4,000

  (注) 親会社株式は貸借対照表日後1年以内に処分されると認められるものは「流動資産」として計上する。

    なお，親会社株式は通常，その他有価証券に分類されるため，決算において時価評価を行う。

 2．商 品

(借)	仕 入	250,000	(貸)	繰 越 商 品	250,000
(借)	繰 越 商 品	220,000	(貸)	仕 入	220,000

3．建 物

(1) 圧縮記帳（未処理）

| (借) | 建 物 圧 縮 損 | 25,000(*1) | (貸) | 建 物 | 25,000 |

(*1) 国庫補助金受贈益相当額

(2) 減価償却

| (借) | 建 物 減 価 償 却 費 | 31,500(*2) | (貸) | 建 物 減 価 償 却 累 計 額 | 31,500 |

(*2) 前期以前取得分24,000(*3)＋当期取得分7,500(*4)＝31,500

(*3) 前期以前取得分(前T/B 建物1,200,000－400,000)×0.9÷30年＝24,000

(*4) (取得原価400,000－圧縮損25,000(*1))×0.9÷30年× $\dfrac{8 \text{ヶ月(X10.8～X11.3)}}{12 \text{ヶ月}}$ ＝7,500

4．備 品

| (借) | 備 品 減 価 償 却 費 | 18,000(*1) | (貸) | 備 品 減 価 償 却 累 計 額 | 18,000 |

(*1) 前T/B 備品240,000×0.9÷12年＝18,000

5．所有権移転外ファイナンス・リース取引

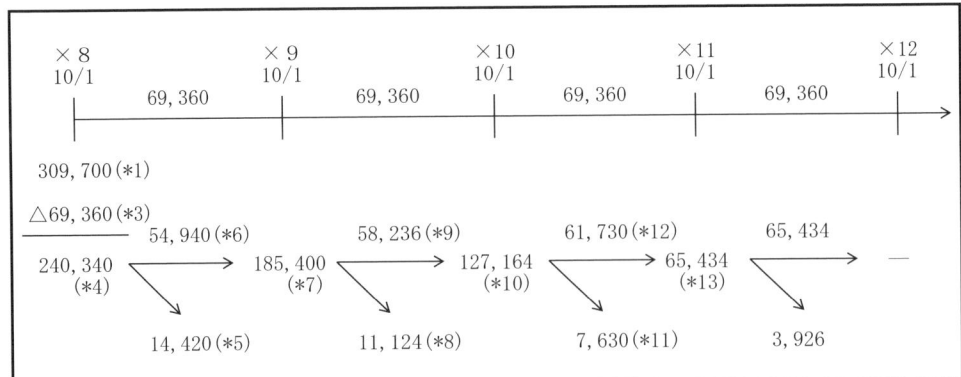

(注)　計算方法

　　　　返済前元本×6％＝利息分　←　随時四捨五入

　　　　リース料－利息分＝元本返済分

　　　　返済前元本－元本返済分＝返済後元本＝翌期の返済前元本

　　　なお，最終年度の計算は，返済前元本をすべて返済し，残りを利息分として調整する。

(注)　返済日を基準に計算する。

(*1)　見積現金購入価額309,700 ＞ リース料の割引現在価値合計311,360(*2)

　　　　　　　　　　　　　　　　　　　　　　→　資産計上額309,700(いずれか小)

(*2)　$69,360+\dfrac{69,360}{1+0.057}+\dfrac{69,360}{(1+0.057)^2}+\dfrac{69,360}{(1+0.057)^3}+\dfrac{69,360}{(1+0.057)^4}=311,359.998\cdots$

　　　　　　　　　　　　　　　　　　　　　　→　311,360　（四捨五入）

(注)　借手が貸手の購入価額を知り得ない場合，見積現金購入価額とリース料総額の割引現在価値とのいずれか小さい方の額をリース物件の取得原価とする。なお，リース料総額の割引現在価値を算定する際の割引率は，貸手の計算利子率を知り得る場合には貸手の計算利子率を，知り得ない場合には借手の追加借入利子率を使用する。

◎　前T/B リース資産：309,700(*1)

(*3)　支払リース料（全額が元本の返済となる）

(*4)　309,700(*1)－69,360(*3)＝240,340

(*5)　240,340(*4)×6％＝14,420.4　→　14,420（四捨五入）

(*6)　69,360－14,420(*5)＝54,940

(*7)　240,340(*4)－54,940(*6)＝185,400

(*8)　185,400(*7)×6％＝11,124

(*9)　69,360－11,124(*8)＝58,236

(*10)　185,400(*7)－58,236(*9)＝127,164

◎　前T/B リース債務（固定）：127,164(*10)

(*11)　127,164(*10)×6％＝7,629.84　→　7,630（四捨五入）

(*12) 69,360－7,630(*11)＝61,730

(*13) 127,164(*10)－61,730(*12)＝65,434

(注)　×10年10月１日における返済後元本127,164(*10)のうち，61,730(*12)は決算日の翌日より一年内に返済されるため，B/S上，流動負債の区分に「リース債務」として表示し，65,434(*13)は決算日の翌日より一年を超えて返済されるため，貸借対照表上，固定負債の区分に「リース債務」として表示する。

(1) 再振替仕訳（期中処理済）

（借）未　払　利　息　5,562　（貸）支　払　利　息　5,562(*14)

$$(*14)\ 11,124(*8) \times \frac{6\,ヶ月(X9.10〜X10.3)}{12ヶ月} = 5,562$$

(2) リース料支払時の仕訳（期中処理済）

（借）支　払　利　息　11,124(*8)　（貸）現　金　預　金　69,360
　　　リース債務（流動）　58,236(*9)

◎　前T/B 支払利息：11,124(*8)－5,562(*14)＝5,562

(3) 利息の見越計上

（借）支　払　利　息　3,815(*15)　（貸）未　払　利　息　3,815

$$(*15)\ 7,630(*11) \times \frac{6\,ヶ月(X10.10〜X11.3)}{12ヶ月} = 3,815$$

(4) 減価償却

（借）リース資産減価償却費　61,940(*16)　（貸）リース資産減価償却累計額　61,940

(*16) リース資産309,700(*1)÷リース期間５年＝61,940

(注)　本問のリース取引は，所有権移転条項及び割安購入選択権がないため，所有権移転外ファイナンス・リース取引であり，残存価額をゼロとし，リース期間にわたり減価償却を行う。

(5) リース債務（流動）への振替

（借）リース債務（固定）　61,730　（貸）リース債務（流動）　61,730(*12)

6．ソフトウェア

| (借) | ソフトウェア償却 | 12,000(*1) | (貸) | ソフトウェア | 12,000 |

(*1) 60,000÷5年＝12,000　又は，前T/B 48,000(*2)÷(5年－経過年数1年)＝12,000

(*2) 60,000－60,000÷5年×経過年数1年＝48,000

（参考1）自社利用のソフトウェア

1．自社利用のソフトウェア

(1) 償却方法

　　無形固定資産として計上したソフトウェアの取得原価は，その利用の実態に応じて最も合理的と考えられる減価償却方法を採用すべきであるが，一般的には**定額法**による償却が合理的である。

(2) 耐用年数

　　耐用年数は，当該ソフトウェアの利用可能期間によるべきであるが，原則として**5年**以内の年数とする。なお，利用可能期間については，適宜見直しを行う。

(3) 自社利用のソフトウェアの利用可能期間を変更した場合

　　利用期間の見直しの結果，当期末において耐用年数を変更した場合には，以下の計算式により当期及び翌期以降の減価償却額を算定する。

$$\text{当期の減価償却費} = \text{当期首未償却残高} \times \frac{\text{当年度の期間}}{\text{当期首における変更前の残存耐用年数}}$$

$$\text{翌期の減価償却費} = \text{翌期首未償却残高} \times \frac{\text{翌年度の期間}}{\text{翌期首における変更後の残存耐用年数}}$$

7．研究開発

(借)	研 究 開 発 費	43,000	(貸)	現 金 預 金	43,000

（注）　研究開発費は，すべて発生時に費用として処理する。

（参考２）研究開発費の会計処理

1．会計処理

　　研究開発費は，**すべて発生時に費用として処理しなければならない**。なお，ソフトウェア制作費のうち，研究開発に該当する部分も**研究開発費**として費用処理する。

(借)	研 究 開 発 費	×××	(貸)	現 金 預 金	×××

2．費用処理の方法

　　費用として処理する方法には①**一般管理費**として処理する方法，②**当期製造費用**として処理する方法がある。研究開発費は通常，原価性がないと考えられるため，一般的には，**一般管理費**として処理する。したがって，損益計算書上「**販売費及び一般管理費**」に計上する。

　　一方，**当期製造費用**として処理する場合には，その金額が棚卸資産（仕掛品又は製品）に含まれることになり，資産計上されることになるので，その内容を十分に検討する必要がある。

3．研究開発費を構成する原価要素

　　研究開発費には，人件費，原材料費，固定資産の減価償却費及び間接費の配賦額等，**研究開発のために費消されたすべての原価**が含まれる。

　　なお，特定の研究開発目的にのみ使用され，他の目的に使用できない機械装置や特許権等を取得した場合の原価は，取得時の**研究開発費**とする。

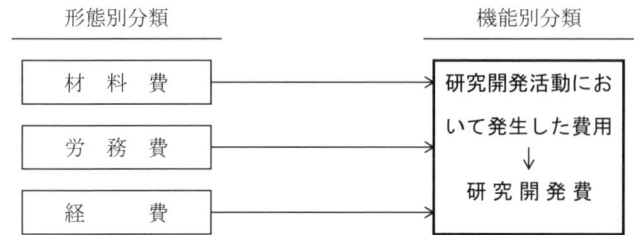

8．営業外支払手形

(借)	支 払 手 形	160,000	(貸)	営 業 外 支 払 手 形	160,000

（注）　固定資産の購入等，営業外の取引によって発生した手形は「営業外手形」勘定で処理する。なお，営業外支払手形を「固定資産購入支払手形」勘定で処理しても良い。

9．保証債務

(借)	保 証 債 務 費 用	1,600 (*1)	(貸)	保 証 債 務	1,600
(借)	保 証 債 務	1,200	(貸)	保 証 債 務 取 崩 益	1,200 (*2)

（*1）　(60,000＋20,000)×2％＝1,600

（*2）　60,000×2％＝1,200

10. 社　債

(1) 期首再振替（期中処理済）

(借)	未 払 社 債 利 息	18,000(*1)	(貸)	社　債　利　息	18,000

(*1)　$800,000 \times 3\% \times \dfrac{9 \text{ヶ月 (X9.7〜X10.3)}}{12 \text{ヶ月}} = 18,000$

(2) 抽選償還時及び利払日（期中処理済）

(借)	社　債　利　息	500(*2)	(貸)	一 年 内 償 還 社 債	500
(借)	一 年 内 償 還 社 債	200,000	(貸)	現　金　預　金	200,000
(借)	社　債　利　息	24,000(*3)	(貸)	現　金　預　金	24,000

(*2)　$@2,000(*4) \times 1 \text{コマ} \times \dfrac{3 \text{ヶ月 (X10.4〜6)}}{12 \text{ヶ月}} = 500$

(*3)　$800,000 \times 3\% = 24,000$

(*4)　$(1,000,000 - 970,000(*5)) \div 15 \text{コマ}(*6) = @2,000$

(*5)　額面$1,000,000 \times \dfrac{@97 \text{円}}{@100 \text{円}} = $払込価額$970,000$

(*6)　$\dfrac{5 \times (5+1)}{2} = 15 \text{コマ}$

(3) 繰上償還（期中未処理）

(借)	社　債　利　息	500(*7)	(貸)	社　　　　債	500
(借)	社　　　　債	196,000(*8)	(貸)	仮　　払　　金	194,000
				社 債 償 還 益	2,000

(*7)　$@2,000(*4) \times 1 \text{コマ} \times \dfrac{3 \text{ヶ月 (X10.4〜6)}}{12 \text{ヶ月}} = 500$

(*8)　$192,000(*13) + @2,000(*4) \times 2 \text{コマ} = $×12年6月30日償還予定分$196,000$

(4) 決算整理

(借)	社　債　利　息	9,000(*9)	(貸)	未 払 社 債 利 息	9,000
(借)	社　債　利　息	4,000(*10)	(貸)	社　　　　債	4,000
(借)	社　　　　債	199,500	(貸)	一 年 内 償 還 社 債	199,500(*11)

(*9)　$400,000 \times 3\% \times \dfrac{9 \text{ヶ月 (X10.7〜X11.3)}}{12 \text{ヶ月}} = 9,000$

(*10)　$@2,000(*4) \times 2 \text{コマ} = 4,000$

(*11)　$194,000(*14) + @2,000(*4) \times 1 \text{コマ} \times \dfrac{33 \text{ヶ月 (X8.7〜X11.3)}}{12 \text{ヶ月}} = $×11年6月30日償還予定分$199,500$

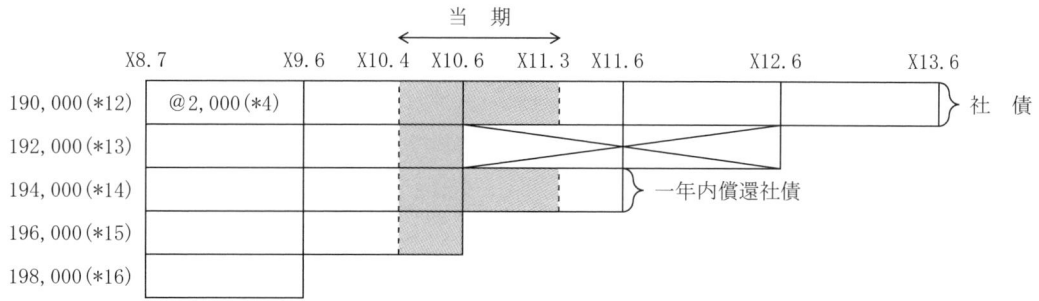

(*12) 額面200,000−@2,000(*4)×5コマ＝×13年6月30日償還分190,000

(*13) 額面200,000−@2,000(*4)×4コマ＝×12年6月30日償還分192,000

(*14) 額面200,000−@2,000(*4)×3コマ＝×11年6月30日償還分194,000

(*15) 額面200,000−@2,000(*4)×2コマ＝×10年6月30日償還分196,000

(*16) 額面200,000−@2,000(*4)×1コマ＝×9年6月30日償還分198,000

11. 貸倒引当金

(1) 一般債権

(借) 貸 倒 引 当 金 繰 入 額	24,800(*1)	(貸) 貸 倒 引 当 金	24,800

(*1) (受取手形680,000+売掛金610,000)×貸倒実績率0.02(*2)-前T/B 1,000=24,800

(*2) (0.0185(*3)+0.0192(*4)+0.0223(*5))÷3=0.02

(*3) 24,050÷1,300,000=0.0185

(*4) 22,656÷1,180,000=0.0192

(*5) 28,098÷1,260,000=0.0223

(2) 貸倒懸念債権

(借) 貸 倒 引 当 金 繰 入 額	11,100(*1)	(貸) 貸 倒 引 当 金	11,100

(*1) 400,000-388,900(*2)=11,100

(*2) 12,000(*3)÷1.04+12,000(*3)÷(1.04)^2+412,000(*4)÷(1.04)^3

=388,899.635… → 388,900 (四捨五入)

(*3) 400,000×3％=12,000

(*4) 元本400,000+12,000(*3)=412,000

◎ 条件緩和後の将来キャッシュ・フロー及び当初の年利率４％で割り引いた現在価値

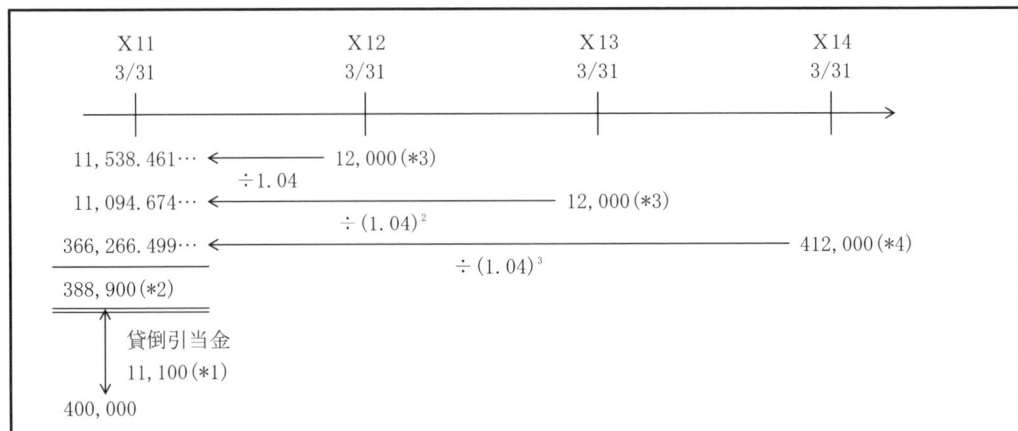

(3) 破産更生債権等

(借) 破 産 更 生 債 権 等	200,000	(貸) 長 期 貸 付 金	200,000
(借) 貸 倒 引 当 金 繰 入 額	180,000(*1)	(貸) 貸 倒 引 当 金	180,000

(*1) 200,000-担保20,000=180,000

12. 経過勘定（前述を除く）

(借) 営 業 費	30,000	(貸) 未 払 営 業 費	30,000
(借) 前 払 営 業 費	24,004	(貸) 営 業 費	24,004

13. 法人税等

(借) 法人税, 住民税及び事業税	473,400(*1)	(貸) 未 払 法 人 税 等	473,400

(*1) 税引前当期純利益946,800×50％=473,400

—192—

Ⅲ. 決算整理後残高試算表

決算整理後残高試算表
×11年3月31日

現　金　預　金	265,125	支　払　手　形	400,000
受　取　手　形	680,000	買　掛　金	500,000
売　掛　金	610,000	リース債務（流動）	61,730
有　価　証　券	11,600	一年内償還社債	199,500
親　会　社　株　式	36,000	未　払　営　業　費	30,000
繰　越　商　品	220,000	未　払　利　息	3,815
前　払　営　業　費	24,004	未　払　社　債　利　息	9,000
建　物	1,175,000	未　払　法　人　税　等	473,400
備　品	240,000	営業外支払手形	160,000
土　地	1,060,000	保　証　債　務	400
リ　ー　ス　資　産	309,700	貸　倒　引　当　金	25,800
ソ　フ　ト　ウ　ェ　ア	36,000	社　債	195,500
関　係　会　社　株　式	135,000	リース債務（固定）	65,434
長　期　貸　付　金	400,000	建物減価償却累計額	247,500
破　産　更　生　債　権　等	200,000	備品減価償却累計額	72,000
仕　入	1,480,000	リース資産減価償却累計額	154,850
営　業　費	149,363	貸　倒　引　当　金	191,100
貸　倒　引　当　金　繰　入　額	24,800	資　本　金	1,800,000
建　物　減　価　償　却　費	31,500	資　本　準　備　金	115,000
備　品　減　価　償　却　費	18,000	利　益　準　備　金	40,000
リース資産減価償却費	61,940	任　意　積　立　金	80,000
ソフトウェア償却	12,000	繰　越　利　益　剰　余　金	100,000
研　究　開　発　費	43,000	その他有価証券評価差額金	4,000
支　払　利　息	9,377	売　上	2,960,000
社　債　利　息	20,000	受　取　利　息	16,000
手　形　売　却　損	320	仕　入　割　引	10,000
保　証　債　務　費　用	1,600	有価証券評価損益	600
貸　倒　引　当　金　繰　入　額	191,100	社　債　償　還　益	2,000
建　物　圧　縮　損	25,000	保　証　債　務　取　崩　益	1,200
法人税，住民税及び事業税	473,400	国　庫　補　助　金　受　贈　益	25,000
	7,943,829		7,943,829

問2 について

I．ソフトウェアX

1．×9年度末

> (借) ソ フ ト ウ ェ ア 償 却　43,125(*1)　(貸) ソ フ ト ウ ェ ア　43,125

(*1)

（A）見込販売数量に基づく減価償却額：$120,000 \times \dfrac{実績販売数量1,150個}{1,150個+1,300個+750個} = 43,125$

（B）残存有効期間に基づく均等配分額：$120,000 \div 3 年 = 40,000$

$$（A）＞（B）\longrightarrow \therefore （A）43,125$$

2．×10年度末

> (借) ソ フ ト ウ ェ ア 償 却　50,625(*2)　(貸) ソ フ ト ウ ェ ア　50,625

(*2)　$48,750(*3)+1,875(*4)=50,625$

(*3)

（A）見込販売数量に基づく減価償却額：$76,875(*5) \times \dfrac{実績販売数量1,300個}{1,300個+750個} = 48,750$

（B）残存有効期間に基づく均等配分額：$76,875(*5) \div (3 年-1 年)$

$$=38,437.5 \rightarrow 38,438 （四捨五入）$$

$$（A）＞（B）\longrightarrow \therefore （A）48,750$$

(*4)　減価償却実施後の未償却残高28,125(*6)－×11年度見込販売収益26,250＝1,875

(注)　通常の償却実施後の未償却残高が見込販売収益を上回った場合，当該超過額は費用または損失として
　　　処理する。なお，本問は問題文の指示により，当該超過額はソフトウェア償却として処理する。

(*5)　$120,000-43,125(*1)=76,875$

(*6)　$76,875(*5)-48,750(*3)=28,125$

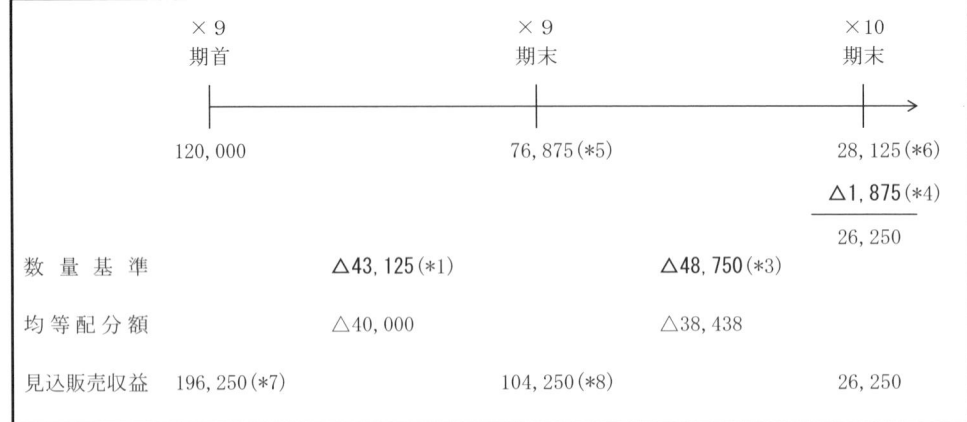

(*7)　$92,000+78,000+26,250=196,250$

(*8)　$78,000+26,250=104,250$

Ⅱ．ソフトウェアY

1．×9年度末

(借) ソフトウェア償却　　60,000(*1)　(貸) ソフトウェア　　60,000

(*1)

（Ａ）見込販売数量に基づく減価償却額：$180,000 \times \dfrac{\text{実績販売数量1,300個}}{1,300個 + 1,700個 + 1,000個} = 58,500$

（Ｂ）残存有効期間に基づく均等配分額：$180,000 \div 3年 = 60,000$

（Ａ）＜（Ｂ）→ ∴（Ｂ）60,000

2．×10年度末

(借) ソフトウェア償却　　71,111(*2)　(貸) ソフトウェア　　71,111

(*2)

（Ａ）見込販売数量に基づく減価償却額：

$120,000(*3) \times \dfrac{\text{実績販売数量1,600個}}{\text{×10年度期首における変更前の見込販売数量1,700個} + 1,000個}$

$= 71,111.111\cdots \rightarrow 71,111$（四捨五入）

（Ｂ）残存有効期間に基づく均等配分額：$120,000(*3) \div (3年 - 1年) = 60,000$

（Ａ）＞（Ｂ）→ ∴（Ａ）71,111

(*3)　$180,000 - 60,000(*1) = 120,000$

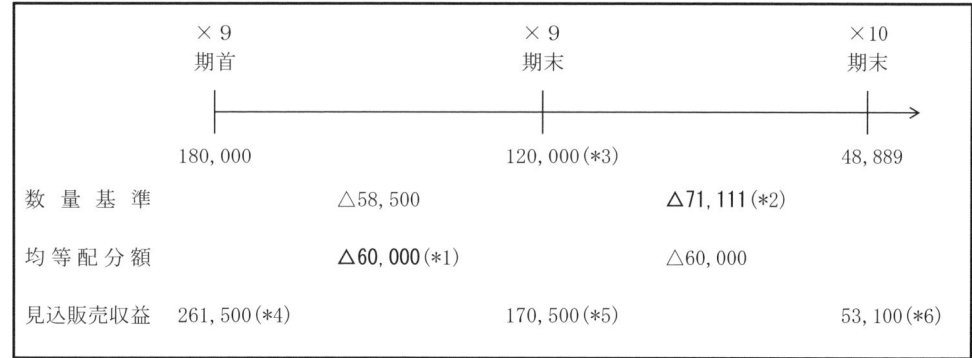

(*4)　$91,000 + 110,500 + 60,000 = 261,500$

(*5)　$110,500 + 60,000 = 170,500$

(*6)　×10年度末における変更後の×11年度見込販売収益

（参考３）市場販売目的のソフトウェア

1．市場販売目的のソフトウェア

無形固定資産として計上したソフトウェアの取得原価は，当該ソフトウェアの性格に応じて，合理的な方法により償却しなければならない。

ただし，毎期の減価償却額は，残存有効期間に基づく均等配分額を下回ってはならない。

(1) 償却方法

① 見込販売数量に基づく方法

$$当期首未償却残高 \times \frac{当期の実績販売数量}{当期首における変更前の見込販売数量}$$

② 見込販売収益に基づく方法

$$当期首未償却残高 \times \frac{当期の実績販売収益}{当期首における変更前の見込販売収益}$$

(2) 償却期間

原　則：３年以内

(3) 均等配分額

$$前期末未償却残高 \div 残存有効期間$$

(4) 当期減価償却額

(1) による償却額　┐
　　　　　　　　　　├ いずれか**大きい方**を当期の減価償却額とする。
(3) 均 等 配 分 額　┘

(5) 見込販売数量等を変更する場合

いずれの減価償却方法による場合にも，見込販売数量又は見込販売収益の見直しを適宜行う。見直しの結果，当期末に販売開始時の総見込販売数量又は総見込販売収益を変更した場合，以下の式に基づき，当期及び翌期の減価償却費を計算する。

① 当期末に見込販売数量を変更した場合

ⅰ 当期の減価償却費

$$\text{当期の減価償却費} = \text{当期首未償却残高} \times \frac{\text{当年度の実績販売数量}}{\text{当期首における変更前の見込販売数量}}$$

ⅱ 翌期の減価償却費

$$\text{翌期の減価償却費} = \text{翌期首未償却残高} \times \frac{\text{翌年度の実績販売数量}}{\text{翌期首における変更後の見込販売数量}}$$

② 当期末に見込販売収益を変更した場合

ⅰ 当期の減価償却費

$$\text{当期の減価償却費} = \text{当期首未償却残高} \times \frac{\text{当年度の実績販売収益}}{\text{当期首における変更前の見込販売収益}}$$

ⅱ 翌期の減価償却費

$$\text{翌期の減価償却費} = \text{翌期首未償却残高} \times \frac{\text{翌年度の実績販売収益}}{\text{翌期首における変更後の見込販売収益}}$$

(6) 未償却残高が見込販売収益額を上回った場合

販売期間の経過に伴い，減価償却を実施した後の未償却残高が翌期以降の見込販売収益額を上回った場合，当該超過額は一時の費用又は損失として処理する。

$$\text{費用又は損失} = \text{未償却残高} - \text{見込販売収益額}$$

問題11 減損会計

　ＴＡＣ株式会社の当期（×10年４月１日から×11年３月31日まで）に関する下記の〔資料〕を参照して，答案用紙に示されている損益計算書及び貸借対照表を完成させなさい。なお，計算過程で千円未満の端数が生じた場合には最終数値を四捨五入すること。

〔資料Ⅰ〕　決算整理前残高試算表

決算整理前残高試算表
×11年３月31日　　　　　　　　　　　　　　　　（単位：千円）

借方	金額	貸方	金額
現　　　　　　　　金	5,370	支　払　手　形	154,300
当　座　預　金	226,060	買　　掛　　金	135,320
受　取　手　形	123,700	仮　　受　　金	250,000
売　　掛　　金	153,300	貸　倒　引　当　金	2,540
有　価　証　券	93,440	長　期　借　入　金	50,000
繰　越　商　品	30,860	建物減価償却累計額	72,000
仮　　払　　金	69,035	機械装置減価償却累計額	111,000
建　　　　　　物	200,000	車両減価償却累計額	27,000
機　械　装　置	370,000	備品減価償却累計額	19,150
車　　　　　　両	50,000	資　　本　　金	700,000
備　　　　　　品	36,000	繰　越　利　益　剰　余　金	133,405
土　　　　　　地	544,591	新　株　予　約　権	（　　　　　）
自　己　新　株　予　約　権	（　　　　　）	売　　　　　上	887,631
仕　　　　　　入	570,320	受　取　利　息　配　当　金	2,560
営　　業　　費	92,880	有　価　証　券　利　息	600
支　払　利　息	2,900	雑　　収　　入	780
		自　己　新　株　予　約　権　処　分　益	（　　　　　）
		自　己　新　株　予　約　権　消　却　益	（　　　　　）
	（　　　　　）		（　　　　　）

—198—

〔資料Ⅱ〕　決算整理事項等

1．現金等

(1) 決算日において当社の金庫を実査した結果，以下のものが保管されていた。なお，未渡小切手は仕入先に対するもの 1,000千円及び営業費の支払先に対するもの 400千円である。また，株主配当金領収証については，期中何ら処理されていない。

硬貨・紙幣	1,020千円	未渡小切手	1,400千円	他社振出小切手 2,280千円

硬貨・紙幣　　1,020千円　　　未渡小切手　　　1,400千円　　　他社振出小切手　2,280千円

送金小切手　　1,200千円　　　株主配当金領収証 900千円（２．有価証券参照）

郵便為替証書　1,330千円

(2) 現金の帳簿残高と実際有高との差額原因は不明である。

2．有価証券

(1) 有価証券の内訳は次のとおりである。なお，その他有価証券の評価差額については全部純資産直入法を採用している。

	簿　　価	時　　価	備　　考
ＡＡ社株式	36,000千円	33,000千円	当社はＡＡ社の発行済株式の60％を所有している。
ＢＢ社株式	11,200千円	10,400千円	売買目的有価証券。当期に取得。
ＣＣ社株式	6,400千円	6,800千円	その他有価証券。当期に取得。
ＤＤ社社債	39,840千円	39,700千円	満期保有目的の債券。

(2) ＡＡ社は，期中に繰越利益剰余金の処分による配当 600千円を行い，株主配当金領収証を受け取ったが，未処理である。

(3) ＢＢ社は，期中に繰越利益剰余金の処分による配当 300千円を行い，株主配当金領収証を受け取ったが，未処理である。

(4) ＤＤ社社債（額面40,000千円，利率年３％，利払日１月末及び７月末，償還日×14年１月31日）は当期の10月12日に取得したものであり，簿価には端数利息が含まれている。なお，端数利息は日割計算，その他の利息については月割計算を行っている。また，当該社債については償却原価法（定額法）を適用する。

3．商品

(1) 商品の期末帳簿棚卸数量は 254個，期末実地棚卸数量は 248個であり，１個あたりの原価は 130千円，正味売却価額は 120千円である。

(2) 棚卸減耗は正常なものであり，損益計算書上，販売費として表示する。

4．固定資産

(1) 減価償却を次のとおり行う。

	方　法	残存価額	耐用年数	備　　　　考
建　物	定　額　法	10%	30年	すべて当期首より12年前から使用している。
機械装置	定　額　法	10%	6年	すべて前々期首より使用している。
車　両	級　数　法	10%	5年	すべて×8年4月12日から使用している。
備　品	定　率　法	10%	8年	0.1の8乗根は0.75である。

(2) 機械装置は，前々期首に 370,000千円で取得したものである。当期首に当該機械装置を売却し，そのすべてをリースバック（ファイナンス・リース取引に該当）したが，売却価額を仮受金として処理し，支払リース料を仮払金として処理したのみである。売却及びリースバックに関する条件は以下のとおりである。なお，機械装置の売却に際して4月分の減価償却費は計上せず，リース資産の減価償却費として計上する。

① 所有権移転条項：あり

② 売却価額： 250,000千円

③ リース期間：×10年4月1日から4年間

④ リース料の支払方法：×11年3月31日を初回とし，毎年1回69,035千円を後払い

⑤ 計算利子率：年 4.1%

⑥ リース資産の減価償却方法：定額法（残存経済的耐用年数4年，残存価額37,000千円）

(3) 当期の11月20日に備品（取得原価12,000千円，×8年4月4日より使用）を 5,225千円で売却したが，未処理である。なお，代金は×11年4月30日に受け取る約定である。

5．減損会計

(1) 当期末において，当社が有するX事業に属する資産グループA，B，C及び共用資産に減損の兆候が把握された。なお，各資産グループはそれぞれキャッシュ・フローを生み出す最小単位と判断される。

(2) X事業に属する各資産グループ及び共用資産の帳簿価額（当期減価償却後）は次のとおりである。

	資産グループA	資産グループB	資産グループC	共用資産	より大きな単位
建　物	―	―	―	61,000千円	61,000千円
備　品	1,050千円	1,200千円	3,000千円	―	5,250千円
土　地	19,950千円	22,800千円	27,000千円	―	69,750千円
合　計	21,000千円	24,000千円	30,000千円	61,000千円	136,000千円

(3) X事業に属する各資産グループ及び共用資産の割引前将来キャッシュ・フロー，使用価値及び正味売却価額は次のとおりである。

	資産グループA	資産グループB	資産グループC	共用資産	より大きな単位
割引前将来キャッシュ・フロー	22,500千円	25,000千円	23,000千円	不明	110,000千円
使 用 価 値	19,800千円	20,500千円	20,400千円	不明	95,000千円
正 味 売 却 価 額	18,500千円	21,600千円	17,400千円	32,600千円	90,100千円

(4) 減損損失を各資産グループに配分する際には，各資産グループの帳簿価額と回収可能価額の差額の比率により配分する。また，各資産グループに配分された減損損失を各資産に配分する際には，各資産の帳簿価額の比率により配分する。なお，減損損失配分後の各資産グループ及び共用資産の帳簿価額が回収可能価額を下回らないようにすること。

6．貸倒引当金

売上債権期末残高に対して2％の貸倒引当金を差額補充法により設定する。

7．新株予約権

(1) ×10年5月15日に新株予約権 500個を1個当たり50千円で発行している。

(2) ×10年10月20日に上記新株予約権のうち 150個を1個当たり43千円で購入しており，その際に，手数料 300千円（総額）が生じている。

(3) ×11年2月6日に自己新株予約権のうち80個を1個当たり49千円で処分している。

(4) ×11年3月5日に自己新株予約権のうち15個を消却している。

8．経過勘定（他の資料より判明するものは除く）

営業費の見越が 1,740千円，支払利息の見越が 250千円，支払利息の繰延が 240千円ある。

9．法人税，住民税及び事業税

法人税，住民税及び事業税として37,918千円を計上する。

【解 答】

損 益 計 算 書 （単位：千円）

自×10年4月1日 至×11年3月31日

Ⅰ 売 上 高		(887,631)		Ⅳ 営 業 外 収 益				
Ⅱ 売 上 原 価				1 受 取 利 息 配 当 金 (	3,460)			
1 期首商品棚卸高 (	30,860)			2 有 価 証 券 利 息 (★	620)			
2 当期商品仕入高 (	570,320)			3 雑 収 入 (★	1,240) (	5,320)		
合 計 (	601,180)			Ⅴ 営 業 外 費 用				
3 期末商品棚卸高 (	33,020)			1 支 払 利 息 (★	13,160)			
差 引 (	568,160)			2 (有価証券評価損) (★	800) (	13,960)		
4 商品低価評価損 (★	2,480) (	570,640)		経 常 利 益		(135,801)		
売 上 総 利 益		(316,991)		Ⅵ 特 別 利 益				
Ⅲ 販売費及び一般管理費				1 自己新株予約権処分益 (★	320)			
1 営 業 費 (	94,620)			2 自己新株予約権消却益 (★	75) (	395)		
2 棚 卸 減 耗 費 (	780)			Ⅶ 特 別 損 失				
3 貸倒引当金繰入額 (★	3,000)			1 (備品売却損) (★	400)			
4 建物減価償却費 (	6,000)			2 (減 損 損 失) (★	41,000) (	41,400)		
5 車両減価償却費 (★	9,000)			税引前当期純利益		(94,796)		
6 備品減価償却費 (★	3,650)			法人税，住民税及び事業税		(37,918)		
7 リース資産減価償却費 (★	55,500) (	172,550)		当 期 純 利 益		(56,878)		
営 業 利 益		(144,441)						

貸 借 対 照 表

×11年3月31日　　　　　　　　　　　　　（単位：千円）

資　産　の　部		負　債　の　部	
I 流 動 資 産		I 流 動 負 債	
現 金 及 び 預 金	（★　234,190）	支 払 手 形	（　154,300）
受 取 手 形（　123,700）		買 掛 金	（★　136,320）
貸 倒 引 当 金（△　2,474）（　121,226）		リ ー ス 債 務	（　61,195）
売 掛 金（　153,300）		（未 払 金）	（★　400）
貸 倒 引 当 金（△　3,066）（　150,234）		未 払 費 用	（★　1,990）
有 価 証 券	（　10,400）	未 払 法 人 税 等	（　37,918）
商 品	（★　29,760）	流 動 負 債 合 計	（　392,123）
前 払 費 用	（　240）	II 固 定 負 債	
未 収 収 益	（　200）	長 期 借 入 金	（　50,000）
（未 収 入 金）	（★　5,225）	リ ー ス 債 務	（★　130,020）
流 動 資 産 合 計	（　551,475）	固 定 負 債 合 計	（　180,020）
II 固 定 資 産		負 債 合 計	（　572,143）
1 有形固定資産		純 資 産 の 部	
建 物（　171,600）		I 株 主 資 本	
減価償却累計額（△　78,000）（　93,600）		1 資 本 金	（　700,000）
車 両（　50,000）		2 利 益 剰 余 金	
減価償却累計額（△　36,000）（　14,000）		(1) 繰越利益剰余金（　190,283）	
備 品（　22,890）		利 益 剰 余 金 合 計	（　190,283）
減価償却累計額（△　16,425）（　6,465）		株 主 資 本 合 計	（　890,283）
土 地	（★　533,101）	II 評価・換算差額等	
リ ー ス 資 産（　250,000）		1(その他有価証券評価差額金)	（★　400）
減価償却累計額（△　53,250）（　196,750）		評価・換算差額等合計	（　400）
有 形 固 定 資 産 合 計	（　843,916）	III 新 株 予 約 権	（★　21,775）
2 投資その他の資産		純 資 産 合 計	（　912,458）
投 資 有 価 証 券	（★　46,460）		
子 会 社 株 式	（　36,000）		
（長 期 前 払 費 用）	（★　6,750）		
投資その他の資産合計	（　89,210）		
固 定 資 産 合 計	（　933,126）		
資 産 合 計	（　1,484,601）	負 債 純 資 産 合 計	（　1,484,601）

（注）　自己新株予約権は貸借対照表上，取得原価による帳簿価額を，純資産の部の新株予約権から，原則と
　　　　して直接控除する。

【採点基準】

★ 4 点×25箇所＝100点

【解答時間及び得点】

	日 付	解答時間	得 点	Ｍ Ｅ Ｍ Ｏ
1	／	分	点	
2	／	分	点	
3	／	分	点	
4	／	分	点	
5	／	分	点	

【チェック・ポイント】

出題分野	出題論点	日 付				
		／	／	／	／	／
個 別 論 点	現 金 の 範 囲					
	現 金 過 不 足					
	有 価 証 券					
	商 品 の 期 末 評 価					
	リース取引（セール・アンド・リースバック取引)					
	減 損 損 失 （ 共 用 資 産 ）					
	自 己 新 株 予 約 権					

【解答への道】（単位：千円）

Ⅰ．〔資料Ⅰ〕の空欄推定

$$自己新株予約権：2,475 \rightarrow 6,750(*1) \times \frac{55個(*2)}{150個}$$

新　株　予　約　権：24,250 → @50×（500個－消却15個）

自己新株予約権処分益：　320 → 後述（Ⅱ．7．(3)参照）

自己新株予約権消却益：　75 → 後述（Ⅱ．7．(4)参照）

(*1)　@43×150個＋手数料300＝6,750

(*2)　150個－処分80個－消却15個＝55個

Ⅱ．決算整理仕訳等

1．現金等

(1) 未渡小切手

(借)	当 座 預 金	1,400	(貸)	買 掛 金	1,000(*1)
				未 払 金	400(*2)

(*1)　対仕入先分

(*2)　対営業費支払先分

(2) 現金等

① 株主配当金領収証（未処理，後述，2．参照）

(借)	現 金	900	(貸)	受 取 利 息 配 当 金	900(*1)

(*1)　ＡＡ社株式に係る株主配当金領収証600＋ＢＢ社株式に係る株主配当金領収証300＝900

② 雑収入の計上

(借)	現 金	460(*2)	(貸)	雑 収 入	460

(*2)　実際有高6,730(*3)－帳簿残高（前T/B 現金5,370＋株主配当金領収証900(*1)）＝460

(*3)　硬貨・紙幣1,020＋他社振出小切手2,280＋送金小切手1,200

　　　　　　　　　　　　　　＋株主配当金領収証900(*1)＋郵便為替証書1,330＝6,730

2．有価証券

(1) ＡＡ社株式（子会社株式）

(借)	子 会 社 株 式	36,000(*1)	(貸)	有 価 証 券	36,000
(借)	現 金	600(*2)	(貸)	受 取 利 息 配 当 金	600

(*1)　ＡＡ社株式簿価

(注)　受験上は，支配している旨の指示がない場合には，持分比率（＝持株数÷発行済株式数）が50％超で
　　　あれば，子会社と判断する。

(*2)　ＡＡ社株式に係る株主配当金領収証

(2) ＢＢ社株式（売買目的有価証券）

(借)	現　　　　　　　　　　金	300(*1)	(貸)	受 取 利 息 配 当 金	300
(借)	有 価 証 券 評 価 損 益	800(*2)	(貸)	有　　価　　証　　券	800

(*1)　ＢＢ社株式に係る株主配当金領収証

(*2)　簿価11,200－時価10,400＝800

(3) ＣＣ社株式（その他有価証券）

(借)	投 資 有 価 証 券	6,400(*1)	(貸)	有　　価　　証　　券	6,400
(借)	投 資 有 価 証 券	400(*2)	(貸)	その他有価証券評価差額金	400

(*1)　ＣＣ社株式簿価

(*2)　時価6,800－簿価6,400＝400

(4) ＤＤ社社債（満期保有目的の債券）

(借)	投 資 有 価 証 券	39,840(*1)	(貸)	有　　価　　証　　券	39,840
(借)	有 価 証 券 利 息	240(*2)	(貸)	投 資 有 価 証 券	240
(借)	投 資 有 価 証 券	60	(貸)	有 価 証 券 利 息	60(*3)
(借)	未 収 有 価 証 券 利 息	200	(貸)	有 価 証 券 利 息	200(*4)

(*1)　ＤＤ社社債簿価

(*2)　額面$40,000 \times 3\% \times \dfrac{73日(X10.8/1 \sim 10/12)}{365日} =$端数利息240

(注)　有価証券を取得する際に生じた端数利息は取得原価に含めず，有価証券利息の減少として処理する。

(*3)　$(額面40,000 - 取得原価39,600(*5)) \times \dfrac{6ヶ月(X10.10 \sim X11.3)}{40ヶ月(X10.10 \sim X14.1)} = 60$

(注)　償却原価法（定額法）については，取得した月（本問では×10年10月）から償還月（本問では平成×14年1月）にわたり額面金額と取得原価の差額を月割計算により取得原価に加減する。

(*4)　$額面40,000 \times 3\% \times \dfrac{2ヶ月(X11.2 \sim 3)}{12ヶ月} = 200$

(*5)　39,840(*1)－240(*2)＝39,600

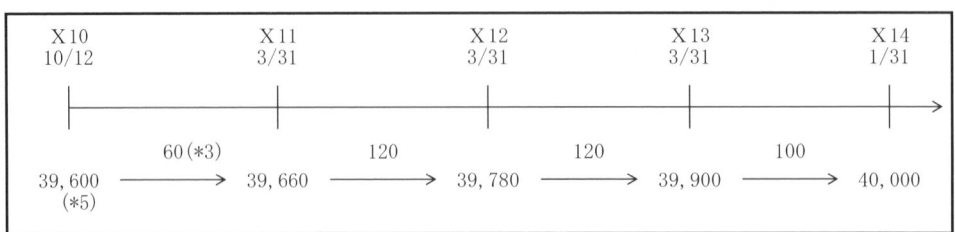

3．商　品

(借)	仕　入	30,860	(貸)	繰越商品	30,860
(借)	繰越商品	33,020	(貸)	仕　入	33,020(*1)
(借)	棚卸減耗費	780(*2)	(貸)	繰越商品	3,260
	商品低価評価損	2,480(*3)			

(*1)　原価@130×帳簿数量254個＝33,020

(*2)　原価@130×（帳簿数量254個－実地数量248個）＝780

(*3)　（原価@130－正味売却価額@120）×実地数量248個＝2,480

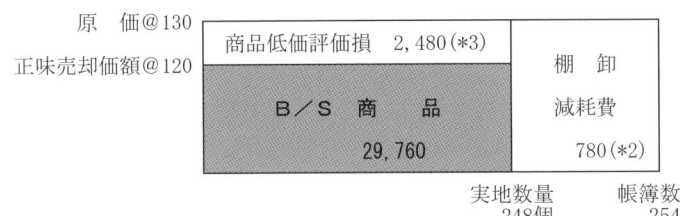

(注)　商品低価評価損は，期末に手許にある商品に対して計上されるので，帳簿数量と実地数量の差額である棚卸減耗分については低価評価損は計上されない。したがって，期末商品の評価については，まず，①棚卸減耗費を算定し，次に，②商品低価評価損を算定する，という順序で行うこと。

4．固定資産

(1) 建　物

(借)	建物減価償却費	6,000(*1)	(貸)	建物減価償却累計額	6,000

(*1)　200,000×0.9÷30年＝6,000

(2) 機械装置

① セール・アンド・リースバック取引

(借)	機械装置減価償却累計額	111,000	(貸)	機械装置	370,000
	仮受金	250,000(*1)			
	長期前払費用	9,000			
(借)	リース資産	250,000(*1)	(貸)	リース債務	250,000

(*1)　売却価額＝貸手の購入価額

(注)　所有権移転ファイナンス・リース取引に該当し，貸手の購入価額が明らかであるため，貸手の購入価額でリース資産及びリース債務を計上する。

② リース料の支払

(借)	支払利息	10,250(*2)	(貸)	仮払金	69,035
	リース債務	58,785(*3)			

(*2)　250,000(*1)×計算利子率4.1%＝10,250

(*3)　リース料支払額69,035－10,250(*2)＝58,785

③　減価償却及びリース債務の流動固定分類

(借)	リ ー ス 資 産 減 価 償 却 費	53,250(*4)	(貸)	リース資産減価償却累計額　　　53,250
(借)	リ ー ス 資 産 減 価 償 却 費	2,250(*5)	(貸)	長 期 前 払 費 用　　　　　　2,250
(借)	リ　　ー　　ス　　債　　務	191,215	(貸)	リ ー ス 債 務 （ 流 動 ）　　61,195(*6)
				リ ー ス 債 務 （ 固 定 ）　　130,020(*7)

(*4)　(250,000(*1)－残存価額37,000)÷残存経済的耐用年数４年＝53,250

(注)　所有権移転ファイナンス・リースであるため，自己所有の場合と同様に減価償却を行う。

(*5)　長期前払費用9,000÷４年＝2,250

(注)　セール・アンド・リースバック取引がファイナンス・リース取引に該当する場合，借手はリースの対象となる物件の「売却損益」を「長期前払費用」又は「長期前受収益」として繰延処理し，リース資産の減価償却の割合に応じ「減価償却費」に加減して損益に計上する。

(*6)　リース料支払額69,035－7,840(*8)＝61,195

(*7)　191,215(*9)－61,195(*6)＝130,020

(*8)　191,215(*9)×計算利子率4.1％＝7,839.815 → 7,840（四捨五入）

(*9)　250,000(*1)－58,785(*3)＝191,215

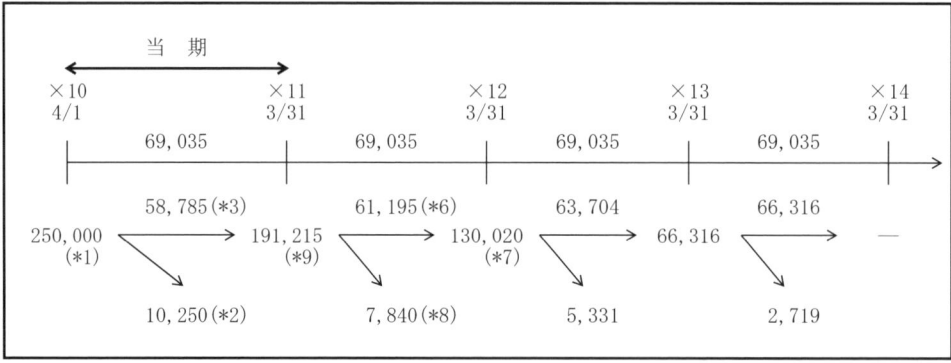

(3) 車　両

| (借) | 車 両 減 価 償 却 費 | 9,000(*1) | (貸) | 車 両 減 価 償 却 累 計 額 | 9,000 |

(*1)　@3,000(*2)×3コマ＝9,000

(*2)　1コマ当たりの減価償却費：50,000×0.9÷15コマ(*3)＝@3,000

(*3)　$\dfrac{5 \times (5+1)}{2}$＝全体のコマ数15コマ

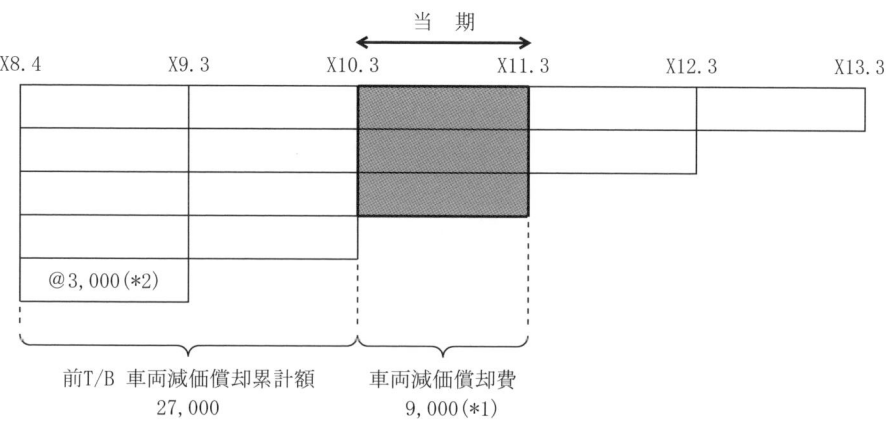

@3,000(*2)

前T/B 車両減価償却累計額　　　車両減価償却費
27,000　　　　　　　　　9,000(*1)

(4) 備　品

　① 売　却（未処理）

(借)	備 品 減 価 償 却 累 計 額	5,250(*1)	(貸)	備　　　　　　品	12,000
	備 品 減 価 償 却 費	1,125(*2)			
	未　　収　　入　　金(*3)	5,225			
	備　品　売　却　損	400			

(*1)　取得原価12,000－期首簿価{12,000×(1－0.25)²}＝5,250

(注)　「0.1の8乗根は0.75」とは，年償却率が0.25であることを意味する。

(*2)　$(12,000-5,250(*1)) \times 0.25 \times \dfrac{8 \text{ヶ月(X10.4～11)}}{12 \text{ヶ月}}$＝1,125

(*3)　商品販売以外の取引から生じる代金の未収は「未収入金」勘定で処理する。

　② 減価償却

| (借) | 備 品 減 価 償 却 費 | 2,525(*4) | (貸) | 備 品 減 価 償 却 累 計 額 | 2,525 |

(*4){(前T/B 備品36,000－売却分12,000)－(前T/B 備品減価償却累計額19,150－売却分5,250(*1))}

×0.25＝2,525

5．減損会計

(1) 各資産グループごとの減損損失の認識の判定及び測定

① 減損損失の認識の判定

ⅰ 資産グループA

割引前将来キャッシュ・フロー22,500 ＞ 帳簿価額合計21,000 → 減損処理を行わない

ⅱ 資産グループB

割引前将来キャッシュ・フロー25,000 ＞ 帳簿価額合計24,000 → 減損処理を行わない

ⅲ 資産グループC

割引前将来キャッシュ・フロー23,000 ＜ 帳簿価額合計30,000 → 減損処理を行う

② 資産グループCに係る減損損失の測定

帳簿価額合計30,000－回収可能価額20,400(＊1)＝減損損失9,600

(＊1) 使用価値20,400 ＞ 正味売却価額17,400 → 回収可能価額20,400

(2) より大きな単位での減損損失の認識の判定及び算定

① 減損損失の認識の判定

割引前将来キャッシュ・フロー110,000 ＜ 帳簿価額合計136,000 → 減損処理を行う

② 減損損失の測定

帳簿価額合計136,000－回収可能価額95,000(＊2)＝より大きな単位での減損損失41,000

③ 共用資産を加えることによる減損損失の増加額

より大きな単位での減損損失41,000－資産グループCに係る減損損失9,600＝31,400

(＊2) 使用価値95,000 ＞ 正味売却価額90,100 → 回収可能価額95,000

(3) 減損損失の各資産グループへの配分

① 共用資産への配分額

共用資産を加えることによる減損損失増加額31,400

＞ （帳簿価額61,000－正味売却価額32,600）＝28,400

→ 28,400は共用資産へ配分し，当該超過額 3,000(＊3)を各資産グループに配分する。

ただし，資産グループCは回収可能価額まで減損損失を認識しているため，共用資産に係る減損損失を配分しない。

(＊3) 31,400－28,400＝3,000

② 資産グループA及びBへの配分額

$$A：3,000(＊3)× \frac{1,200(＊4)}{1,200(＊4)+2,400(＊5)}＝1,000$$

$$B：3,000(＊3)× \frac{2,400(＊5)}{1,200(＊4)+2,400(＊5)}＝2,000$$

(＊4) 資産グループA帳簿価額合計21,000－回収可能価額19,800(＊6)＝1,200

(＊5) 資産グループB帳簿価額合計24,000－回収可能価額21,600(＊7)＝2,400

(＊6) 使用価値19,800 ＞ 正味売却価額18,500 → 回収可能価額19,800

(＊7) 使用価値20,500 ＜ 正味売却価額21,600 → 回収可能価額21,600

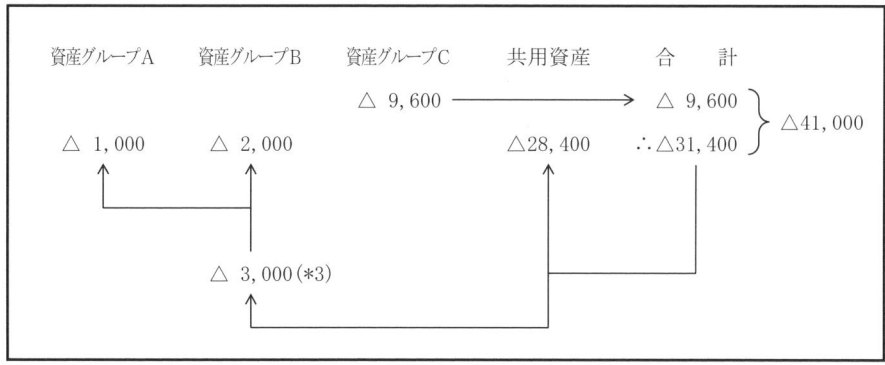

(4) 仕訳処理

(借)	減 損 損 失	41,000	(貸)	建	物	28,400
				備	品	1,110(*8)
				土	地	11,490(*9)

(*8)(*9)

	資産グループA	資産グループB	資産グループC	共用資産	合 計
帳簿価額合計	21,000	24,000	30,000	61,000	136,000
減 損 損 失	△ 1,000	△ 2,000	△ 9,600	△28,400	△41,000
配 分 比 率	0.047…	0.083…	0.32	—	—
建物への配分	—	—	—	△28,400	△28,400
備品への配分	△ 50	△ 100	△ 960	—	△ 1,110(*8)
土地への配分	△ 950	△ 1,900	△ 8,640	—	△11,490(*9)

6．貸倒引当金

| (借) | 貸 倒 引 当 金 繰 入 額 | 3,000(*1) | (貸) | 貸 倒 引 当 金 | 3,000 |

(*1)　前T/B(受取手形123,700＋売掛金153,300)×2％－前T/B 貸倒引当金2,540＝3,000

7．新株予約権

(1) ×10年5月15日（新株予約権発行時）

| (借) | 当 座 預 金 | 25,000 | (貸) | 新 株 予 約 権 | 25,000(*1) |

(*1) @50×500個＝25,000

(2) ×10年10月20日（自己新株予約権取得時）

| (借) | 自 己 新 株 予 約 権 | 6,750(*2) | (貸) | 当 座 預 金 | 6,750 |

(*2) @43×150個＋手数料300＝6,750

(注) 取得時の付随費用は，自己新株予約権の取得原価に含めて処理する。

(3) ×11年2月6日（自己新株予約権処分時）

| (借) | 当 座 預 金 | 3,920(*3) | (貸) | 自 己 新 株 予 約 権 | 3,600(*4) |
| | | | | 自己新株予約権処分益 | 320(*5) |

(*3) @49×80個＝3,920

(*4) $6,750(*2) \times \dfrac{80個}{150個} = 3,600$

(*5) 受取対価3,920(*3)－帳簿価額3,600(*4)＝320

(注) 受取対価と処分した自己新株予約権の帳簿価額との差額は「自己新株予約権処分益」等の科目をもって，損益計算書上「特別利益」に計上する。

◎ 前T/B 自己新株予約権処分益：320(*5)

(4) ×11年3月5日（自己新株予約権消却時）

| (借) | 新 株 予 約 権 | 750(*6) | (貸) | 自 己 新 株 予 約 権 | 675(*7) |
| | | | | 自己新株予約権消却益 | 75 |

(*6) @50×15個＝750

(*7) $6,750(*2) \times \dfrac{15個}{150個} = 675$

◎ 前T/B 自己新株予約権消却益：75

8．経過勘定（前述を除く）

(借)	営 業 費	1,740	(貸)	未 払 営 業 費	1,740
(借)	支 払 利 息	250	(貸)	未 払 利 息	250
(借)	前 払 利 息	240	(貸)	支 払 利 息	240

9．法人税，住民税及び事業税

| (借) | 法人税，住民税及び事業税 | 37,918 | (貸) | 未 払 法 人 税 等 | 37,918 |

Ⅲ. 決算整理後残高試算表

決算整理後残高試算表
×11年3月31日

借方	金額	貸方	金額
現　　　　　金	6,730	支　払　手　形	154,300
当　座　預　金	227,460	買　　掛　　金	136,320
受　取　手　形	123,700	リース債務（流動）	61,195
売　　掛　　金	153,300	未　　払　　金	400
有　価　証　券	10,400	未　払　営　業　費	1,740
繰　越　商　品	29,760	未　払　利　息	250
前　払　利　息	240	未　払　法　人　税　等	37,918
未収有価証券利息	200	貸　倒　引　当　金	5,540
未　収　入　金	5,225	長　期　借　入　金	50,000
建　　　　　物	171,600	リース債務（固定）	130,020
車　　　　　両	50,000	建物減価償却累計額	78,000
備　　　　　品	22,890	車両減価償却累計額	36,000
土　　　　　地	533,101	備品減価償却累計額	16,425
リ　ー　ス　資　産	250,000	リース資産減価償却累計額	53,250
投　資　有　価　証　券	46,460	資　　本　　金	700,000
子　会　社　株　式	36,000	繰　越　利　益　剰　余　金	133,405
長　期　前　払　費　用	6,750	その他有価証券評価差額金	400
自　己　新　株　予　約　権	2,475	新　株　予　約　権	24,250
仕　　　　　入	568,160	売　　　　　上	887,631
商　品　低　価　評　価　損	2,480	受　取　利　息　配　当　金	3,460
営　　業　　費	94,620	有　価　証　券　利　息	620
棚　卸　減　耗　費	780	雑　　収　　入	1,240
貸　倒　引　当　金　繰　入　額	3,000	自己新株予約権処分益	320
建　物　減　価　償　却　費	6,000	自己新株予約権消却益	75
車　両　減　価　償　却　費	9,000		
備　品　減　価　償　却　費	3,650		
リース資産減価償却費	55,500		
支　払　利　息	13,160		
有　価　証　券　評　価　損　益	800		
備　品　売　却　損	400		
減　損　損　失	41,000		
法人税，住民税及び事業税	37,918		
	2,512,759		2,512,759

問題 12 短答形式総合問題

　商品売買業を営んでいるＴＡＣ株式会社の，×8年度（自×8年4月1日　至×9年3月31日）における下記の〔資料〕を参照して，各問に答えなさい。なお，税効果会計は考慮しないものとする。また，千円未満の端数は四捨五入すること。

〔資料Ⅰ〕　決算整理前残高試算表

決算整理前残高試算表　　　　　　　　　（単位：千円）

現　　　　　　金	13,500	支　払　手　形	132,748
預　　　　　　金	222,800	買　　掛　　金	180,900
受　取　手　形	181,000	貸倒引当金（流動）	3,100
売　　掛　　金	362,500	建物減価償却累計額	180,000
有　価　証　券	463,113	車両減価償却累計額	81,000
繰　越　商　品	143,000	備品減価償却累計額	135,000
建　　　　　　物	800,000	資　　本　　金	1,150,000
車　　　　　　両	225,000	繰越利益剰余金	635,635
備　　　　　　品	400,000	売　　　　　上	2,703,880
長　期　貸　付　金	90,000	受取利息配当金	3,100
仕　　　　　　入	1,684,730	仕　入　戻　し	4,400
営　　業　　費	624,120		
合　　　　計	5,209,763	合　　　　計	5,209,763

〔資料Ⅱ〕 決算整理事項等

1．現金及び預金

(1) 現 金

① 決算整理前残高試算表の現金勘定には，当期において取得した米ドル紙幣25千ドル（取得日の為替相場：114円／ドル）が含まれている。なお，期中平均為替相場は115円／ドル，決算日の為替相場は110円／ドルである。

② 実査を行ったところ，次のものが金庫に保管されていた。なお，Ｄ社社債の利札及び株主配当金領収証については未記帳である。

紙幣・硬貨	1,800千円
他社振出小切手	6,200千円
Ｄ社社債の利札	18,000千円（うち，支払期日の既に到来したもの 6,000千円）
郵便為替証書	1,050千円
株主配当金領収証	900千円
振替貯金払出証書	400千円
自己振出小切手	1,500千円（下記 800千円を含む，(2) ①ⅱ参照）
米ドル紙幣	25千ドル

③ 現金実際有高と帳簿残高の差額原因は不明である。

(2) 預 金

決算整理前残高試算表の預金勘定の内訳は，当座預金 144,100千円及び定期預金78,700千円である。

① 当座預金

銀行から取り寄せた残高証明書の残高は 146,450千円であったため，帳簿残高との差額を調査したところ，次の事実が判明した。

ⅰ 当期決算日に 1,350千円を預け入れたが，銀行では翌日付けで入金処理されていた。

ⅱ 買掛金 9,200千円の支払のために振り出した小切手が未取付であった。なお，そのうち 800千円は自己振出の小切手を回収し，金庫に保管されていた。

ⅲ 営業費　？　千円が引き落とされていたが，その通知が当社に未達であった。

ⅳ 得意先Ｊ社から売掛金11,000千円が入金されていたが，当社では未記帳であった。

② 定期預金

定期預金のうち43,500千円は満期日が×10年9月30日のものであり，残額は満期日が×10年3月31日のものである。

2．商品売買

商品期末棚卸高の内容等は次のとおりである。なお，棚卸減耗費及び商品低価評価損については，火災によるものは特別損失に計上し，それ以外は売上原価に計上する。

	A商品	B商品
取得原価（単価）	150千円	35千円
正味売却価額（単価）	140千円	40千円
帳簿棚卸数量	800個	560個
実地棚卸数量	785個	560個

（注1）A商品の期末実地棚卸数量のうち，20個は品質低下により，正味売却価額（単価）は85千円に下落している。

（注2）B商品の期末実地棚卸数量のうち，70個は火災による品質低下により，正味売却価額（単価）は15千円に下落している。

3．有価証券

(1) 決算整理前残高試算表の有価証券勘定の内訳は，次のとおりである。

（単位：千円）

銘　柄	取得原価	期末時価	備　考
C社株式	38,700	35,750	売買目的有価証券に該当。
D社社債	133,113	140,575	満期保有目的の債券に該当。
E社株式	215,000	197,600	当社がE社発行済株式数の85%を所有。
F社株式	19,050	7,750	その他有価証券に該当。当社がF社発行済株式数の5%を所有。×9年3月31日におけるF社の簿価純資産額は29,000千円，時価純資産額は33,000千円である。なお，時価の回復可能性は不明である。
G社株式	57,250	54,000	その他有価証券に該当。

(2) D社社債は，×8年4月1日に発行と同時に取得したものである。額面金額：150,000千円，満期日：×11年3月31日，クーポン利率：年4.0%，実効利率：年8.4%，利払日：毎年3月末日。なお，取得原価と額面金額との差額はすべて金利の調整部分であるため，償却原価法（利息法）を適用する。

(3) その他有価証券の評価差額は全部純資産直入法により処理する。

4．有形固定資産

(1) 当社の期首における有形固定資産の明細は，次のとおりであった。なお，すべて残存価額を10％として減価償却を行っている。

（単位：千円）

種　別	取得日	耐用年数	償却方法	取得原価	減価累計	期首簿価
建　物	×3年4月1日	20年	定額法	800,000	180,000	620,000
車　両	×6年4月1日	5年	定額法	225,000	81,000	144,000
備　品	×5年4月1日	8年	定額法	400,000	135,000	265,000

(2) ×9年1月31日に，保有する車両のすべてを 143,250千円で下取りに出し，新車両 246,000千円（現金正価）を購入し，差額は×9年4月に支払うこととしたが，未記帳である。なお，下取りに出した車両の時価は，下取り時点における簿価より27,000千円高い。また，時価と下取価額の差額を値引として処理する。新車両は購入日の翌日より使用を開始しており，耐用年数5年，残存価額ゼロ，定額法により減価償却を行う。

(3) 当期末において，建物及び備品からなる甲資産グループ及び乙資産グループ（いずれもキャッシュ・フローを生み出す最小の単位である）に減損の兆候が認められている。各資産グループの当期末の状況は次のとおりである。なお，減損損失は各資産の簿価に基づいて比例配分する。

（単位：千円）

	甲資産グループ	乙資産グループ
建物簿価（当期減価償却後）	87,600	102,200
備品簿価（当期減価償却後）	49,500	52,800
割引前将来キャッシュ・フロー	144,500	151,500
正味売却価額	130,245	124,000
使用価値	124,250	131,750

5．貸倒引当金

(1) 決算整理前残高試算表における金銭債権の内訳は，次のとおりである。

(単位：千円)

勘定科目	債務者	金　額	備　　考
受 取 手 形	H　社	181,000	一般債権に該当。
売　掛　金	I　社	126,050	一般債権に該当。
	J　社	195,950	一般債権に該当。
	K　社	40,500	K社が決算手続中に破産申請したため，破産更生債権等に振り替える。なお，保証人から 9,500千円は回収できる見込みである。
長期貸付金	M　社	90,000	満期日×12年3月31日。利払日毎年3月末日。M社の経営状況がかなり悪化したため，同社からの要請に応え，年利 5.0%を翌期以降，年利 2.0%に変更することとした。

(2) 一般債権については，期末残高に対して 1.0%の貸倒引当金を差額補充法により設定する。なお，決算整理前残高試算表の貸倒引当金は，すべて一般債権に係るものである。

(3) 破産更生債権等に対して設定する貸倒引当金の繰入額は，特別損失に計上する。

(4) M社に対する貸付金についてはキャッシュ・フロー見積法により貸倒引当金を設定する。その際には，次の現価係数表を使用すること。

	2.0%	5.0%
1　年	0.9804	0.9524
2　年	0.9612	0.9070
3　年	0.9423	0.8638

6．税金等

当期の法人税等は83,274千円と算定されるので，同額を未払法人税等として計上する。

| 問1 | 損益計算書の「売上総利益」を答えなさい。 |

| 問2 | 損益計算書の「減価償却費」を答えなさい。 |

| 問3 | 損益計算書の「営業外費用」を答えなさい。 |

| 問4 | 損益計算書の「特別損失」を答えなさい。 |

| 問5 | 貸借対照表の「現金及び預金」を答えなさい。 |

| 問6 | 貸借対照表の「貸倒引当金」（流動・固定の合計金額）を答えなさい。 |

| 問7 | 貸借対照表の「備品」の期末残高（帳簿価額）を答えなさい。 |

| 問8 | 貸借対照表の「投資有価証券」を答えなさい。 |

【解 答】

問1	★ 1,008,950	千円
問2	★ 122,750	千円
問3	★ 11,606	千円
問4	★ 66,950	千円
問5	★ 193,700	千円
問6	★ 43,276	千円
問7	★ 212,080	千円
問8	★ 200,044	千円

【採点基準】

★ 4 点×8 箇所＝32点

【解答時間及び得点】

	日 付	解答時間	得 点	Ｍ Ｅ Ｍ Ｏ
1	／	分	点	
2	／	分	点	
3	／	分	点	
4	／	分	点	
5	／	分	点	

【チェック・ポイント】

出題分野	出題論点	日 付				
		／	／	／	／	／
個 別 論 点	現　　　金　　　預　　　金					
	商 品 の 期 末 評 価					
	買 換（値 引 を 把 握 す る 方 法）					
	固 定 資 産 の 減 損					
	有 　 価 　 証 　 券					
	貸 　 倒 　 引 　 当 　 金					

【解答への道】 （単位：千円）

Ⅰ．決算整理仕訳等

　1．現金及び預金

　　(1) 現　金

　　　① 未処理事項

　　　　ⅰ　期限の到来したD社社債の利札（後述，3．(2) ③参照）

(借) 現　　　　　　金	6,000	(貸) 有 価 証 券 利 息	11,181
投 資 有 価 証 券	5,181		

　　　　ⅱ　株主配当金領収証

(借) 現　　　　　　金	900	(貸) 受 取 利 息 配 当 金	900

　　　② 決算整理

(借) 為 替 差 損 益	100(*1)	(貸) 現　　　　　　金	100
(借) 雑 　 損 　 失	1,200(*2)	(貸) 現　　　　　　金	1,200

　(*1)　25千ドル×(取得日為替相場114円／ドル－当期ＣＲ110円／ドル)＝100

　(*2)　現金帳簿残高20,300(*3)－現金実際有高19,100(*4)＝1,200

　(*3)　前T/B 現金13,500＋6,000＋900－100(*1)＝20,300

　(*4)　紙幣・硬貨1,800＋他社振出小切手6,200＋期限の到来したD社社債の利札6,000

　　　　　　　　　　　　　　＋郵便為替証書1,050＋株主配当金領収証900＋振替貯金払出証書400

　　　　　　　　　　　　　　＋米ドル紙幣2,750(*5)＝19,100

　(*5)　25千ドル×当期ＣＲ110円／ドル＝2,750

　(注)　自己振出小切手は現金に含まれない点に注意すること。

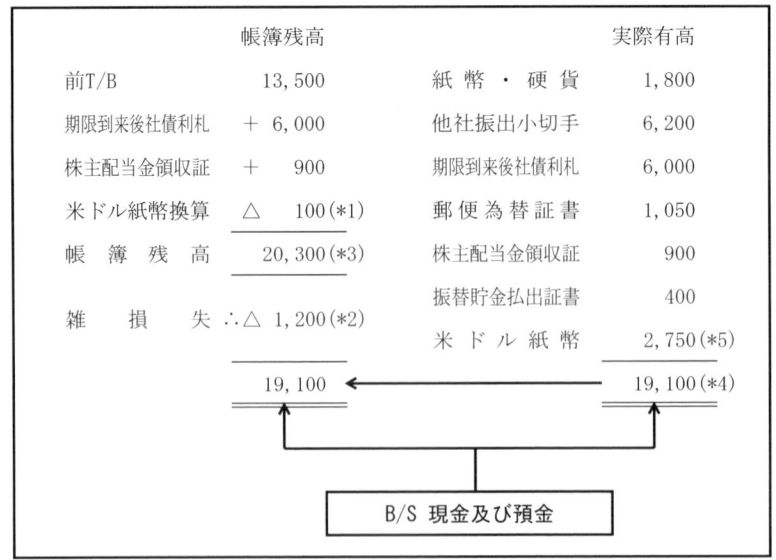

(2) 当座預金

(借)	営 業 費	15,700	(貸)	預 金	15,700(*1)
(借)	預 金	11,000	(貸)	売 掛 金	11,000

(*1) 銀行勘定調整表より

◎ 銀行勘定調整表

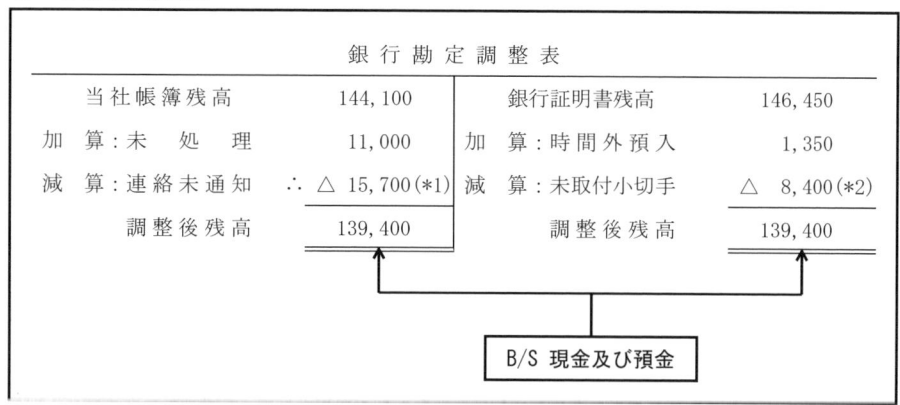

銀 行 勘 定 調 整 表

当社帳簿残高	144,100	銀行証明書残高	146,450
加 算:未 処 理	11,000	加 算:時間外預入	1,350
減 算:連絡未通知 ∴	△ 15,700(*1)	減 算:未取付小切手	△ 8,400(*2)
調整後残高	139,400	調整後残高	139,400

B/S 現金及び預金

(*2) 9,200－800＝8,400

(注) 時間外預入については，銀行側の当座預金を増加させるため，企業側の修正は不要であり，仕訳を行う必要はない。

(注) 未取付小切手については，銀行側の当座預金を減少させるため，企業側の修正は不要であり，仕訳を行う必要はない。なお，未取付小切手のうち 800については当社が自己振出小切手として保有しており，当座預金の帳簿残高に含まれているため，銀行勘定調整表で調整すべき金額は 8,400(*2)となる。

(3) 定期預金

(借)	長 期 性 預 金	43,500(*1)	(貸)	預 金	43,500

(*1) 満期日×10年 9月30日の定期預金

(注) 定期預金は一年基準により分類するため，満期日が決算日の翌日から起算して一年を超える定期預金については「長期性預金」として表示する。

2．商品売買

(1) 返品・値引・割戻

| (借) | 仕 入 戻 し | 4,400 | (貸) | 仕 入 | 4,400 |

(2) 売上原価の算定

| (借) | 仕 入 | 143,000 | (貸) | 繰 越 商 品 | 143,000 |
| (借) | 繰 越 商 品 | 139,600(*1) | (貸) | 仕 入 | 139,600 |

(*1) A商品(取得原価@150×帳簿棚卸数量800個)＋B商品(取得原価@35×帳簿棚卸数量560個)＝139,600

(3) 期末評価

① A商品

| (借) | 棚卸減耗費（売上原価） | 2,250(*1) | (貸) | 繰 越 商 品 | 11,200 |
| | 商品低価評価損（売上原価） | 8,950(*2) | | | |

(*1) 取得原価@150×(帳簿棚卸数量800個－実地棚卸数量785個)＝2,250

(*2) 良品｛(取得原価@150－正味売却価額@140)×765個(*3)｝

　　　　　　　　　　　　＋品質低下品｛(取得原価@150－正味売却価額@85)×20個｝＝8,950

(*3) 実地棚卸数量785個－品質低下品20個＝765個

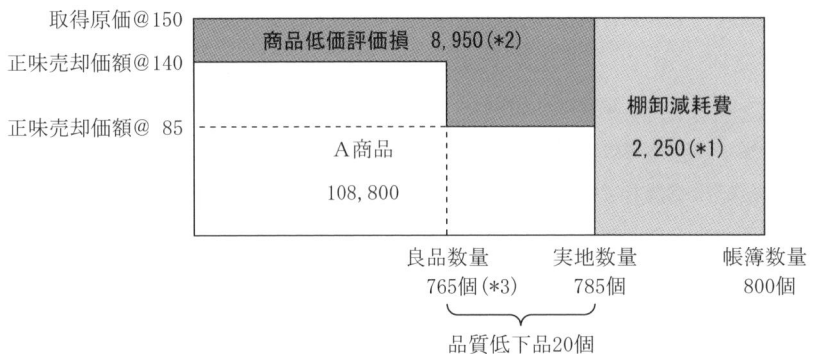

② B商品

| (借) | 商品低価評価損（特別損失） | 1,400(*1) | (貸) | 繰 越 商 品 | 1,400 |

(*1) （取得原価@35－正味売却価額@15）×70個＝1,400

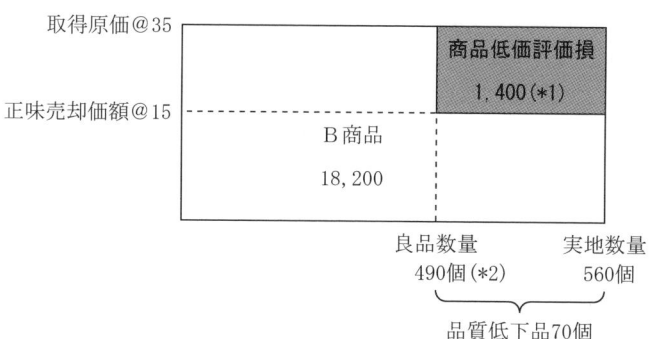

(*2) 実地棚卸数量560個－品質低下品70個＝490個

（参考１） 商品低価評価損及び棚卸減耗費の表示区分

		売上原価の内訳科目	販　売　費	営 業 外 費 用	特 別 損 失
商 品 低 価 評 価 損		○	―	―	△(注)
棚卸減耗費	原価性あり	○	○	―	―
	原価性なし	―	―	○	○

(注) 収益性の低下に基づく簿価切下額が，臨時の事象に起因し，かつ，多額である場合には「特別損失」
に表示する。

3．有価証券

(1) C社株式（売買目的有価証券，決算整理）

（借）	有 価 証 券 評 価 損 益	2,950(*1)	（貸）	有 価 証 券	2,950

(*1)　当期末時価35,750－取得原価38,700＝△2,950

(2) D社社債（満期保有目的の債券，償却原価法・利息法）

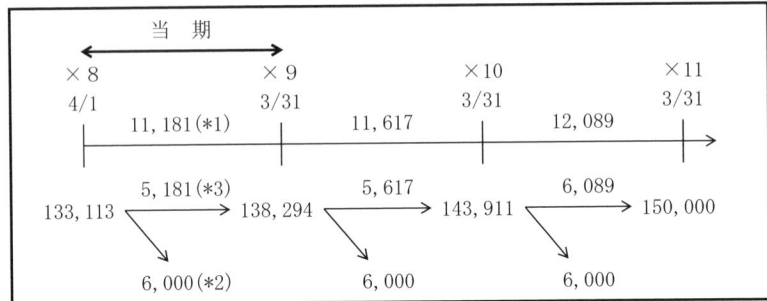

(*1)　133,113×実効利率8.4％＝11,181.492 → 11,181（四捨五入）

(*2)　額面金額150,000×クーポン利率4.0％＝6,000

(*3)　11,181(*1)－6,000(*2)＝5,181

① 勘定科目の修正

（借）	投 資 有 価 証 券	133,113	（貸）	有 価 証 券	133,113

② 利払日（未処理）

（借）	現　　　　　　　金	6,000(*2)	（貸）	有 価 証 券 利 息	11,181(*1)
	投 資 有 価 証 券	5,181(*3)			

(注)　利息法では，利息計上時に償却額の計上を行う。

③ 決算整理

仕 訳 な し

(3) E社株式（子会社株式）

① 勘定科目の修正

(借)	関 係 会 社 株 式	215,000	(貸)	有 価 証 券	215,000

② 決算整理

仕 訳 な し

(4) F社株式（その他有価証券，減損処理）

① 勘定科目の修正

(借)	投 資 有 価 証 券	19,050	(貸)	有 価 証 券	19,050

② 決算整理

(借)	投資有価証券評価損	11,300(*1)	(貸)	投 資 有 価 証 券	11,300

(*1) 取得原価19,050×50％＝9,525 ＞ 当期末時価7,750 → 減損処理を行う

∴ 当期末時価7,750－取得原価19,050＝△11,300

(注) F社株式には時価があるため，実質価額法ではなく時価に基づいて減損処理する点に注意すること。

(5) G社株式（その他有価証券，全部純資産直入法）

① 勘定科目の修正

(借)	投 資 有 価 証 券	57,250	(貸)	有 価 証 券	57,250

② 決算整理

(借)	その他有価証券評価差額金	3,250(*1)	(貸)	投 資 有 価 証 券	3,250

(*1) 当期末時価54,000－取得原価57,250＝△3,250

4．有形固定資産

(1) 建　物

(借)	減 価 償 却 費	36,000(*1)	(貸)	建 物 減 価 償 却 累 計 額	36,000

(*1)　800,000×0.9÷20年＝36,000

(2) 車　両

① 買　換（未処理）

(借)	車 両 減 価 償 却 累 計 額	81,000	(貸)	車		両	225,000
	減 価 償 却 費	33,750(*1)		(旧	資	産)	
	車	240,000(*2)		車 両 売 却 益			27,000(*3)
	(新 資 産)			未 払 金			102,750(*4)

(*1)　$225,000×0.9÷5年×\dfrac{10ヶ月（X×8.4～X×9.1）}{12ヶ月}＝33,750$

(*2)　現金正価246,000－値引（下取価額143,250－時価137,250(*5)）＝240,000

(*3)　時価137,250(*5)－旧車両の下取時帳簿価額110,250(*6)＝27,000

(*4)　現金正価246,000－下取価額143,250＝102,750

(*5)　旧車両の下取時帳簿価額110,250(*6)＋27,000＝137,250

(*6)　225,000－(81,000＋33,750(*1))＝110,250

(注)　旧車両の時価と下取価額との差額を新車両の値引として処理する場合，旧車両を時価で売却し，新車両を現金正価から値引を控除した金額で取得したと考える。

　　　したがって，上記仕訳は次のように分解して考えると理解しやすいであろう。

　　　i　旧車両の売却

(借)	車 両 減 価 償 却 累 計 額	81,000	(貸)	車		両	225,000
	減 価 償 却 費	33,750(*1)		(旧	資	産)	
	現	137,250(*5)	金	車 両 売 却 益			27,000(*3)

　　　ii　新車両の取得

(借)	車 両	240,000(*2)	(貸)	現	金	137,250(*5)
	(新 資 産)			未 払 金		102,750(*4)

② 減価償却

(借)	減 価 償 却 費	8,000(*7)	(貸)	車 両 減 価 償 却 累 計 額	8,000

(*7)　$240,000(*2)÷5年×\dfrac{2ヶ月（X×9.2～X×9.3）}{12ヶ月}＝8,000$

(3) 備　品

(借)	減 価 償 却 費	45,000(*1)	(貸)	備 品 減 価 償 却 累 計 額	45,000

(*1)　400,000×0.9÷8年＝45,000

(4) 減損会計

① 減損の兆候の有無

甲資産グループ：減損の兆候あり → 減損損失の認識の判定を行う

乙資産グループ：減損の兆候あり → 減損損失の認識の判定を行う

② 減損損失の認識の判定

ⅰ 甲資産グループ

簿価合計137,100(*1) ＜ 割引前将来キャッシュ・フロー144,500 → 認識しない

(*1) 建物簿価87,600＋備品簿価49,500＝137,100

ⅱ 乙資産グループ

簿価合計155,000(*2) ＞ 割引前将来キャッシュ・フロー151,500 → 認識する

(*2) 建物簿価102,200＋備品簿価52,800＝155,000

③ 回収可能価額の算定

正味売却価額124,000 ＜ 使用価値131,750 → 131,750

④ 減損損失の測定

簿価合計155,000(*2) －回収可能価額131,750＝23,250

⑤ 仕訳処理

(借)	減 損 損 失	23,250	(貸)	建	物	15,330(*3)
				備	品	7,920(*4)

(*3) 建物簿価102,200×配分比率0.15(*5)＝15,330

(*4) 備品簿価52,800×配分比率0.15(*5)＝7,920

(*5) 減損損失23,250÷簿価合計155,000(*2)＝0.15

5．貸倒引当金

(1) 一般債権（差額補充法）

| (借) | 貸倒引当金繰入額(販管費) | 1,820(*1) | (貸) | 貸 倒 引 当 金（流 動） | 1,820 |

(*1) ｛受取手形181,000＋売掛金(126,050＋195,950－未処理11,000)｝×1.0%

－前T/B 貸倒引当金(流動)3,100＝1,820

(2) 貸倒懸念債権（キャッシュ・フロー見積法）

| (借) | 貸倒引当金繰入額(営業外費用) | 7,356(*1) | (貸) | 貸 倒 引 当 金（固 定） | 7,356 |

(*1) 90,000－82,644(*2)＝7,356

(*2) 1,800(*3)×0.9524＋1,800(*3)×0.9070＋91,800(*4)×0.8638＝82,643.76 → 82,644（四捨五入）

(注) 債権元本及び利息について元本の回収及び利息の受取が見込まれる時点から，期末までの期間にわたり「当初の約定利子率」で割り引いた金額の総額と債権の帳簿価額との差額を貸倒見積高とする。

(*3) 90,000×2.0%＝1,800

(*4) 90,000＋1,800(*3)＝91,800

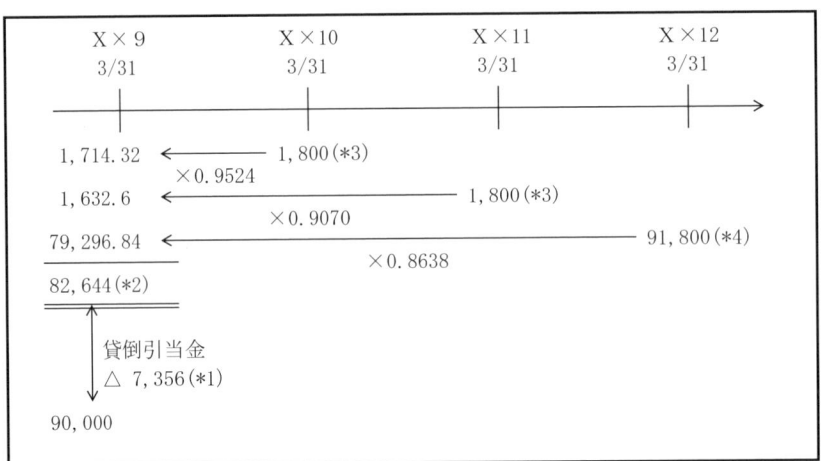

(3) 破産更生債権等（財務内容評価法）

| (借) | 破 産 更 生 債 権 等 | 40,500 | (貸) | 売 掛 金 | 40,500 |
| (借) | 貸倒引当金繰入額(特別損失) | 31,000(*1) | (貸) | 貸 倒 引 当 金（固 定） | 31,000 |

(*1) 40,500－保証による回収見込額9,500＝31,000

6．税金等

| (借) | 法 人 税 等 | 83,274 | (貸) | 未 払 法 人 税 等 | 83,274 |

Ⅱ．決算整理後残高試算表

決算整理後残高試算表

科目	金額	科目	金額
現　　　　　金	19,100	支　払　手　形	132,748
預　　　　　金	174,600	買　　掛　　金	180,900
受　取　手　形	181,000	未　　払　　金	102,750
売　　掛　　金	311,000	未払法人税等	83,274
有　価　証　券	35,750	貸倒引当金（流動）	4,920
繰　越　商　品	127,000	建物減価償却累計額	216,000
建　　　　　物	784,670	車両減価償却累計額	8,000
車　　　　　両	240,000	備品減価償却累計額	180,000
備　　　　　品	392,080	貸倒引当金（固定）	38,356
投　資　有　価　証　券	200,044	資　　本　　金	1,150,000
関　係　会　社　株　式	215,000	繰越利益剰余金	635,635
長　期　貸　付　金	90,000	売　　　　上	2,703,880
破　産　更　生　債　権　等	40,500	受取利息配当金	4,000
長　期　性　預　金	43,500	有　価　証　券　利　息	11,181
その他有価証券評価差額金	3,250	車　両　売　却　益	27,000
仕　　　　　入	1,683,730		
棚卸減耗費(売上原価)	2,250		
商品低価評価損(売上原価)	8,950		
営　　業　　費	639,820		
貸倒引当金繰入額(販管費)	1,820		
減　価　償　却　費	122,750		
有　価　証　券　評　価　損　益	2,950		
貸倒引当金繰入額(営業外費用)	7,356		
為　替　差　損　益	100		
雑　　損　　失	1,200		
減　損　損　失	23,250		
商品低価評価損(特別損失)	1,400		
投　資　有　価　証　券　評　価　損	11,300		
貸倒引当金繰入額(特別損失)	31,000		
法　人　税　等	83,274		
合　　　　　計	5,478,644	合　　　　　計	5,478,644

Ⅲ. 財務諸表

損 益 計 算 書 （単位：千円）

自×8年4月1日　至×9年3月31日

Ⅰ	売　　　上　　　高		2,703,880	Ⅳ　営　業　外　収　益		
Ⅱ	売　　上　　原　　価			1　受取利息配当金	4,000	
1	期首商品棚卸高	143,000		2　有価証券利息	11,181	15,181
2	当期商品仕入高	1,680,330		Ⅴ　営　業　外　費　用		
	合　　　　　計	1,823,330		1　有価証券評価損	2,950	
3	期末商品棚卸高	139,600		2　貸倒引当金繰入額	7,356	
	差　　　　　引	1,683,730		3　為　替　差　損	100	
4	棚　卸　減　耗　費	2,250		4　雑　　損　　失	1,200	11,606
5	商品低価評価損	8,950	1,694,930	経　常　利　益		248,135
	売　上　総　利　益		1,008,950	Ⅵ　特　別　利　益		
Ⅲ	販売費及び一般管理費			1　車　両　売　却　益	27,000	27,000
1	営　　業　　費	639,820		Ⅶ　特　別　損　失		
2	貸倒引当金繰入額	1,820		1　減　損　損　失	23,250	
3	減　価　償　却　費	122,750	764,390	2　商品低価評価損	1,400	
	営　　業　　利　　益		244,560	3　投資有価証券評価損	11,300	
				4　貸倒引当金繰入額	31,000	66,950
				税引前当期純利益		208,185
				法人税, 住民税及び事業税		83,274
				当　期　純　利　益		124,911

貸 借 対 照 表

×9年3月31日　　　　　　　　　　　　　　（単位：千円）

資 産 の 部			負 債 の 部		
I 流 動 資 産			I 流 動 負 債		
現 金 及 び 預 金		**193,700**	支 払 手 形		132,748
受 取 手 形	181,000		買 掛 金		180,900
貸 倒 引 当 金	△ 1,810	179,190	未 払 金		102,750
売 掛 金	311,000		未 払 法 人 税 等		83,274
貸 倒 引 当 金	△ 3,110	307,890	流 動 負 債 合 計		499,672
有 価 証 券		35,750	負 債 合 計		499,672
商 品		127,000	純 資 産 の 部		
流 動 資 産 合 計		843,530	I 株 主 資 本		
II 固 定 資 産			1 資 本 金		1,150,000
1 有 形 固 定 資 産			2 利 益 剰 余 金		
建 物	784,670		繰 越 利 益 剰 余 金	760,546	
減 価 償 却 累 計 額	△216,000	568,670	利 益 剰 余 金 合 計		760,546
車 両	240,000		株 主 資 本 合 計		1,910,546
減 価 償 却 累 計 額	△ 8,000	232,000	II 評価・換算差額等		
備 品	392,080		1 その他有価証券評価差額金		△ 3,250
減 価 償 却 累 計 額	△180,000	**212,080**	評価・換算差額等合計		△ 3,250
有 形 固 定 資 産 合 計		1,012,750	純 資 産 合 計		1,907,296
2 投資その他の資産					
投 資 有 価 証 券		**200,044**			
関 係 会 社 株 式		215,000			
長 期 貸 付 金	90,000				
貸 倒 引 当 金	△ 7,356	82,644			
破 産 更 生 債 権 等	40,500				
貸 倒 引 当 金	△ 31,000	9,500			
長 期 性 預 金		43,500			
投資その他の資産合計		550,688			
固 定 資 産 合 計		1,563,438			
資 産 合 計		2,406,968	負 債 純 資 産 合 計		2,406,968

◎　貸倒引当金（流動・固定の合計金額）　（ 問6 の解答）

　　流動（受取手形1,810＋売掛金3,110）＋固定（長期貸付金7,356＋破産更生債権等31,000）＝43,276

公認会計士　新トレーニング シリーズ

ざい む かいけいろん　けいさんへん　　　　　　　こ べつろんてん　き そ へん　だい　はん
財務会計論 計算編3　個別論点・基礎編　第6版

2010年4月3日　初　版　第1刷発行
2021年3月20日　第6版　第1刷発行

編 著 者　　Ｔ Ａ Ｃ 株 式 会 社
　　　　　　　　　　（公認会計士講座）
発 行 者　　多　田　敏　男
発 行 所　　ＴＡＣ株式会社　出版事業部
　　　　　　　　　　　（ＴＡＣ出版）

〒101-8383
東京都千代田区神田三崎町 3-2-18
電話 03 (5276) 9492 （営業）
FAX 03 (5276) 9674
https://shuppan.tac-school.co.jp

印　　刷　　株式会社　ワコープラネット
製　　本　　株式会社　常　川　製　本

© TAC 2021　　　Printed in Japan　　　ISBN 978-4-8132-9641-6
　　　　　　　　　　　　　　　　　　　　N.D.C. 336

本書は，「著作権法」によって，著作権等の権利が保護されている著作物です。本書の全部または一部につき，無断で転載，複写されると，著作権等の権利侵害となります。上記のような使い方をされる場合，および本書を使用して講義・セミナー等を実施する場合には，小社宛許諾を求めてください。

乱丁・落丁による交換，および正誤のお問合せ対応は，該当書籍の改訂版刊行月末日までといたします。なお，交換につきましては，書籍の在庫状況等により，お受けできない場合もございます。
また，各種本試験の実施の延期，中止を理由とした本書の返品はお受けいたしません。返金もいたしかねますので，あらかじめご了承くださいますようお願い申し上げます。

公認会計士講座のご案内

スクール選びで合否が決まる！

令和元年　公認会計士試験
TAC合格祝賀パーティー

[東京会場] 東京マリオットホテル

合格実績で選べばTAC！

新試験制度制定後
2006年〜2019年
公認会計士論文式試験

TAC本科生合格者
累計実績 ※

8,617名 ※

2006年 633名 + 2007年 1,320名 + 2008年 1,170名 + 2009年 806名 + 2010年 885名 + 2011年 554名 + 2012年 550名 + 2013年 458名 + 2014年 415名 + 2015年 372名 + 2016年 385名 + 2017年 352名 + 2018年 357名 + 2019年 360名

※ TAC本科生合格者とは、目標年度の試験に合格するために必要と考えられる講義・答案練習・公開模試・試験委員対策・法令改正等をパッケージ化したTACのコースにおいて、合格に必要な科目を全て受講し、かつ最終合格された方を指します。なお、過年度の科目合格者が最終合格された場合、①合格に必要な科目をTACで全て受講し、かつ②受講した年度に科目合格している方は合格者に含めています。

資格の学校 TAC

TAC 合格実績を支える 7つの強み

TACの強み 1 合格者講師
自らの合格学習法や実務経験を交えたイメージしやすい講義!

合格者講師主義とは、公認会計士試験で重要な会計に関する科目「財務会計論（基礎・上級期）」・「管理会計論」・「監査論」・「租税法」および重要な選択科目である「経営学」については、自ら試験を突破した会計のプロフェッショナルである公認会計士（旧第2次を含む）試験合格者が講師であるべき、というポリシーです。また他の科目についても、試験合格者は勿論、司法試験合格者をはじめとした各専門分野に精通しているプロフェッショナルを採用しています。

TAC 合格者講師主義
CERTIFIED PUBLIC ACCOUNTANT

TACの強み 2 合格カリキュラム
カリキュラムに沿うだけでムリなく、ムダなく一発合格を目指せる!

TACの強み 3 合格教材
合格者講師が作成したTACの教材だけで合格できる!

TACの強み 4 スケールメリット
受験生全体の正確な順位を把握でき、正答すべき問題を判別できる!

TACの強み 5 全国展開の校舎
好立地で通いやすい!振替や自習に便利な校舎を全国26校舎で展開!

TACの強み 6 安心の学習環境
「あったらいいな」を形にしたTACにしかない安心の学習フォロー!

TACの強み 7 就職サポート
初めての就活も安心!規模・質ともに充実した就職対策!

はじめの一歩はセミナーから知る!

■ 疑問や不安はセミナーに参加して解消しよう!

公認会計士講座
ホームページ

TAC 会計士 | 検索

セミナー日程はココでチェック!

https://www.tac-school.co.jp/kouza_kaikei/

参加無料
予約不要

■ 無料で急送! 資料のご請求はこちら!

通話無料 0120-509-117
ゴウカク イイナ
月～金 9:30～19:00 ／土日祝 9:30～18:00

公認会計士試験対策書籍のご案内

TAC出版では、独学用およびスクール学習の副教材として、各種対策書籍を取り揃えています。
学習の各段階に対応していますので、あなたのステップに応じて、合格に向けてご活用ください!

短答式試験対策

・財務会計論【計算問題編】
・財務会計論【理論問題編】
・管理会計論
・監査論
・企業法

『ベーシック問題集』シリーズ A5判

● 短答式試験対策を本格的に始めた方向け、苦手論点の克服、直前期の再確認に最適!

・財務会計論【計算問題編】
・財務会計論【理論問題編】
・監査論
・企業法

『アドバンスト問題集』シリーズ A5判

● 『ベーシック問題集』の上級編。より本試験レベルに対応しています

論文式試験対策

『財務会計論会計基準 早まくり条文別問題集』
B6変型判

● ○×式の一問一答で会計基準を早まくり
◎ 論文式試験対策にも使えます

・財務会計論【計算編】
・管理会計論

『新トレーニング』シリーズ B5判

● 基本的な出題パターンを網羅。効率的な解法による総合問題の解き方を身に付けられます!
◎ 各巻数は、TAC公認会計士講座のカリキュラムにより変動します
◎ 管理会計論は、短答式試験対策にも使えます

過去問題集

『短答式試験 過去問題集』
『論文式試験必修科目 過去問題集』
『論文式試験選択科目 過去問題集』
A5判

● 直近3回分の問題を、ほぼ本試験形式で再現。TAC講師陣による的確な解説付き

企業法対策

公認会計士試験の中で毛色の異なる法律科目に対して苦手意識のある方向け。
弱点強化、効率学習のためのラインナップです

入門

『**はじめての会社法**』
A5判　田﨑 晴久 著
● 法律の知識ゼロの人でも、
これ1冊で会社法の基礎が
わかる!

短答式試験対策

『**企業法早まくり肢別問題集**』
B6変型判　田﨑 晴久 著
● 本試験問題を肢別に分解、整理。
簡潔な一問一答式で合格に必要な知識を網羅!

・2020年4月現在・刊行内容、装丁等は変更になることがあります
・とくに記述がある商品以外は、TAC公認会計士講座編です

書籍の正誤についてのお問合わせ

万一誤りと疑われる箇所がございましたら、以下の方法にてご確認いただきますよう、お願いいたします。

なお、正誤のお問合わせ以外の書籍内容に関する解説・受験指導等は、**一切行っておりません。**
そのようなお問合わせにつきましては、お答えいたしかねますので、あらかじめご了承ください。

1 正誤表の確認方法

TAC出版書籍販売サイト「Cyber Book Store」の
トップページ内「正誤表」コーナーにて、正誤表をご確認ください。

CYBER TAC出版書籍販売サイト
BOOK STORE

URL:https://bookstore.tac-school.co.jp/

2 正誤のお問合わせ方法

正誤表がない場合、あるいは該当箇所が掲載されていない場合は、書名、発行年月日、お客様のお名前、ご連絡先を明記の上、下記の方法でお問合わせください。
なお、回答までに1週間前後を要する場合もございます。あらかじめご了承ください。

文書にて問合わせる

▶郵送先　〒101-8383 東京都千代田区神田三崎町3-2-18
TAC株式会社 出版事業部 正誤問合わせ係

FAXにて問合わせる

▶FAX番号　**03-5276-9674**

e-mailにて問合わせる

▶お問合わせ先アドレス　**syuppan-h@tac-school.co.jp**

※お電話でのお問合わせは、お受けできません。また、土日祝日はお問合わせ対応をおこなっておりません。
※正誤のお問合わせ対応は、該当書籍の改訂版刊行月末日までといたします。

乱丁・落丁による交換は、該当書籍の改訂版刊行月末日までといたします。なお、書籍の在庫状況等により、お受けできない場合もございます。
また、各種本試験の実施の延期、中止を理由とした本書の返品はお受けいたしません。返金もいたしかねますので、あらかじめご了承くださいますようお願い申し上げます。

TACにおける個人情報の取り扱いについて
■お預かりした個人情報は、TAC(株)で管理させていただき、お問い合わせへの対応、当社の記録保管および当社商品・サービスの向上にのみ利用いたします。お客様の同意なしに業務委託先以外の第三者に開示、提供することはございません(法令等により開示を求められた場合を除く)。その他、個人情報保護管理者、お預かりした個人情報の開示等及びTAC(株)への個人情報の提供の任意性については、当社ホームページ(https://www.tac-school.co.jp)をご覧いただくか、個人情報に関するお問い合わせ窓口(E-mail:privacy@tac-school.co.jp)までお問合せください。

(2020年10月現在)

答 案 用 紙

答案用紙冊子　　　　　　色紙

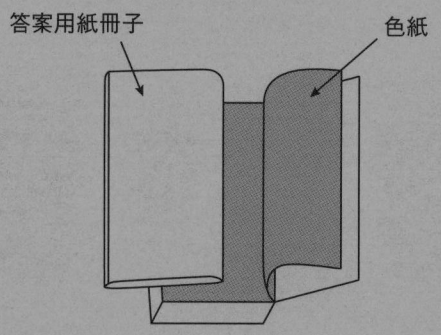

①答案用紙冊子を抜き取る

針金を外す　　　　　　　答案用紙

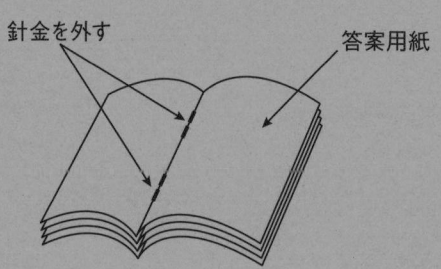

②抜き取った答案用紙冊子を
　開き，針金を外す

┌─── 〈答案用紙ご利用時の注意〉 ───┐

　　以下の「答案用紙」は，この色紙を残したま
まていねいに抜き取り，綴込の針金をはずし
てご利用ください。なお，針金をはずす際は素
手ではなく，ドライバー等の器具を必ずご使用
ください。

　　また，抜取りの際の損傷についてのお取替
えはご遠慮願います。

└──────────────────────────┘

＊ご自分の学習進度に合わせて，コピーしてお使いください。
なお，答案用紙は，ダウンロードサービスもご利用いただけます。
ＴＡＣ出版書籍販売サイト・サイバーブックストアにアクセスしてく
ださい。

https://bookstore.tac-school.co.jp/

ＴＡＣ出版
TAC PUBLISHING Group

新トレーニングシリーズ
財務会計論 計算編 3〈個別論点・基礎編〉

別冊答案用紙

目　次

問題① 有価証券

損 益 計 算 書

×10年4月1日　×11年3月31日

(単位：千円)

売　上　原　価	（　　　　　）	売　　上　　高	（	646,000 ）
営　　業　　費	（　　　　　）	有 価 証 券 利 息	（	）
棚　卸　減　耗　費	（　　5,000　）			
貸　倒　損　失	（　　　　　）			
貸倒引当金繰入額	（　　　　　）			
建物減価償却費	（　　　　　）			
備品減価償却費	（　　　　　）			
支　払　利　息	（　　9,500　）			
社　債　利　息	（　　　　　）			
（　　　　　　）	（　　　　　）			
法人税，住民税及び事業税	（　　　　　）			
当　期　純　利　益	（　　　　　）			
	（　　　　　）		（	）

問　題 **2**　債権の区分

問1

	①	②	③
④			

問2

損　益　計　算　書　（単位：千円）

自×10年4月1日　至×11年3月31日

Ⅰ　売　上　高　（　　　　　）

Ⅱ　売　上　原　価
　1　期首商品棚卸高　（　　　　　）
　2　当期商品仕入高　（　　　　　）
　　　合　　　計　（　　　　　）
　3　期末商品棚卸高　（　　　　　）
　4　（　　　　　）（　　　　　）
　　売　上　総　利　益　（　　　　　）

Ⅳ　営　業　外　収　益
　1　受　取　利　息　（　　　　　）
　2　有価証券利息　（　　　　　）
　3　（　　　　　　　）（　　　　　）

Ⅴ　営　業　外　費　用
　1　支　払　利　息　（　　　　　）
　2　社　債　利　息　（　　　　　）
　3　貸倒引当金繰入額　（　　　　　）
　4　有価証券評価損　（　　　　　）

貸借対照表

×11年3月31日

（単位：千円）

資産の部

I 流動資産
- 現金及び預金 （　　）
- 受取手形 （　　）
- 貸倒引当金 （　　）
- 売掛金 （　　）
- 貸倒引当金 （　　）
- 有価証券 （　　）
- 商品 （　　）
- 前払費用 （　　）
- 流動資産合計 （　　）

II 固定資産
1 有形固定資産
- 建物 （　　）

負債の部

I 流動負債
- 支払手形 （　　）
- 買掛金 （　　）
- 未払費用 （　　）
- 未払法人税等 （　　）
- 流動負債合計 （　　）

II 固定負債
- 社債 （　　）
- 固定負債合計 （　　）
- 負債合計 （　　）

問 題 ❸   リース取引   得 点　　　点

損　益　計　算　書

自　×10年4月1日　至　×11年3月31日　　　　　　　（単位：千円）

売　　　上　　　原　　　価	（　　　）	売　　　　上　　　　高	（　　　）
棚　卸　減　耗　費	（　　　）	受　取　利　息　配　当　金	（　　　）
販　　　売　　　費	（　　　）	有　価　証　券　利　息	（　　　）
貸倒引当金繰入額	（　　　）		
給　　　　　　与	（　　　）		
一　般　管　理　費	（　　　）		
通　　　信　　　費	（　　　）		
租　　税　　公　　課	（　　　）		
建　物　減　価　償　却　費	（　　　）		
車　両　減　価　償　却　費	（　　　）		
備　品　減　価　償　却　費	（　　　）		
リース資産減価償却費	（　　　）		
（　　　　　　　　）	（　　　）		
支　　払　　利　　息	（　　　）		

貸借対照表

×11年3月31日

（単位：千円）

資産	金額	負債	金額
現金及び預金	（　　　）	支払手形	（　　　）
受取手形	（　　　）	買掛金	（　　　）
売掛金	（　　　）	一年内返還社債（流動）	（　　　）
有価証券	（　　　）	リース債務（流動）	（　　　）
商品	（　　　）	未払法人税等	（　　　）
（　　　）	（　　　）	未払費用	（　　　）
前払費用	（　　　）	未払	（　　　）
未収入金	（　　　）	貸倒引当金	（　　　）
建物	（　　　）	長期借入金	（　　　）
車両	（　　　）	リース債務（固定）	（　　　）
備品	（　　　）	建物減価償却累計額	（　　　）
土地	（　　　）	車両減価償却累計額	（　　　）
リース資産	（　　　）		

問 問題**4** 有価証券・減損会計

|得点| | |点|

問1

①	②

問2

（単位：千円）

損 益 計 算 書

自×10年4月1日 至×11年3月31日

I 売 上 高 （　　　　　）

II 売 上 原 価

1 期 首 商 品 棚 卸 高 （　　　　　）

2 当 期 商 品 仕 入 高 （　　　　　）

合 計 （　　　　　）

3 期 末 商 品 棚 卸 高 （　　　　　）

差 引 （　　　　　）

4 商 品 低 価 評 価 損 （　　　　　） （　　　　　）

売 上 総 利 益 （　　　　　）

III 販売費及び一般管理費

IV 営 業 外 収 益

1 受 取 利 息 配 当 金 （　　　　　）

2 有 価 証 券 利 息 （　　　　　） （　　　　　）

V 営 業 外 費 用

1 支 払 利 息 （　　　　　）

2 社 債 利 息 （　　　　　）

3 貸倒引当金繰入額 （　　　　　）

4 （　　　　　） （　　　　　） （　　　　　）

経 常 利 益 （　　　　　）

VI 特 別 利 益

貸 借 対 照 表

×11年3月31日

資 産 の 部		負 債 の 部	
I 流動資産		I 流動負債	
現 金 及 び 預 金	( )	支 払 手 形	( )
受 取 手 形	( )	買 掛 金	( )
貸 倒 引 当 金	( )( )	リ ー ス 債 務	( )
売 掛 金	( )	未 払 費 用	( )
貸 倒 引 当 金	( )( )	未 払 法 人 税 等	( )
有 価 証 券	( )	流 動 負 債 合 計	( )
商 品	( )	II 固定負債	
流 動 資 産 合 計	( )	長 期 借 入 金	( )
II 固定資産		リ ー ス 債 務	( )
1 有形固定資産		固 定 負 債 合 計	( )
建 物	( )	負 債 合 計	( )
減 価 償 却 累 計 額	( )( )		

問題 **5**　自己株式

得点　　　点

（注）解答に当たって「△」等の記号は付さないこと。

①		②		③		④	
⑤		⑥		⑦		⑧	
⑨		⑩		⑪		⑫	
⑬		⑭		⑮		⑯	
⑰		⑱		⑲		⑳	

問1

①	②	③	④

問2

損　益　計　算　書　（単位：千円）

自×10年4月1日　至×11年3月31日

I　売　上　高　（　　　）

II　売　上　原　価
1　期首商品棚卸高（　　　）
2　当期商品仕入高（　　　）
　　合　計（　　　）
3　期末商品棚卸高（　　　）（　　　）
　　売　上　総　利　益（　　　）

III　販売費及び一般管理費
1　営　業　費（　　　）
2　棚　卸　減　耗　費（　　　）

IV　営　業　外　収　益
1　受取利息配当金（　　　）
2　有価証券利息（　　　）
3　（　　　）（　　　）
4　（　　　）（　　　）

V　営　業　外　費　用
1　支　払　利　息（　　　）
2　支　払　手　数　料（　　　）
3　株　式　交　付　費（　　　）
4　（　　　）（　　　）

計算書

×11年3月31日　　　　　　　　　　　　　　　　　　　（単位：千円）

| 金 | 利 益剰余金合 計 | 自 己株 式 | 株 主資 本合 計 | 評価・換算差額等 | | 新 株予約権 | 純資産合 計 |
				その他有 価証 券評 価差額金	評 価・換 算差額等合 計		

貸借対照表

×11年3月31日

（単位：千円）

資産の部

I 流動資産
現金及び預金 （　）
受取手形 （　）
貸倒引当金 （　）（　）
売掛金 （　）
貸倒引当金 （　）（　）
有価証券 （　）
商品 （　）
流動資産合計 （　）

II 固定資産
1 有形固定資産
建物 （　）
減価償却累計額 （　）（　）

負債の部

I 流動負債
支払手形 （　）
買掛金 （　）
未払費用 （　）
未払法人税等 （　）
（　）
流動負債合計 （　）

II 固定負債
長期借入金 （　）
長期前受収益 （　）
固定負債合計 （　）
負債合計 （　）

問1

決算整理後残高試算表

×11年3月31日

(単位：千円)

借方科目	金額	貸方科目	金額
現　　　　　金	（　　）	支　払　手　形	（　　）
当　座　預　金	（　　）	買　　掛　　金	（　　）
受　取　手　形	（　　）	（　　　　　）	（　　）
売　　掛　　金	（　　）	未　払　営　業　費	（　　）
繰　越　商　品	（　　）	未　払　利　息	（　　）
前　払　営　業　費	（　　）	未　払　法　人　税　等	（　　）
建　　　　　物	（　　）	貸　倒　引　当　金	（　　）
機　　　　　械	（　　）	長　期　借　入　金	（　　）
車　　　　　両	（　　）	建物減価償却累計額	（　　）
備　　　　　品	（　　）	機械減価償却累計額	（　　）
土　　　　　地	（　　）	車両減価償却累計額	（　　）
仕　　　　　入	（　　）	備品減価償却累計額	（　　）
営　　業　　費	（　　）	資　　本　　金	（　　）

問2

計算書
×11年3月31日　　　　　　　　　　　　　　　（単位：千円）

		主　資　本				
		利益剰余金			株　主	純資産
		その他利益剰余金		利　益	資　本	合　計
刂　益	任　意	繰　越	剰余金	合　計	
售備金	積立金	利　益 剰余金	合　計		
33,000	67,000	145,000	245,000	1,300,000	1,300,000

問　題 ❽　新株予約権付社債

得　点　　　　点

問1

①	②	③

問2

①		②		③		④	
⑤		⑥		⑦		⑧	
⑨		⑩		⑪		⑫	
⑬		⑭		⑮		⑯	
⑰		⑱		⑲		⑳	
㉑		㉒					

問題⑨　株主資本等変動計算書

得点　　点

損 益 計 算 書

自×10年4月1日　至×11年3月31日　（単位：千円）

I　売　　上　　高　　　　　　　　　（　　　　　）

II　売　　上　　原　　価
　1　期首商品棚卸高　（　　　　　）
　2　当期商品仕入高　（　　　　　）
　　　　合　　　計　（　　　　　）
　3　期末商品棚卸高　（　　　　　）（　　　　　）
　　売 上 総 利 益　　　　　　　　　（　　　　　）

III　販売費及び一般管理費
　1　営　　業　　費　（　　　　　）
　2　棚 卸 減 耗 費　（　　　　　）
　3　貸倒引当金繰入額　（　　　　　）
　4　建物減価償却費　（　　　　　）
　5　構築物減価償却費　（　　　　　）
　6　車両減価償却費　（　　　　　）

IV　営 業 外 収 益
　1　受取利息配当金　（　　　　　）
　2　有価証券利息　（　　　　　）（　　　　　）

V　営 業 外 費 用
　1　社　債　利　息　（　　　　　）
　2　（　　　　　）（　　　　　）
　　経　常　利　益　　　　　　　　　（　　　　　）

VI　特　別　利　益
　1　（　　　　　）（　　　　　）

VII　特　別　損　失
　1　（　　　　　）
　2　建 物 除 却 損　（　　　　　）
　3　（　　　　　）（　　　　　）
　　税引前当期純利益　　　　　　　　（　　　　　）
　　法人税，住民税及び事業税　　　　（　　　　　）

EX11年3月31日

動計算書

		利益・純資産剰余金等					
純資産の部合計	新株予約権	その他利益剰余金 繰越利益剰余金等合計	繰越利益剰余金 純資産等増減等	株主資本合計	自己株式	純資産変動合計	純資産

貸借対照表

×11年3月31日

（単位：千円）

資産の部

I　流動資産
現金及び預金	（　　　）
受取手形	（　　　）
貸倒引当金	（　　　）
売掛金	（　　　）
貸倒引当金	（　　　）
商品	（　　　）
貯蔵品	（　　　）
前払費用	（　　　）
流動資産合計	（　　　）

II　固定資産
1　有形固定資産
建物	（　　　）

負債の部

I　流動負債
支払手形	（　　　）
買掛金	（　　　）
未払法人税等	（　　　）
流動負債合計	（　　　）

II　固定負債
社債	（　　　）
固定負債合計	（　　　）
負債合計	（　　　）

純資産の部

I　株主資本
1　資本金
資本金	（　　　）

問 題 10　ソフトウェア

問1

損　益　計　算　書　（単位：千円）

自×10年4月1日　至×11年3月31日

I　売　　上　　高　　　　　　　　　（　　　　）

II　売　上　原　価
1　期首商品棚卸高　（　　　　）
2　当期商品仕入高　（　　　　）
　　合　　　計　　　（　　　　）
3　期末商品棚卸高　（　　　　）（　　　　）
　　　　（　　　　）

III　販売費及び一般管理費
1　営　　業　　費　（　　　　）
2　貸倒引当金繰入額（　　　　）
3　建物減価償却費　（　　　　）
4　備品減価償却費　（　　　　）

V　営　業　外　費　用
1　支　払　利　息　（　　　　）
2　社　債　利　息　（　　　　）
3　手　形　売　却　損（　　　　）
4　保　証　債　務　費　用（　　　　）
5　貸倒引当金繰入額（　　　　）（　　　　）

VI　特　別　利　益
1　（　　　　　）（　　　　）
2　保証債務取崩益（　　　　）
3　国庫補助金受贈益（　　　　）（　　　　）

VII　特　別　損　失

貸借対照表

×11年3月31日

(単位：千円)

資産の部		負債の部	
I 流動資産		I 流動負債	
現金及び預金	( )	支払手形	( )
受取手形	( )	買掛金	( )
貸倒引当金	( )( )	リース債務	( )
売掛金	( )	未払費用	( )
貸倒引当金	( )( )	未払法人税等	( )
有価証券	( )	流動負債合計	( )
親会社株式	( )	II 固定負債	
商品	( )	社債	( )
前払費用	( )	固定負債合計	( )
流動資産合計	( )		
II 固定資産			
1 有形固定資産			

問2

1. ソフトウェアXに関する仕訳

(借) - (貸) -

2. ソフトウェアYに関する仕訳

(借) - (貸) -

問題11

減損会計

得点 点

損益計算書

自×10年4月1日 至×11年3月31日 （単位：千円）

I 売 上 高 （ ）

II 売 上 原 価
1 期首商品棚卸高 （ ）
2 当期商品仕入高 （ ）
合 計 （ ）
3 期末商品棚卸高 （ ）
差 引 （ ）
4 商品低価評価損 （ ）（ ）
売 上 総 利 益 （ ）

III 販売費及び一般管理費
1 営 業 費 （ ）
2 棚 卸 減 耗 費 （ ）
3 貸倒引当金繰入額 （ ）
4 建物減価償却費 （ ）

IV 営 業 外 収 益
1 受取利息配当金 （ ）
2 有価証券利息 （ ）
3 雑 収 入 （ ）（ ）

V 営 業 外 費 用
1 支 払 利 息 （ ）
2 （ ）（ ）

VI 経 常 利 益 （ ）

特 別 利 益
1 自己新株予約権処分益 （ ）
2 自己新株予約権消却益 （ ）（ ）

VII 特 別 損 失
1 （ ）
2 （ ）（ ）

貸借対照表

×11年3月31日

（単位：千円）

資産の部

I　流動資産
　現金及び預金　（　）
　受取手形　（　）
　貸倒引当金　（　）
　売掛金　（　）
　貸倒引当金　（　）
　有価証券　（　）
　商品　（　）
　前払費用　（　）
　未収収益　（　）
　（　）　（　）
　流動資産合計　（　）
II　固定資産

負債の部

I　流動負債
　支払手形　（　）
　買掛金　（　）
　リース債務　（　）
　（　）　（　）
　未払費用　（　）
　未払法人税等　（　）
　流動負債合計　（　）
II　固定負債
　長期借入金　（　）
　リース債務　（　）
　固定負債合計　（　）
　負債合計　（　）

問題 **12** 短答形式総合問題

得点 | 点

問1		千円
問2		千円
問3		千円
問4		千円
問5		千円
問6		千円
問7		千円
問8		千円

減価償却累計額　（　　）
車　　　両　（　　）
減価償却累計額　（　　）
備　　　品　（　　）
減価償却累計額　（　　）
土　　　地
リ　ー　ス　資　産　（　　）
減価償却累計額　（　　）
　　　有形固定資産合計　（　　）
2　投資その他の資産
投　資　有　価　証　券　（　　）
子　会　社　株　式　（　　）
（　　　　　　　）
　　　投資その他の資産合計　（　　）
　　固　定　資　産　合　計　（　　）
　資　産　合　計　（　　）

1　資　本　金　（　　）
2　利　益　剰　余　金
(1)　繰越利益剰余金　（　　）
　　　利益剰余金合計　（　　）
　株主資本合計　（　　）
II　評価・換算差額等
1（　　　　　　）
　　　評価・換算差額等合計　（　　）
III　新　株　予　約　権　（　　）
　純　資　産　合　計　（　　）
　負債純資産合計　（　　）

7 リース資産減価償却費（　　　　　）（　　　　　）

営　業　利　益

当　期　純　利　益（　　　　　　　）

備 品 （ ）
減 価 償 却 累 計 額 （ ）（ ）
土 地 （ ）
リ ー ス 資 産 （ ）
減 価 償 却 累 計 額 （ ）（ ）
有 形 固 定 資 産 合 計 （ ）

2 無 形 固 定 資 産
ソ フ ト ウ ェ ア （ ）
無 形 固 定 資 産 合 計 （ ）

3 投 資 そ の 他 の 資 産
関 係 会 社 株 式 （ ）
長 期 貸 付 金 （ ）
貸 倒 引 当 金 （ ）
破 産 更 生 債 権 等 （ ）
貸 倒 引 当 金 （ ）
投 資 そ の 他 の 資 産 合 計 （ ）
固 定 資 産 合 計 （ ）
資 産 合 計 （ ）

純 資 産 の 部

I 株 主 資 本
1 資 本 金 （ ）
2 資 本 剰 余 金
(1) 資 本 準 備 金 （ ）
資 本 剰 余 金 合 計 （ ）
3 利 益 剰 余 金
(1) 利 益 準 備 金 （ ）
(2) そ の 他 利 益 剰 余 金
繰 越 利 益 剰 余 金 （ ）
利 益 剰 余 金 合 計 （ ）
株 主 資 本 合 計 （ ）

II 評 価 ・ 換 算 差 額 等
1 そ の 他 有 価 証 券 評 価 差 額 金 （ ）
評 価 ・ 換 算 差 額 等 合 計 （ ）
純 資 産 合 計 （ ）
負 債 純 資 産 合 計 （ ）

7 研究開発費 （　　　）

IV 営業外収益
1 受取利息 （　　　）
2 仕入割引 （　　　）
3 （　　　）（　　　）

法人税，住民税及び事業税 （　　　）

減価償却累計額 （　）（　）

車　　　　両 （　）

減価償却累計額 （　）（　）

備　　　　品 （　）

減価償却累計額 （　）（　）

土　　　　地 （　）

有形固定資産合計 （　）

2 無形固定資産

の　れ　ん （　）

無形固定資産合計 （　）

3 投資その他の資産

投資有価証券 （　）

子会社株式 （　）

投資その他の資産合計 （　）

固定資産合計 （　）

資産合計 （　）

(2) その他資本剰余金 （　）

資本剰余金合計 （　）

3 利益剰余金

(1) 利益準備金 （　）

(2) その他利益剰余金

任意積立金 （　）

繰越利益剰余金 （　）

利益剰余金合計 （　）

4 自己株式 （　）

株主資本合計 （　）

II 評価・換算差額等

1 その他有価証券評価差額金 （　）

評価・換算差額等合計 （　）

III 新株予約権 （　）

純資産合計 （　）

負債純資産合計 （　）

様式○

日×10年4月

	株主資本							利益剰余金					株主資本以外
		当期首残高	剰余金の配当	新株の発行と自己株式の処分	新株の発行（新株予約権の行使）	任意積立金の取崩	任意積立金の積立	剰余金の配当	利益剰余金	自己株式の処分	自己株式の取得	利益準備金（取崩）	利益準備金の積立（取崩）	当期末残高
当期末残高													
資本剰余金	資本金												
	資本準備金												
	その他資本剰余金												
	資本剰余金												
	利益準備金												
	その他利益剰余金												
	任意積立金												
	繰越利益剰余金												
	利益剰余金												

営 業 利 益 （ 　 ）

自×10年4月1

	資本金	資本剰余金		資　　本
		資　　本 準備金	その他 資　　本 剰余金	剰余金 合　計
当期首残高	900,000	50,000	105,000	155,0
当期変動額				
資本準備金の資本組入				
その他資本剰余金の資本組入				
剰余金の配当				
剰余金への振替				
任意積立金の積立				
任意積立金の取崩				
当期純利益				
当期変動額合計				
当期末残高				

その他利益（　）

利　益　準　備　金（　）

任　意　積　立　金（　）

繰越利益剰余金（　）

売　　上（　）

（　）

資本剰余金（　）

建物減価償却費（　）

機械減価償却費（　）

車両減価償却費（　）

備品減価償却費（　）

支　払　利　息（　）

（　　　　　）（　）

法　人　税　等（　）

（　）

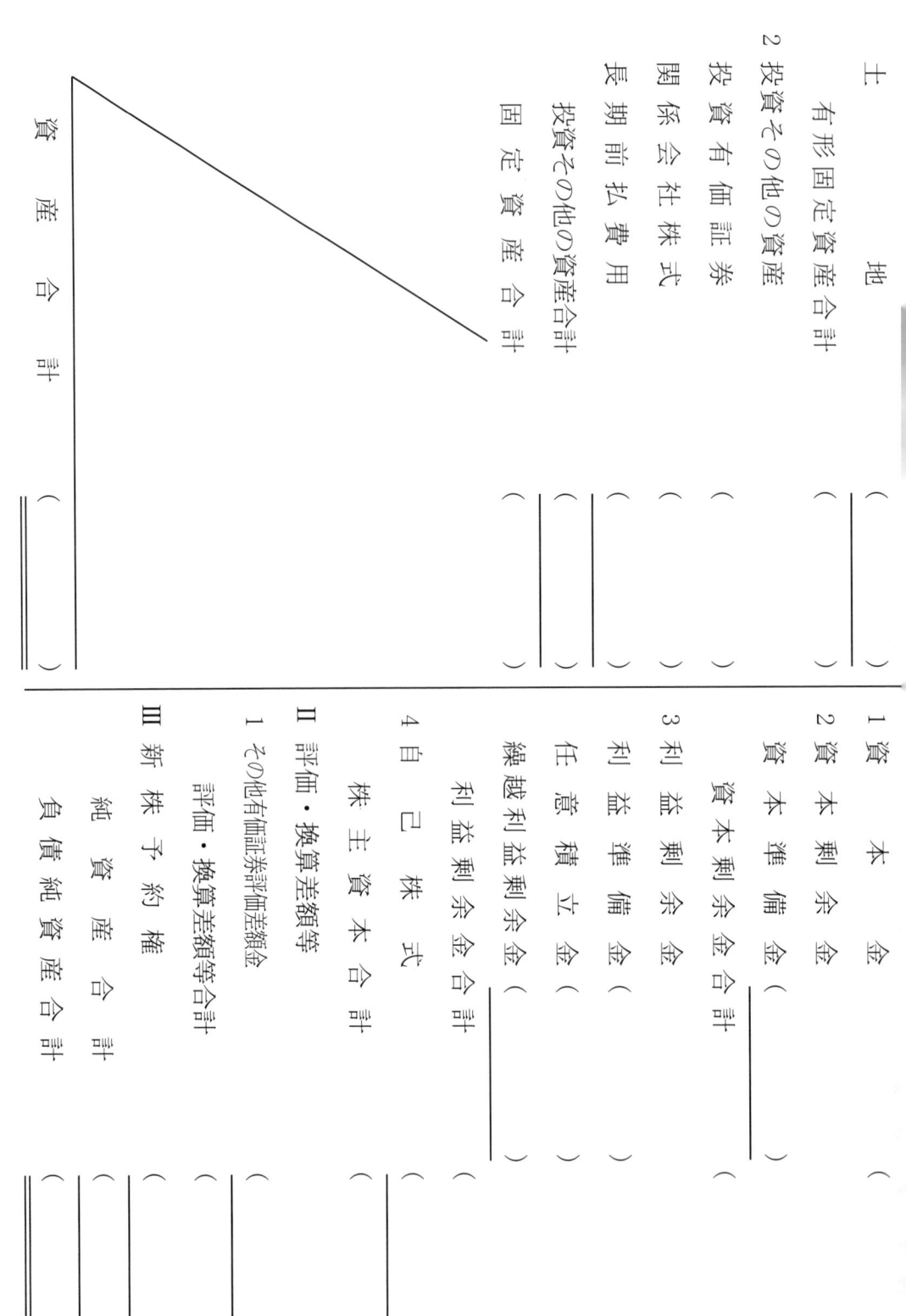

土　　　　　地　　　　　　　　　　　　　（　　　　　　　）

有形固定資産合計　　　　　　　　　　　（　　　　　　　）

2　投資その他の資産

投資有価証券　　　　　　　　　　　　　（　　　　　　　）

関係会社株式　　　　　　　　　　　　　（　　　　　　　）

長期前払費用　　　　　　　　　　　　　（　　　　　　　）

投資その他の資産合計　　　　　　　　　（　　　　　　　）

固定資産合計　　　　　　　　　　　　　（　　　　　　　）

資産合計　　　　　　　　　　　（　　　　　　　）

1　資　　本　　金　　　　　　　　　　　（　　　　　　　）

2　資　本　剰　余　金

資本準備金（　　　　　　　）

資本剰余金合計　　　　　　　　　　　　（　　　　　　　）

3　利　益　剰　余　金

利益準備金（　　　　　　　）

任意積立金（　　　　　　　）

繰越利益剰余金（　　　　　　　）

利益剰余金合計　　　　　　　　　　　　（　　　　　　　）

4　自　己　株　式　　　　　　　　　　　（　　　　　　　）

株主資本合計　　　　　　　　　　　（　　　　　　　）

II　評価・換算差額等

1　その他有価証券評価差額金（　　　　　　　）

評価・換算差額等合計　　　　　　　　　（　　　　　　　）

III　新　株　予　約　権　　　　　　　　（　　　　　　　）

純資産合計　　　　　　　　　　　（　　　　　　　）

負債純資産合計　　　　　　　　（　　　　　　　）

	資本金	資本剰余金			利益		
		資 本 準備金	その他 資 本 剰余金	資 本 剰余金 合 計	利 益 準備金	その他利	
						任 意 積立金	
当期首残高							
当期変動額							
新株の発行と 自己株式の処分 (新株予約権の行使)							
剰余金の配当							
剰余金への振替							
当期純利益							
自己株式の取得							
自己株式の処分							
自己株式の消却							
その他資本剰余金の 負の残高の補填							
当期変動額(純額)							
当期変動額合計							
当期末残高							

株 主 資 本

4 建物減価償却費 ( )( )

5 備品減価償却費 ( )( )

　営業利益 ( )

Ⅵ　営　業　外　費　用

1 ( )( )

　税引前当期純利益 ( )( )

　法人税、住民税及び事業税 ( )

　当期純利益 ( )

問3 ［　　　　　　　　　　　］千円

備　品　（　　）
減価償却累計額　（　　）（　　）
土　地　（　　）
リ　ー　ス　資　産　（　　）
減価償却累計額　（　　）（　　）
有形固定資産合計　（　　）
2　投資その他の資産
投　資　有　価　証　券　（　　）
子　会　社　株　式　（　　）
長　期　貸　付　金　（　　）
貸　倒　引　当　金　（　　）（　　）
投資その他の資産合計　（　　）
固　定　資　産　合　計　（　　）
資　産　合　計　（　　）

1　資　本　金　（　　）
2　資　本　剰　余　金
(1)　資　本　準　備　金　（　　）
　　資本剰余金合計　（　　）
3　利　益　剰　余　金
(1)　利　益　準　備　金　（　　）
(2)　その他利益剰余金
　　任　意　積　立　金　（　　）
　　繰　越　利　益　剰　余　金　（　　）
　　利益剰余金合計　（　　）
株　主　資　本　合　計　（　　）
純　資　産　合　計　（　　）
負　債　純　資　産　合　計　（　　）

3 建物減価償却費　（　　　）
4 車両減価償却費　（　　　）
5 備品減価償却費　（　　　）
6 リース資産減価償却費　（　　　）（　　　）
　営　業　利　益　（　　　）

1 減　損　損　失　（　　　）（　　　）
　税引前当期純利益　（　　　）
　法人税, 住民税及び事業税　（　　　）
　当　期　純　利　益　（　　　）

資 本 金

利 益 準 備 金

繰 越 利 益 剰 余 金

雑　　損　　失　（　　）

火　災　損　失　（　　）

社　債　償　還　損　（　　）

法人税, 住民税及び事業税　（　　）

当　期　純　利　益　（　　）
（　　）　　　　　　（　　）

減価償却累計額　（　　　）（　　　）

土　　　地　　　　　　　　　（　　　）

（　　　　　　　）　　　　　（　　　）

有形固定資産合計　　　　　　（　　　）

2　投資その他の資産

投　資　有　価　証　券　　　（　　　）

関　係　会　社　株　式　　　（　　　）

長　期　貸　付　金　（　　　）

貸　倒　引　当　金　（　　　）（　　　）

破産更生債権等　　　（　　　）

貸　倒　引　当　金　（　　　）（　　　）

投資その他の資産合計　　　　（　　　）

固　定　資　産　合　計　　　（　　　）

資　　産　　合　　計　　　　（　　　）

1　資　　本　　金　　　　　　（　　　）

2　利　益　剰　余　金

(1)　繰越利益剰余金　（　　　）

利益剰余金合計　　　　（　　　）

株　主　資　本　合　計　　　（　　　）

純　資　産　合　計　　　　　（　　　）

負債純資産合計　　　　　　　（　　　）

3 貸倒引当金繰入額 （　　）

4 一般管理費 （　　）

5 建物減価償却費 （　　）

6 備品減価償却費 （　　）（　　）

　営業利益 （　　）

　経常利益 （　　）

VI 特別損失

1 （　　）（　　）

　税引前当期純利益 （　　）

　法人税、住民税及び事業税 （　　）

　当期純利益 （　　）

受取手形（　　　　　）
貸倒引当金（　　　　　）
売掛金（　　　　　）
商品　47,000（　　　　　）
前払費用（　　　　　）
未収収益（　　　　　）
建物（　　　　　）
減価償却累計額（　　　　　）
備品（　　　　　）
減価償却累計額（　　　　　）
土地（　　　　　）
投資有価証券（　　　　　）
関係会社株式（　　　　　）

買掛金（　　　　　）
未払費用（　　　　　）
未払法人税等（　　　　　）
社債　200,000（　　　　　）
長期借入金（　　　　　）
資本金（　　　　　）
繰越利益剰余金（　　　　　）